足球运动的 >>>

科学化训练与技战术实践

张 莹 邱晓磊 李 飞 / 著

中国原子能出版社

图书在版编目（CIP）数据

足球运动的科学化训练与技战术实践 / 张莹，邱晓磊，李飞著. -- 北京 ：中国原子能出版社，2018.6 （2021.9 重印）

ISBN 978-7-5022-9173-0

Ⅰ．①足… Ⅱ．①张… ②邱… ③李… Ⅲ．①足球运动－运动训练－研究②足球运动－运动技术－研究 Ⅳ．①G843

中国版本图书馆 CIP 数据核字（2018）第 148503 号

足球运动的科学化训练与技战术实践

出版发行	中国原子能出版社（北京市海淀区阜成路 43 号　　100048）	
责任编辑	杨晓宇	
封面设计	王　茜	
印　　刷	三河市南阳印刷有限公司	
经　　销	全国新华书店	
开　　本	787 毫米×1092 毫米　1/16	
印　　张	12.875	
字　　数	329 千字	
版　　次	2018 年 6 月第 1 版	
印　　次	2021 年 9 月第 2 次印刷	
书　　号	ISBN 978-7-5022-9173-0	
定　　价	68.00 元	

网址：http//www.aep.com.cn　　E-mail：atompe123@126.com

发行电话：010-68452845　　　　　版权所有　翻印必究

前　　言

古代足球运动的发展经历了漫长的发展过程,在这个过程中自娱性和娱他性都始终贯穿其中,古代足球的衰落也与之有着一定的关系。足球运动的训练与技战术实践是不断发展和完善的过程,在不同的阶段必须有不同的侧重,这样才能使球员踢球的自娱性和娱他性完美地结合,从而更好地实现球员的自我价值和社会价值,达到科学训练的目的。

恰当的训练方法是培养优秀足球队伍的重要因素。科学的训练方法有助于科学地完成不同阶段的训练任务,也有助于科学地提高竞技能力。在训练水平及要求越来越高的情况下,合理的训练方法是提高足球运动能力的坚实基础。此外,由于足球运动的技战术在奥运百年的发展中已日趋完善和稳定,因此在训练与比赛中的作用显得更为重要。

本书共分为九章。第一章是足球运动概述,主要阐述足球运动的起源、特点及价值。第二章探讨足球运动科学训练的理论基础,着重分析足球运动科学训练的营养学基础、心理学基础。第三章是对足球运动身体素质科学训练的研究,包括力量素质、耐力素质、速度素质的内容。第四章从心理素质的角度对足球运动科学训练展开研究,在分析足球运动员心理素质的基础上,对足球心理素质训练的内容与方法进行详细探讨。第五章是对足球运动技术实践的探究,首先对足球运动技术进行概述,其次分别对足球运动无球技术、足球运动有球技术进行深入分析。第六章为足球运动战术的实践研究,在对足球运动战术理论进行概述的前提下,针对足球运动进攻战术训练实践、足球运动防守战术训练实践展开探究。第七章通过足球运动科学训练的疲劳与恢复、足球训练常见运动损伤的预防与处理等方面对足球运动科学训练的医疗保健进行系统的研究。第八章探讨足球运动训练理念的新发展,主要包括足球运动训练理念、足球运动员训练规律及理论应用两方面的内容。第九章是对足球运动竞赛管理的探究,主要涵盖足球运动竞赛的种类与意义、足球运动竞赛的组织筹备以及足球运动的竞赛制度与编排等内容。

总的来看,本书内容科学全面,结构编排合理,注重理论与实践相结合,语言通俗易懂、图文并茂,具有较强的科学性和实用性,对足球运动科学化训练以及技战术实践具有较高的参考价值。

在撰写过程中,参考和采用了大量的关于足球方面的书籍和资料,在此向有关专家和学者致以诚恳的谢意,另外,由于作者水平有限,本书难免存在不妥之处,恳请广大读者给予批评、指正。

作者
2018 年 4 月

目　　录

第一章　足球运动概述

足球被称为世界第一运动,是世界上开展最广泛、影响最大的体育运动项目之一,是一项古老的运动项目,有着悠久的历史。本章阐述世界足球运动的起源与发展、足球运动的价值与特点。

第一节　世界足球运动的起源与发展

一、足球运动的起源

(一)古代足球的起源

足球被称为世界第一运动,是世界上开展最广泛、影响最大的体育运动项目之一,它是以脚支配球为主,两个队互相进行攻守对抗的一项体育运动项目。现代高水平的足球比赛以其特有的魅力吸引着成千上万的现场观众和数以亿计的电视观众,使其从中得到无穷的乐趣,深受世界各国和各地区人民群众的喜爱。关于古代足球运动的起源,有以下几种说法。

(1)宗教说。这种说法认为足球起源于远古时期的宗教活动。有的把足球比作太阳,它的产生是生命和维系生命的象征。有的把足球比作野兽的头,比赛时谁抢到这个头,谁就能获得来年的丰收。

(2)游戏说。据史料记载,中国在公元前 15 世纪就有了"足球舞"游戏,这就是后来所说的"蹴鞠"。在公元 3000 多年前的商代甲骨文中,也有蹴鞠舞的记载。司马迁在《史记》中,也较为详细地描述了战国时期齐国临淄百姓在安居乐业的同时开展的蹴鞠活动。而西方国家也有类似足球游戏的文字记载,像意大利的"gioco del calcio"(一种脚踢运动)。这些都属于个体游戏,都是一种用脚踢的娱乐方式。

(3)比赛说。据史料记载,我们的祖先黄帝是蹴鞠运动的创造者,曾用蹴鞠来训练武士。而汉代的高祖刘邦,在宫苑内修建了开阔的校场——鞠城,两端设有鞠室,比赛双方以进鞠室多者为胜。这种比赛形式倾向于现代足球集体间的相互比赛,比赛双方可在一定的方式下确定谁优谁劣,最终达到一种能使人强烈兴奋,奋发进取的快乐。因此,这个说法比较贴近现代足球运动发展的现状及其基本特征。

关于足球活动的起源问题,至今仍然没有一个明确的结论。在众说纷纭的古代足球起源中,目前只有现存的中国古代文物和文字可以为人们提供一条较为清晰的线索,而其他国家和地区关于起源过程的证据都十分有限,所以把中国视为世界古代足球的最早起源地之一,也是理所当然的。

1980 年 4 月,国际足联主席布拉特在《国际足球发展史》报告中指出:"足球发源于中国,由于战争而传入西方。"1985 年 7 月 26 日,前任国际足联主席阿维兰热在北京举办的首届柯达杯 16 岁以下国际足联世界少年足球锦标赛开幕式上讲话,指出:"足球起源于中国。"2004 年,国际足联正式颁布文件称:中国是足球运动的发源地。

(二)现代足球的起源

古代足球运动起源于中国,而现代足球运动的发源地则在英国。据相关文献资料记载,公元 1066 年之后,类似足球游戏的罗马的"哈巴斯托姆(Harpastum)"开始传入英国,并在 11、12 世纪时盛行。当时,这种踢球的游戏没有任何规则可讲,场地或在城镇街区或在村庄小巷,而且比赛可以手脚并用,因此比赛双方常常在比赛中发生激烈的肢体冲突,被称为"暴民足球"。在这样的形势下,1314 年,英国国王爱德华二世颁布法令禁止此项运动。从 1314 年到 1660 年英国颁布的禁止足球的法令超过 30 次。而从 1680 年起,足球运动开始得到贵族和英国王室的大力扶持与保护,足球在英国更为广泛地开展起来。

随着时间的进行,英国的足球运动在 19 世纪初期发展到了顶峰,并在公立学校中得到了广泛的开展。1823 年,一名叫埃利斯的学生先是为橄榄球制定了简单的比赛规则,1846 年,完善的英式橄榄球规则制订完成。l849 年,伊顿公学废除了橄榄球规则中用手传球、带球的条款。因此,伊顿公学的场地足球被看成是现代足球的最早原形。

英式橄榄球与英式足球分化以后在英国进一步演化和发展着,1863 年 10 月 26 日,来自伦敦和郊区的 6 所公学的足球队代表,组成了英格兰足球协会。与此同时,协会将比赛规则进一步发展和完善,使得英式足球极具观赏化,一些俱乐部由此看到了"钱途",开始向观众收取入场费,这可被看作是职业化足球的雏形。1865 年,英国承认了职业足球的合法性,英国开始出现了最早的职业俱乐部和职业联赛,由此,现代足球运动便发展开来。

二、世界足球的发展

足球运动在英国产生之后,就开始了漫长的发展过程,迄今为止已具有了 150 年的历史。足球运动在世界上的发展主要体现在了足球的广泛传播、技战术和规则的完善、足球赛事的增多以及足球运动组织的成立方面。

高校足球诞生之后,就开始了不断传播的过程。1868 年,英国人将足球传入非洲,1870 年足球进入大洋洲的澳大利亚。1893 年,南美洲首次开展足球联赛。1894 年,足球进入巴西。到目前为止,足球运动应在全世界范围内开展,足球受到了全世界人们的欢迎和喜爱,成了名副其实的第一运动。

足球运动的发展就是技战术和规则不断完善的过程。1846 年,英国剑桥大学为了适应本国各学校比赛而综合制定了一个简单的规则,当时称之为《剑桥大学规则》。1863 年的伦敦会议以后,对《剑桥大学规则》进行了修改,制定了最早的足球竞赛规则,它是现代世界足球史上第一部统一的足球竞赛规则。后来根据比赛的需要,规则不断修改完善,如越位、犯规和处罚等规则的制定,足球比赛越来越规范化,足球比赛的水平也不断提高。足球在产生之初,技战术相对比较简单,随着比赛的增多,在不断的足球运动实践中,基本技术得到发展,精妙的过人技术不断得以创造,各种战术也层出不穷,如足球比赛阵型不断演变,从1930年的"WM"阵型到20世纪50年代的"4—2—4阵型",再到目前流行的"4—4—2""4—3—3""4—5—1"甚至是无锋阵型的产生,都体现了足球运动的发展,也正是足球技战术的不断演进,使足球比赛的激烈程度不断增加,悬念增大,足球比赛水平持续提高,这也进一步扩大了足球运动的影响力。

足球运动的发展需要足球运动组织的存在,1863年后,足球协会在欧洲一些国家纷纷成立。由于相互间比赛的增多,形势的发展对世界性的足球运动组织的成立有了迫切的要求。1904年5月21日,在巴黎由法国、瑞士、瑞典、比利时、西班牙、丹麦等国发起成立了国际性的足球组织——国际足球联合会,简称国际足联(FIFA)。国际足联总部设在瑞士苏黎世。国际足联的创立,标志着足球作为一项世界性的体育项目登上了国际体坛,使足球运动在更加广泛的范围内开展起来。从此世界各国足球协会不断成立,会员国的数量不断增加。国际足联最初有7个会员国,发展到现在已有200多个国家和地区加入国际足联,国际足联也成为世界最大的国际单项体育组织之一。足球运动组织的产生对足球运动的发展有着重要作用,它对足球规则不断完善,并组织众多的比赛,促进了足球运动的进一步发展。

足球比赛的进行是足球运动发展的重要体现。1872年,足球运动史上的第一次正式比赛在英格兰和苏格兰之间进行,即泛英足球比赛。到目前为止,无论是国际上还是各国内部,都有着众多的足球运动比赛。目前为止,国际上比较重要的足球比赛有世界杯足球赛、奥运会足球赛、世界青年足球锦标赛、世界少年足球锦标赛、世界女子足球锦标赛、世界室内5人制足球锦标赛、世界俱乐部足球锦标赛等。这些比赛有力促进了足球运动在世界各国的发展和提高。其中世界杯足球赛在足球界甚至是体育界都享有盛名。1928年,国际足联决定每4年举行一届世界足球锦标赛(后更名为世界杯),并规定每届比赛与奥运会相间举行,还决定设立专门的流动奖杯——金女神杯,奖给锦标赛的冠军,并规定,如果哪一支国家队能三次夺得冠军,将永久保留此杯。1970年第9届世界杯上,巴西队第三次获得冠军,该奖杯归巴西永久占有。现在的流动奖杯为"大力神杯",国际足联规定此杯为永久性流动奖杯,任何国家不论夺得多少次冠军,都不得独自占有该杯,其权力只是保留该杯4年至下一届世界杯。从1930年开始,世界杯足球赛开始举行,到目前为止共进行了20届,并有八个国家获得过冠军,分别为巴西(5次)、意大利(4次)、德国(4次)、阿根廷(2次)、乌拉圭(2次)、英格兰(1次)、法国(1次)和西班牙(1次)。第21届世界杯将于2018年在俄罗斯举行,各国又将为全世界体育迷奉献一场体育盛宴。足球比赛的频繁举行,使足球运动的影响力增大,足球运动的发展不断进步。

经过不断的发展,足球运动向着职业化的方向前进,目前足球职业联赛在许多国家进行,比较著名的有英超、西甲、德甲、意甲和法甲,称为欧洲五大联赛。高水平赛事的不断举行加上足球明星运动员的不断涌现,足球运动在世界上的地位不断提升,在未来的发展中,足球运动仍将迸发出强大的生命力。

三、现代女子足球运动的发展

现代女子足球运动诞生于19世纪末的英国。当时受妇女参政宣传工作的影响,女子足球运动受到民众的支持,并逐渐在欧美等国发展起来,但是在此期间,女足运动的开展并未得到官方的承认,而一些国家的社会舆论对女子足球也横加指责,医学界也存在着女子足球运动对妇女身体健康有害的分歧。第二次世界大战期间,很多女子足球队名存实亡,女子足球运动一度处于低潮,直到战后才又慢慢地得以恢复和发展。

进入 20 世纪 50、60 年代,一些欧美国家逐步承认女足的合法性,相应的一些非正式女足国际比赛也组织开展起来。20 世纪 70 年代初,女子足球运动正式得到国际足联认可。20 世纪 80 年代,国际足联开始尝试举办国际女足比赛。而一些女子足球运动刊物的创办对女足运动的发展也起到了宣传推动的作用。20 世纪 90 年代初,国际足联成立了女子足球委员会,专门管理世界女足运动。1996 年第 26 届奥运会首设女足比赛,使得女子足球运动在全世界范围内以前所未有的速度蓬勃发展起来。

(一)欧洲女子足球运动

欧洲是最先大规模开展女子足球运动的地方,起步早、发展快。1890 年初,英格兰率先组建女子足球队。1892 年,英格兰"普雷斯顿迪克"女子足球队首访美国,并同业余男子足球队进行了友谊比赛。1894 年,英格兰出现了世界上最早的女子足球俱乐部。1960 年联邦德国足协专设负责女子足球工作的特别委员会,为本国培训了大批女教练员和女裁判员。同年,瑞典也开始兴起女足运动,并受到瑞典体育联合会的高度重视,经过一段时间的发展,女足运动很快在瑞典的大部分学校中得到推广和普及。与此同时,女足运动也开始在东欧流行,一些国家政府大力动员女性积极参加工厂、学校和官方业余女子足球队。20 世纪 60 年代末,意大利及瑞典开始举办女子足球等级联赛。1971 年,比利时女子足球得到官方承认,有 50 多个女足俱乐部加入了国家足协。同年冰岛足协承认女足运动,并举行了室内女子足球锦标赛。1984 年欧洲足联试办了首届欧洲女子足球锦标赛,从此建立起欧洲女子足球竞赛体制。

(二)美洲女子足球运动

在很长一段时间里,美洲只热衷于男子足球运动,对普及女子足球运动热情不高,女子足球发展较慢。美洲最早开展女足运动的国家是巴西和墨西哥。1965 年,巴西成立了第一支女子足球队,并拥有一批女教练员专门从事训练工作,以后数量不断得到增加。20 世纪 60 年代初,墨西哥开女子足球队加入地方足协的先河,当巴西与墨西哥进行双边女足交往后,阿根廷、委内瑞拉、秘鲁等国也开始了女足运动的尝试。1971 年墨西哥举行了由商业界发起的非官方的世界女足锦标赛,许多欧美国家都积极参加了比赛,这对美洲女足运动起到了较大的推动作用。20 世纪 70 年代初,美国有少数女子足球队参加了本国体联半职业男子足球俱乐部,1974年成立了女子足球组织,1979 年正式建立第一个女足俱乐部。进入到 20 世纪 80 年代中期,美国已有一百多万 19 岁以下的女青少年投身于足球运动,并在全国建立起了分级、分龄的多层次女足竞赛体系。1997 年,美国正式建立女子职业足球联赛制。美洲虽在女足普及程度和整体运动水平上不及欧洲,但美国和巴西的女足水平却始终位居世界前列。

(三)亚洲、非洲、大洋洲女子足球运动

亚洲女子足球运动最先兴起于新加坡。20 世纪 50 年代末、60 年代初,泰国、印度、日本、中国台北相继开展了女足运动。1961 年日本大学中出现女子足球俱乐部。1964 年以后,新加

坡和泰国的女足运动得到官方承认。20 世纪 60 年代后期,新加坡将女足列入全国运动会正式比赛项目。1968 年 4 月,亚洲女子足球协会在香港成立,并从 1975 年开始举办亚洲女子足球锦标赛。20 世纪 70 年代末,中国台湾以及中国大陆女足运动开始起步,很快便取得惊人成绩。1985 年亚洲足球联合会成立女子足球委员会。20 世纪 80 年代后期,日本出现女子职业足球队。在这一时期,朝鲜和韩国的女足也蓬勃发展起来。1990 年亚奥理事会正式在亚运会上首设女足项目。

非洲女子足球运动无论在开展时间、普及程度及运动水平方面均稍逊于其他各洲,但发展潜力不可低估。1980 年阿尔及利亚首先倡议以国家名义开展女足运动,引起赞比亚、喀麦隆、加纳、科特迪瓦等国的纷纷响应。20 世纪 90 年代,尼日利亚政府受男足在国际足坛异军突起的刺激,加大女足运动普及力度,使本国女足迅速发展,一举跻身于非洲女足最强队。

大洋洲女子足球运动以澳大利亚和新西兰为代表。1974 年澳大利亚成立女子足球协会,注册会员达 1 万名。1975 年新西兰在原北岛女足组织的基础上成立了全国女子足球协会,将女足运动扩大到南岛,使所属主要俱乐部遍及全国十多个主要城市。进入到 20 世纪 90 年代,新西兰每年均举办少年、青年、成年女足全国比赛,个别女足队员还远赴欧洲踢职业足球。

第二节　足球运动的价值与特点

一、足球运动的特点

足球运动作为一项每队 11 人共同参与的团体项目,其在比赛中的复杂、多变性可见一斑。而足球运动员要想在比赛中掌握主动,控制好比赛的节奏,就必须养成良好的比赛意识,对比赛的局面进行认真的分析,增强自身掌控复杂、多变局面的能力。在足球比赛中,运动员以技战术能力为基础,进行激励的比赛对抗,其目的就是为了获得比赛进球并获得胜利。因此,在日常的足球训练中,运动员必须是以成功参赛为导向。而为了使自己在训练中做到有的放矢,运动员必须对足球比赛的特点进行认真的了解和分析。足球运动主要有以下几个方面的特点。

(一)足球运动的时空狭小性

随着足球运动训练手段科学化发展的不断深入,足球运动员不管是在身体素质还是心理素质上都有了很大的提高。在一场高水平的足球比赛中,运动员活动的距离一般在 10 000～17 000 米,其中冲刺、快跑约为 150 次,距离约为 2500 米以上。而在激烈的对抗中,运动员的心理素质得到了很好的锻炼,培养出了运动员顽强拼搏、坚忍不拔的优秀品质和稳定适宜的运动心理状态。这也使足球运动员能够在比赛中保持旺盛的斗志、积极的跑动、顽强的拼抢、精确的判断。并且随着对足球技战术的不断研究和发展,运动员的技战术水平不断提高,特别是在战术意识的培养上,足球运动员对战术阵容排列的意义认识得更加深刻。高校足球运动依然是双方球员在 30 米×40 米的空间里进行球员的争夺,这也导致足球比赛的对抗区域变得相对狭小,要求运动员完成技战术动作的时间也更加短暂,增大了技战术运用的难度。

(二)足球运动激烈的对抗性

在足球比赛中,为了做好对球权的控制,运动员必须在时空上全方位的控制对手和球场内的特定区域。这就使得双方队员在争夺时空优势时,会发生非常激烈的身体对抗,运动员们会通过身体冲撞、贴身紧逼、运球突破、争顶头球等不同形式来进行激烈的对抗。据统计,当今一个优秀的世界级足球队在一场比赛中大约要完成916次技术动作,而在对抗条件下进行的技术运用达到了482次左右,占到总计数运用次数的52.6%。这一数据充分反映出了当今足球比赛中的激烈对抗性,并也从侧面反映了在足球比赛中防守强度在不断增大,进攻空间的创造越来越困难,技战术调整和利用的时间越来越短暂,对时空的限制更为严密,比赛的对抗程度也越来越激烈。

(三)足球运动攻防转换的频繁性

足球比赛在对抗日趋激烈的情况下,双方的攻防转换频率变得越来越快速和频繁。在一场足球比赛中,双方攻防转换的次数可以达到300次以上。据统计,获得控球权的一方,在25秒钟内射门的进球占总进球的91%;3次以下传球射门的进球占总进球的65.2%。这些都说明了现在足球比赛的防守强度越来越大,比赛攻防转换的频率也在不断增加,并且在转换后的短时间内,经常会造成足球运动员失去自己的位置,最终导致本方失球。

(四)技战术运用的快速准确性

在足球比赛中,运动员运用技战术的最终目的是为了取得进球和防止对方进球。足球比赛的全过程是攻守双方在技术、战术、身体、心理和智力等方面全方位的激烈较量。但剖其实质,比赛中的每一次较量,都是攻守双方对时间(控球速度和无球移动速度)和空间(进攻和防守中,把握好三条线纵向、横向的距离)的争夺与反争夺、封锁与反封锁、控制与反控制,都是向对手夺取时间和空间利益。在足球比赛中,也只有获得时空上的优势,才能为自身的进攻提供保障。但要赢得时间和空间上的优势,运动员就必须做到缩短比赛中完成技战术动作所用的时间,其中包括起动、变向、奔跑、接球、控球、运球、传球、射门、抢截、争顶等技战术动作的完成时间。同时运动员还要对其技战术动作进行精确的控制,实现技战术动作一步到位。

(五)足球运动的整体性

整体性受到了高校足球运动越来越多的重视,其主要表现在以下几个方面。

1.加强中场的控制

足球运动中,有许多比赛阵形都强调比赛中对中场球权的控制,例如,常见的3—5—2、4—4—2、4—5—1、3—6—1等阵形,在中场安排的球员明显增多,并多在此基础上采用主动性逼迫式的打法。力争中场时空间的主动和优势,以掌握攻守节奏,达到加快反击和回防的目的。

2.足球阵形的严密性

在足球比赛攻防的高速转换中,为了实现对时空的控制,造成"以多打少"的局面,队员必须使前、中、后和左、中、右保持适宜的距离,使本队的战术阵形成为一个严密的整体,保持约15米的前后距离和10米的左右距离。而在这样狭小的区域内实现以多攻少、以多防少,更是增强了本队对空间的有效控制,也充分发挥了球队的整体力量和个人特点。

3.足球攻守力量的机动调配

在足球比赛中,全攻全守的战术思想受到了许多高水平足球运动队的青睐。在统一的战术思想指导下,实现了球员在各个位置之间的频繁换位和不间断的活动。这种活动主要具有以下几方面的特征。

(1)球员之间的职责实现了交叉。在全攻全守战术理念中,每一个队员都要积极地参与到进攻和防守中去,这就使球员自身在队中的职责越来越大,并在复杂多变的战术体系中实现球员与球员的位置交叉,球员为了适应战术体系的安排也向着多位置、全面型方向发展。

(2)足球运动的攻守实现了动态的平衡,现在足球比赛早已从机械的人数分配平衡中走了出来,如今的足球比赛已经实现了高度机动灵活的动态力量平衡。例如边后卫在进攻时可以充当边前卫,而前卫队员进攻时可以变成前锋,前锋队员则可退防变为前卫,前卫队员则退防变为后卫等。通过这样的动态平衡,实现了运动员之间的有机结合,也实现了比赛空间的有效控制。

(3)实现了一线牵制、二线完成的战术意图,在如今的足球比赛中,很难仅靠一两名前锋队员就能穿透对方严密的防守来创造进攻机会,因此只有通过前锋队员或前卫队员的不停换位、扯动,拉出有效的进攻空间,然后由前卫或后卫迅速插向该空间才能完成进攻,这也是当今足球比赛运用的主要进攻模式。通过这种机动、隐蔽的进攻战术,可以有效地创造和利用有效的进攻空间。现在足球比赛中,前卫、后卫,甚至中后卫插上射门得分已经变得非常常见,并俨然成为一种有力的进攻武器。

二、足球运动的价值

(一)足球运动的政治价值

1.促进宣传教育

足球比赛是很好的宣传教育形式,是进行精神文明建设的重要手段。

足球运动通过竞技比赛的形式向大众展示足球文化的魅力,传播足球文化的真谛,使高校足球运动的欣赏者、参与者和关注者不受年龄、性别、国界、地域、文化水平、宗教信仰等差别的限制。从而使高校足球运动有着其他任何文化形态都不能取代的影响力和感召力。

足球比赛竞争激烈,扣人心弦,拥有广泛的群众基础和突出的感召力,因此,一些国家纷纷运用足球作为一种特殊的手段来表现国家实力,提高国际声誉。

2.振奋民族精神

高校足球运动的竞争日益激烈,逐渐发展成为国家之间竞争的一个政治舞台和显示一个国家的政治、经济、文化的重要窗口。

在当今世界,一次重大的国际比赛中,人们总是把一个国家的运动员在比赛中的表现和取得的成绩看作该国的国力和民族气质的反映,获胜一方的国家会倾城欢呼、举国若狂。足球运动也是如此,一次重大的足球比赛的胜利,能使该国的民族精神得到升华,使民众的爱国热情得以张扬,民族团结得以促进,从而振奋民族精神,提高该国人们的民族自信心和自豪感。

3.消除种族歧视

最初的足球运动中也存在着种族歧视,但它在被发展的社会所转变。在巴西,第一批足球俱乐部是由贵族组织的,之后,黑人和混血球员的加入使得该俱乐部获得了巨大的成功。这些球员的成功使黑人和混血球员的社会地位得到了显著的提高,也唤起了这个群体在种族与政治意识上的觉醒,逐渐打破了种族壁垒。

当然,在足球运动的发展中,足球运动也可以使种族歧视问题明朗化,并引起人们的极大重视。例如在意大利足球甲级联赛的赛场上,有时种族歧视的谩骂声指向最优秀的球员身上。足球场上的种族歧视实际上是社会现象的缩影。目前,社会主流对足球场上的种族歧视行为给予了坚决的回击。2001年7月26日,国际足联举行了反种族歧视大会,强烈谴责了足球运动中的种族歧视行为。意大利足协也对有关俱乐部进行了处罚。

足球场上的种族歧视行为给人们的心灵以强烈的冲击,目前,许多国家的政府和人民都充分认识到了种族歧视问题的严重性,并纷纷采取有效措施。可以说,高校足球运动的发展,使人们开始更加关注种族歧视问题。

4.增进国际交往

全球性通信网络的形成和足球运动超越世界语言和社会障碍的特点,促进了足球的国际化,使足球比赛成为国家间重要的外交手段。足球运动是友谊的使者,能化干戈为玉帛,更能扩大国家、民族、地区、人与人之间的交往,增进友谊。

(二)足球运动的经济价值

1.足球产业市场大

足球运动被誉为"世界第一运动",在全球形成了巨大的体育产业市场,目前,国际足联的会员国有两百多个,人员(包括运动员、教练、裁判、队医、体能教练、直接或间接服务的公司)达到2亿。若每个个体平均以每家5人计算,那么生活在国际足联的人们约有10亿之多。即世界20%的人口的生活与足球有关,国际足联是世界上最大、最好的企业。世界杯及各大洲的足球盛事的举行牵动着亿万球迷,同时也牵动着与之相关的产业的发展,可以给举办国或地区带来亿万财富。

2.足球商业价值广泛

足球运动的商业价值巨大,对于一个国家经济框架的构成已经产生了较大影响。同时,足球运动在整个国家的经济舞台中所占有的份额也十分可观。意大利是一个典型的足球国家,据了解,其足球项目的总收入达 20 万亿里拉,约合 140 亿美元,在全国各产业中名列第 4 位,是国家的支柱产业之一。足球事业不仅能为国家带来巨大的商业价值,还能缓解就业压力,是政府不可小视的力量。

足球运动具有广泛的影响力,从欧洲到亚洲到美洲,从孩童到老者,哪里有足球,哪里就有商机,也正是因为足球这种广泛的注意力,引起了商家对足球的兴趣,经济学上称之为"注意力经济"。实力雄厚的商业集团纷纷进入足球市场,买进足球俱乐部,并通过对重要比赛冠名,树立企业形象,宣传产品,以扩大企业的影响力,提高企业的无形价值。

3.足球转播费能带来高额利润

目前,各足球俱乐部在接受财团赞助,成为其形象代言人的同时,自身也在利用足球创造财富。一般的,职业足球俱乐部的收入来源主要有门票、广告和赞助、电视转播费三大支柱。其中,门票收入占总收入的 50%,广告和赞助占总收入的 15%,电视转播费占总收入的 30%,其他占总收入的 5%。

在欧洲,职业俱乐部(甲级)一场比赛的门票收入最高可达 200 万～300 万美元,一年的门票收入达 1000～5000 万美元。例如,1991 年,曼联足球作为俱乐部股份有限公司在伦敦股票交易所上市,开创了世界足球股票上市的先河,率先取得了比赛与经营的双丰收。截至 1998 年,曼联股价已经上升了近 700%,以流动资产为 8790 万英镑的绝对优势将众多欧洲大牌俱乐部甩在后面。

4.带动其他产业的发展

足球市场的商业价值十分巨大,影响力广泛,在自身发展的同时也带动了与竞赛相关的商品经营,这在欧美、日本已十分兴旺。与足球运动相关的商品除了传统的球衣、球鞋、帽子外,还包括队旗、喇叭、围巾、带有俱乐部会徽的纪念品等。在日本,带有职业联赛标志的物品多达两百多种,联赛专卖店也应运而生。在英格兰,22 支超级联赛球队仅仅在 1994—1995 赛季,其商品销售方面的总赢利就达到了 15.4 亿英镑,几乎占总收入的 60%。

(三)足球运动的文化价值

1.弘扬民族文化

目前,足球运动的各种比赛活动经常和国家民族的礼仪庆典活动同时出现。世界足球大赛上不仅要升国旗、奏国歌,还要举办民族特色的礼仪庆典仪式。

首先,足球运动已经成为展示一个国家综合实力和民族传统文化的窗口。足球比赛的胜负不仅仅涉及运动员的个人荣誉,还关系到一个团体、一个民族、一个国家的荣誉,许多国家的社会团体及政府都对足球运动给予了极大的关注和经济支持。

其次,足球运动不仅能增强体质,更重要的是培育和弘扬民族精神。当今世界,足球运动已经以其鲜明的个性特征成为爱国主义教育的重要途径。重大的国际足球比赛往往牵动着亿万民众的心。比赛的胜利能激发起民族自尊心和自豪感,使民族情感得以抒发,爱国热情得以张扬,从而提高民族的凝聚力。这种团结一致的精神渗透到社会的各行各业中,就会转化成为人们为共同目标而奋力拼搏的动力。

2.提高道德水平

足球场上的体育道德是社会公德的重要组成部分。足球比赛中,所有的参与者(包括运动员、教练、裁判、组织者等)都必须树立公正、民主、协作、团结、竞争、友谊、诚实等道德观念,这些道德观念是社会精神文明不可缺少的规范文化。因此,足球在公民道德建设中发挥着重要作用。

这里需要特别强调的是,足球事业是一项集体主义事业,国家和集体的利益高于一切,同时,足球事业也是一项公平竞争、光明磊落的事业。足球的魅力源自它的公平竞争,足球比赛要求按规则行事,规则面前人人平等。而人人平等的观念正是与日常社会中法律赋予人民的权利和义务相吻合的,有助于提高人们在社会中的法律意识和道德情操。

此外,足球比赛规则要求参与者尊重对手、尊重裁判、尊重观众。这些规范的道德观念一旦内化到人们的内心世界就会变成人们的自觉行动,能在一定程度上有力地推动社会道德的建设。

3.提高审美意识

观看精彩的足球比赛是一种艺术享受,可以陶冶情操,提高人们的审美情趣。一方面,足球比赛的竞争性大大地增加了其可观赏性;另一方面,参加者可以通过表现自我和战胜对手获得胜利的喜悦。在整个足球比赛过程中,无论是欣赏比赛还是参与比赛都可以使人们从日益紧张的工作中解脱出来,获得一种特有的轻松感和美的享受,进而使人们在轻松愉快的环境中不断提高审美意识。

(四)足球运动的健身价值

足球运动是一项集全身性、综合性于一体的集体运动项目,具有很高的健身价值。

足球比赛中,运动员要通过各种形式的有球和无球活动,如踢球、运球、接球、头顶球、抢断球、奔跑、转身、急停、跳跃、冲撞、倒地等来有效地发展机体的体能。体能通常分为与健康有关的体能和与动作技能有关的体能。

首先,足球运动中与健康有关的体能包括心肺耐力、柔韧性、肌肉力量和耐力、身体成分等。

其次,足球运动中与动作技能有关的体能指从事运动所需的速度、力量、灵敏性、协调性、平衡和反应等。

足球运动所需要的体能几乎涵盖了体能的所有内容。因此,经常参加足球运动能全面地提高身体素质,使机体的新陈代谢加强,改善身体成分,保证身体各系统正常运转,从而强身健体。

（五）足球运动的健心价值

1. 改善心理素质

足球运动对心理健康有着积极的作用。足球比赛激烈对抗,场上攻守频繁转换,局面变幻莫测,对运动员的感知觉、观察力、思维能力、想象力、记忆力、创造力等都有较高的要求。一名优秀的运动员、能够及时形成或改变自己的战术意图,有效驾驭比赛。经常参加足球活动和比赛能增强自信心,改善心理素质。

长期参加足球运动还可以培养个体勇敢顽强、坚忍不拔、不断进取等意志品质,以及热爱集体、遵守纪律、文明礼貌、团结合作、敢于竞争等优良道德品质。现代人热衷于追求成功、敢于冒险、依靠努力和奋斗赢得胜利,足球运动的特点正好迎合了人们的这种心理倾向,因此,世界上很多人对它抱有浓厚的兴趣,关心和参与这项活动,能使人们远离学习、工作中的烦恼和焦虑,建立积极的人生观和世界观。

足球运动的竞争性要求每个参加者都要不断运用科学技术的新成果去挖掘自身的运动潜力。足球比赛中攻防不断转换,比赛始终在激烈的对抗中进行。水平越高的比赛,比赛的对抗越激烈,对运动员的体能要求越高。在足球比赛中,运动员的身体要承受很大的负荷刺激,这些刺激既有来自生理方面的,也有来自心理方面的,能引起人生理和心理上一系列的超常态变化,因此,参加者为了克服运动带来的一切不适应,需要付出极大的意志努力,所以说经常参加足球运动,有利于培养参加者参与竞争的自觉性和顽强性。

2. 提高个体社会适应力的价值

社会适应指个体与群体及社会环境相互作用,实现良好人际关系和社会角色的能力。经常参加足球运动能增加与人接触和交往的机会,帮助人更好地融入社会环境,增强社会适应能力。

首先,足球运动可以提高人的沟通能力。足球运动能使人真正具备沟通能力,掌握沟通方式。由于足球的每一个动作技术,都是在老师的讲解示范和参与者的练习实践中进行的。因此,在对足球动作技术纠正的同时需要运动员在相互练习中进行自我完善的沟通,在赛场上需要运动员之间相互配合的默契沟通。这种沟通必须是直观的、及时的、准确的和主动的。因此,经常参与足球运动,对提高人的沟通能力、形成良好的人际关系,将产生积极的影响。

其次,足球运动可以增强个体对身体语言的理解和使用能力。身体语言是沟通的有效方式,是个体在社会交往中必须具备的能力。足球运动作为社会文化的重要组成部分,能有效地提高人的身体语言表达能力。足球动作对提高参与者的协调性和柔韧性有着重要的作用。使参与者在练习中体会动作外观与内涵的统一。因此,足球运动可以发展身体语言,并使之在社会交往中发挥作用。

最后,足球运动可以改善个体的自我意识水平、移情能力和社交技能。一方面,足球运动是一种集体项目,参加足球运动首先要在群体中扮演一个角色,每个运动员都应尽其角色的权利和义务,与同伴积极协作、默契配合,队友之间要相互支持、理解和鼓励,以便团结一致,共同实现战胜对手的目标。另一方面,足球运动中,老师或教练对运动员的评价是阶段性的,观众的评说又带有滞后性。因此,随时随地进行自我意识的体会,就成了运动员改进技术动作、调整比赛战术的重要手段。通过足球运动所形成的自我意识行为,在实践中将变为一个人的自觉行动,将这种能力运用到社会交往中,就可以了解自己的真实面目和别人对自己的真实反映,提高自身的社交能力。

总之,足球运动技术动作难度大,战术复杂,体能要求高、比赛中的角色复杂。能表现出良好的体育道德风尚,体现公平竞争的奥林匹克精神。现代社会竞争激烈,经常参加足球运动有助于人们走向社会后能更好地适应社会。

第二章 足球运动科学训练的理论基础

足球运动员科学训练的需要是多方面的,只有通过对足球运动员的营养学基础、心理学基础、生理学基础等因素进行系统分析,才能掌握科学的、有针对性的训练方法。本章重点从营养学基础、心理学基础两方面对足球运动科学训练的理论基础展开深入探究。

第一节 足球运动科学训练的营养学基础

一、营养与健康的基本理论

(一)人体的能量消耗

人和动物一样都需要能量以维持生命活动。人类从食物中取得的能量,用于生命活动的各种过程,其中包括内脏器官的化学和物理活动、体温的维持、脑力和体力活动,以及生长发育等。一般说来,成人每天的能量需要量:男性为 3600 千卡,女性为 3200 千卡。若长期热量不足,则会出现疲劳、消瘦、抵抗力降低,影响身体的发育、体力、学习和运动的技能。相反,摄入过多热量时,一般也会储存起来,能量的主要储存方式是脂肪。从营养学角度看,一个少年从 10 岁成长至 18～20 岁的青年,身高均数增加 28～30 厘米,体重均数增加 20～30 千克,热量的增加与生长速度是相适应的,不致因热量的增加而引起肥胖。具体来说,人体的能量消耗主要通过以下三种方式。

1. 新陈代谢

基础代谢是维持生命最基本活动所必需的能量需要。每个人在同一生理条件下的基础代谢是接近的。基础代谢主要受体形、年龄、性别和一些生理状态的影响。人体的能量消耗与其体形,尤其是体表面积有很大的关系,而人的体表面积又与其身高和体重有关。基础代谢与体表面积有着密切的关系,而且也和肌体的去脂组织有密切关系。男性的去脂组织,由于其中的骨骼肌比女性的相对发达,故基础代谢所需的能量一般高于女性。基础代谢所需能量约为 1500 千卡。

2.脑力劳动和体力劳动

脑力和体力活动是影响人体能量消耗的最主要因素。能量消耗与活动时间的长短有密切的关系。正常活动所需的能量约为 1600～2000 千卡。

3.食物的特殊动力作用

这是指人体由于摄食所引起的一种额外能量消耗。食物不同,所消耗的热量也不同。摄入蛋白质要多消耗相当于该蛋白质所产生热量的 30％,摄入碳水化合物多消耗其所产生热量的 5％～6％,摄入脂肪时多消耗其所产生热量的 4％～5％。一般情况下,成人由于摄入一般膳食每日多消耗的能量,约为 150 千卡。

根据能量的消耗,我们要进行合理的能量补充。在所有的营养素中,人体的能量主要来源于食物中的蛋白质、脂肪和碳水化合物,它们每克的产热量分别为 4 千卡、9 千卡、4 千卡。以上三种营养素摄入比例必须适当,才可以满足人体日常的能量需求。

(二)营养对健康的影响

营养是维持生命和健康的最重要因素。世界卫生组织近年对影响人类健康的众多因素进行评估,结果表明:遗传因素对人类健康的影响居于首位,为 15％,而饮食营养因素的影响仅次于遗传因素,为 13％。人类的遗传是相对稳定的因素,因此,经常对人的健康起决定作用的往往是饮食营养因素。营养对健康的作用主要表现在以下方面。

1.促进生长发育

生长过程是指细胞的繁殖、增大和细胞间质的增加过程,表现为全身组织、器官和系统的大小、长短和质量的增加。发育是指身体各组织、器官和系统功能的完善过程。营养是影响生长发育的主要因素。蛋白质是构成人体细胞的主要成分,细胞的繁殖和增大都离不开蛋白质。此外,碳水化合物、脂类、维生素、矿物质和水等营养素也在生长发育中扮演着重要的角色。

2.提高机体的免疫能力

免疫是机体本身的一种保护性机制。如果免疫力低下,机体将易受到各种病菌的侵害。如果营养不良,机体免疫系统的反应能力将降低。许多营养素如维生素 C、维生素 E、维生素 A 等都可以提高机体的免疫力。

3.预防疾病

营养不良,包括营养不足和营养过剩都可以引起疾病,如营养不足可引起缺铁性贫血、佝偻病、夜盲症等;营养过剩引起的糖尿病、心脑血管疾病等。通过合理营养搭配可以达到预防疾病,提高健康水平的目的。而且,饮食又可调整人体阴阳平衡,"精不足者,温之以气;形不足者,补之以味"(《素问·阴阳应象大论》)。根据人体阴阳的盛衰,予以适当的饮食营养搭配,既可补充营养物质,又可调整阴阳平衡,以防止疾病的发生。

4.提高智力

儿童时期和青少年时期是大脑发育最快的时期,需要足够的营养物质,如蛋白质、二十二碳六烯酸、卵磷脂等。特别是二十二碳六烯酸,如摄入不足,就会影响大脑发育,阻碍大脑智力的开发。

5.促进优生

在影响优生的因素中,营养是一个重要的因素。孕妇的营养不但影响胎儿的生长发育,而且也影响到孩子今后一生的健康。据世界卫生组织统计,在新生儿死亡率较高的地区,孕妇营养不良的现象一般较普遍,某些先天性畸形患儿与孕妇的营养状况密切相关。如果孕妇膳食营养不良,可能造成胎儿畸形、流产或早产。如果孕妇膳食中长期缺乏锌可能会引起胎儿中枢神经系统出现畸形;膳食中长期缺乏维生素 B12,可能会导致胎儿的骨骼先天畸形。

6.延缓衰老

人体的衰老是一种必然的自然现象。但如果营养合理,则完全可以达到延缓衰老、健康长寿的目的。例如,根据人体衰老时的生理特点,有针对性地补充营养,多吃蔬菜、水果和清淡食物,避免高盐、高脂肪饮食,可防止心血管病、糖尿病的发生或复发。

总的来说,合理安排饮食可以保证机体的营养,使五脏功能旺盛,气血充实,人体适应自然界的变化、抵御外界的力量就强,食物对人体的营养作用就是最重要的防病保健途径。此外,许多食物还具备治疗作用,如动物肝脏防治夜盲症,海带预防地方性甲状腺肿,水果和蔬菜预防坏血病,用葱白、生姜、豆豉等防治伤风、感冒等。

二、足球运动所需的营养

人类每天都必须摄取一定数量的食物来维持自己的生命与健康,通过食物,人体吸收所必需的营养元素,来维持人们日常的生活、生产、工作和学习。现代科学研究发现,人体需要的营养素有 40 多种,共 7 类,包括蛋白质、脂类、碳水化合物、维生素、矿物质(无机盐)、水和膳食纤维。

(一)水

水是生命之源,是人体维持基本生命活动的必要物质,人对水的需要仅次于氧气。人体内的水,既不能少,也不能多,应保持相对平衡,还要克服不渴就不喝水的不良习惯。

(1)水是人体的构成成分,约占体重的 60%～70%。同时,水也是人体细胞和体液的重要组成部分,人体的许多生理活动一定要有水的参与才能进行。如果人体失水超过体重的 2% 时,即感到口渴,失水超过体重的 6% 时,身体会出现明显异常,失水超过体重 12%～15% 时可引起昏迷,甚至死亡。而人体内水分过多,即会发生水肿,引起疾病。

(2)水是运输媒介,它可以将氧气和各种营养素直接或间接地带到人体各个组织器官,并将新陈代谢的废物和有害有毒的物质通过大小便、出汗、呼吸等途径即时排出体外。

(3)水是人体的润滑剂,使人体各种组织器官运动灵活。水还有调节人体酸碱平衡和调节体温的重用作用,通过喝水,人体还可以补充一些必需矿物质和微量元素。

(二)脂类

脂类是人体必需的一类营养素,是人体的重要组成部分。

1. 脂类的分类

脂类可分为脂肪和类脂。

(1)脂肪:脂肪是由一分子甘油和三分子脂肪酸结合而成。因脂肪酸碳链的长短不同和脂肪酸碳链中不饱和双键的数目不同,而构成不同的脂肪酸并连接成不同的脂肪。

(2)类脂:类脂包括磷脂、糖脂、类固醇及固醇等,除含脂肪酸外,还有一些其他成分。

2. 脂类的功能

(1)供给能量。1克脂肪在体内氧化分解可产生 38 千焦的能量,是碳水化合物或蛋白质产能的两倍多。同时,脂肪被吸收后,一部分用于消耗,另一部分则贮存于体内,人体饥饿时,首先动用体脂来供给热能。

(2)构成人体组织结构成分。磷脂、糖脂、胆固醇等是构成细胞膜的重要物质。

(3)供给必需脂肪酸。亚油酸和亚麻酸是人体必需的脂肪酸,是促进婴幼儿生长发育和合成前列腺素不可缺少的物质。

(4)维持体温。皮下脂肪还能使体内温度不易外散,有助于维持体温和御寒。

(三)蛋白质

组成蛋白质的元素为碳、氢、氧、氮、硫。蛋白质是人体氮的唯一来源。各种蛋白质的含氮量相当接近,约为 16%。蛋白质的基本组成单位是氨基酸,组成蛋白质的氨基酸约有 20 种,它们以不同的种类、数量和排列顺序构成种类繁多、功能各异的蛋白质。

食物中蛋白质含量有很大差异。畜禽和鱼肉中蛋白质含量为 10%～20%。干豆类蛋白质含量约为 20%,其中大豆含量可达 40%。蛋类含量在 12%～14%,奶粉含蛋白质约为 20%,鲜奶为 3%。谷类的蛋白质含量虽然只有 7%～10%,因作为主食,进食量大,也是膳食蛋白质的主要来源。

蛋白质的生理功能主要表现为:

(1)蛋白质是构成机体组织、器官的重要成分。在人体的肌肉组织和心、肝、肾等器官,乃至骨骼、牙齿中都含有大量蛋白质,细胞内除水分外,蛋白质约占细胞内物质的 80%。

(2)调节生理功能。酶蛋白能促进食物的消化吸收,免疫蛋白维持机体免疫功能,血红蛋白携带及运送氧气,甲状腺素是氨基酸的衍生物,胰岛素是多肽,它们都是机体重要的调节物质。

(3)维持体液平衡和酸碱平衡。血液中的蛋白质帮助维持体内的液体平衡。若血液蛋白质含量下降,过量的液体到血管外,积聚在细胞间隙,造成水肿。血浆蛋白能借助于接受或给出氢离子,使血液 pH 维持在恒定范围。

(4)供给能量。蛋白质在体内降解成氨基酸后,可进一步氧化分解产生能量。

（四）碳水化合物

碳水化合物亦称糖类化合物,是自然界存在最多、分布最广的一类有机化合物。葡萄糖、蔗糖、淀粉和纤维素等都属于碳水化合物。碳水化合物是一切生物体维持生命活动所需能量的主要来源。它不仅是营养物质,而且有些还具有特殊的生理活性。

谷类和薯类含有丰富的碳水化合物,豆类和某些坚果(如栗子等)含量也很高。对于碳水化合物的摄入要适量。膳食中缺乏碳水化合物将导致全身无力、疲乏,血糖含量降低,产生头晕、心悸、脑功能障碍等症状,严重者还会导致低血糖昏迷;当膳食中碳水化合物过多时,就会转化成脂肪贮存于体内,使人过于肥胖而导致各类疾病如高血脂、糖尿病等。

在大众健身运动中碳水化合物主要有以下功能:

(1)供给能量。每克葡萄糖在体内氧化可产生16千焦能量。

(2)构成机体组织的重要物质。主要以糖脂、糖蛋白和蛋白多糖的形式存在。

(3)节约蛋白质的作用。当碳水化合物供给充足时,人体首先利用它作为能量来源,无须动用蛋白质来供给能量。

(4)抗生酮作用。当碳水化合物供应不足时,脂肪酸分解所产生的酮体不能彻底氧化,而在体内聚积发生酸中毒。

（五）维生素

维生素又名维他命,是维持人体生命活动必需的一类有机物质,也是保持人体健康的重要活性物质。维生素虽不提供能量,也不是构成人体组织的成分,但承担着重要的代谢功能,它们大部分不能在体内合成,或合成的量不能满足人体需要,一定要从膳食中获得。维生素分为脂溶性和水溶性两类,虽然维生素有着结构上的不同,但其具有以下共性:第一,它们不能由人体合成;第二,对人体生理功能影响重大。

各种维生素的来源及功能如表2-1所示。

表 2-1　各种维生素的来源及功能

名称	食物来源	生理功能
维生素 A	动物肝脏、胡萝卜、菠菜等	维持正常视力,防癌,促进骨骼、牙齿正常发育
维生素 D	肝、乳、蛋黄等;皮肤经日光照射合成	促进肠道钙、磷吸收,促进生长和骨骼钙化
维生素 E	食物油、奶、蛋等	与生殖功能有关,抗氧化作用
维生素 B_1	谷类、杂粮、瘦肉、蛋类	参与糖代谢,维持神经系统正常功能
维生素 B_2	动物肝、肾脏、青菜	参与氨基酸、脂肪酸和糖类的代谢,与肾上腺功能有关
维生素 PP	动物肝、蛋奶类、谷类	与细胞呼吸有关,形成和维持骨胶原
维生素 C	水果、叶菜类、谷类等	促进伤口愈合,参与解毒,增强机体免疫功能,促进造血

（六）无机盐

人体组织中,除碳、氢、氧、氮等主要元素以有机化合物的形式出现以外,其余各种元素统称为无机盐(矿物质)。无机盐与人体的健康水平关系密切。从人体对无机盐的吸收率、需要量以及无机盐在食物中的分布考虑,容易缺乏的无机盐有钙、铁、锌、碘、硒等。

1.钙

钙的营养价值主要有两方面:一是骨骼和牙齿生长发育所必需,如果缺乏,会妨碍骨骼的形成;二是维护正常的组织兴奋性,特别是神经肌肉的兴奋性,促进生物酶的活动。如钙减少时能引起痉挛。此外,钙还具有重要的生理调节作用。人体内含钙总量约为 1200 克,男女需要量均为 1000 毫克/日。由于钙具有不易吸收和利用率较低的特性,因此,在补充含钙量较多食物,如虾皮、鸡、鸭蛋、奶和奶制品等的基础上,要注意饮食方法和搭配。

2.铁

铁是组成血红蛋白的主要成分之一。人体内含铁约 3~5 克,需要量为 15 毫克/日,但女性由于月经失血,所以铁的需要量更大。机体缺铁可使血红蛋白减少,发生营养性贫血,表现为食欲减退、烦躁、乏力、面色苍白、头晕、眼花、免疫功能降低等。大量出汗可增加铁的丢失,所以在夏季和长期的剧烈运动中,要注意铁的补充。植物性食物中的铁吸收差,利用率低,因此,应以动物性食物作为补充铁的主要来源。含铁较多的食物有动物肝脏、动物全血、肉类、鱼类等。黑木耳、海带和某些蔬菜,如菠菜、韭菜中也含有较多的铁元素。

3.锌

锌是很多金属酶的组成成分或酶的激活剂,人体内含锌约 1.4~2.3 克,每日需要量男性为 8~15 毫克,女性为 6~12 毫克。

锌缺乏症状表现为:食欲不振、生长停滞、性发育迟缓、伤口愈合不良等。一般高蛋白食物(鱼、肉、蛋等)含锌都较高,此外,一些海产品(海蛎肉、生蚝等)也是锌的良好来源。

4.硒

硒是维持人体正常生理活动的重要微量元素,主要作用是抗氧化,以保护细胞膜。有资料介绍,硒具有抗癌、防衰老作用。有人建议硒的供给量为每日 50~200 微克,动物的肝、肾,海产品及肉类是硒的良好来源,蘑菇、桂圆、白果、菠萝蜜子、石花菜、西瓜子、南瓜子、杏以及桑葚中也含有较多的硒。

5.碘

碘在体内主要被用于合成甲状腺激素,人体从食物中所摄取的碘,主要为甲状腺所利用。人体正常含碘量约为 20~50 毫克,每日需要量男性为 130~160 微克,女性为 110~120 微克。人体中含碘量过高或过低都能导致甲状腺肿。含碘量较高的食物有海带、紫菜、海白菜、海鱼、虾、蟹、贝类等。

(七)膳食纤维

膳食纤维不是一种营养素,是食物中的非营养成分。膳食纤维通常应具有下列生理作用。

(1)降低食物在消化道通过的时间,加速消化系统对食物的运输能力,减少有害物质在体内的停留时间;

(2)促进结肠发酵作用,改善消化功能;

(3)降低血总胆固醇和低密度脂蛋白胆固醇水平;

(4)降低餐后血糖或胰岛素水平。

蔬菜、水果、粗加工的谷类和豆类是膳食纤维含量丰富的食物。一般建议,成人每天摄入量在 15~20 克较为适宜。

三、足球运动的营养消耗与补充

(一)足球运动与营养消耗

1.能量

不同的足球运动员每天的能量和热量需求差异很大,这取决于运动员的身材大小、身体结构、性别、训练计划以及总体活动模式。据推算,足球运动的能量消耗为:大强度运动下的 0.142 千卡/公斤·分钟(或 0.596 千焦/公斤·分钟)和中等强度运动下的 0.064 千卡/公斤·分钟(或 0.269 千焦/公斤·分钟)。

2.蛋白质

在运动状态下,球员体内蛋白质的分解和合成代谢增加,使得蛋白质的消耗也大为增加。这是由球员在进行足球运动时器官肥大、酶活性提高、激素调节活跃而造成的。由于蛋白质食物的特别动力作用强,蛋白过多可使机体代谢率增高,并增加水分的需要量,所以球员在进行足球运动前蛋白质的摄入量不宜过多。

3.糖

作为运动时热能的主要来源之一,糖类在运动中的利用程度决定了运动者是否具备良好的耐久力,来顺利完成规定的运动强度。由于糖主要由碳水化合物组成,且易消化、耗氧少,代谢的产物主要是水和二氧化碳,在运动时可以随时被排出,如果补充不及时,就会形成供需脱节,在没有及时补充而又继续运动的情况下,对碳水化合物的大量需要只能来自体内贮备的糖原,从而造成糖原枯竭,而这会对球员的健康成长产生非常严重的不利影响。

4.水

在进行足球运动时,球员调节体温的主要形式就是大量的排汗,这一过程对水的消耗较大。同时足球运动出汗的多少与气温、热辐射强度、气压、温度、单位时间的运动量及饮食中的含盐量有关。

5.维生素

在进行足球运动时,由于体内物质代谢过程的加强,使得对维生素的需要量也有所增加。

维生素的需要量主要与运动量、机能状态和营养水平有关。剧烈的运动可使维生素缺乏症提前发生或症状加重,并且由于球员进行足球运动时,对维生素缺乏的耐受力比正常人差,所以更应补充维生素。

6.矿物质和微量元素

球员在进行足球运动时,体内矿物质和微量元素的代谢均可能发生一定的变化。如运动量大时,尿中钾、磷和氯化钠排出量减少,而钙的排出量增加。如果球员对一定负荷的运动量能够适应,那么其体内的矿物质变动幅度就会降低。

(二)足球运动与营养补充

1.营养补充的原则

营养补充是指通过饮食结构的调整,使饮食中所含有的营养素种类齐全、比例合适、数量充足,从而能满足人体生理和健康需要。从营养学的角度来看,粮谷类食品为人体供应热能;肉食供应蛋白,水果蔬菜可供给维生素、矿物质以及食物纤维。两千年前,我国古代医书《黄帝内经》就已提出"五谷为养,五果为助,五畜为益,五菜为充"的配膳原则,生动概括了健康饮食的原则。在日常生活中,我们强调营养补充,其主要原则如下。

(1)营养成分的全面性

要实现膳食营养的合理性,必须做到营养成分全面均衡,营养搭配因人而异,营养过程要持之以恒,久而久之,才能从营养学角度提高体质与健康水平。日常的饮食中应包括人体所需要的各种营养素,即蛋白质、脂肪、糖类、膳食纤维、矿物质、维生素和水7大营养素,以维持人体正常生理功能的需要。自然界中没有任何一种食物能够满足人体所需的各种营养素,所以就必须充分利用自然界的各种食物,组成营养素种类齐全、比例合适、数量充足的完全饮食。同时,营养成分的全面性还要求各种营养素之间应有适当的比例关系。

《中国居民膳食指南》将自然界中各种食物根据其营养特点分为5类。第1类为谷类、薯类、杂豆类,主要提供糖类、蛋白质、B族维生素,是我国饮食热能的主要来源;第2类为动物性食品,包括肉、禽、蛋、鱼、奶等,主要提供蛋白质、脂肪、矿物质、维生素A和B族维生素;第3类为大豆及豆制品,主要提供蛋白质、脂肪、膳食纤维、矿物质和B族维生素;第4类为蔬菜、水果,主要提供矿物质、维生素C、胡萝卜素和膳食纤维;第5类为纯热能食物,包括动植物油脂、各种食用糖和酒类,主要提供热能。这5大类食物均应适量摄取,合理搭配,动物性食物和纯热能食物均不能摄入过多,应保持生热营养素的比例平衡、维生素之间平衡、可消化的糖类和食物纤维之间平衡、酸碱性食品平衡等。

(2)营养补充的阶段性与特殊性

人体各个时期对营养的需求是不同的,无论是从种类上,还是数量上,都有着明显的不同。在青少年时期人处于生长发育阶段,对各种营养成分的摄取,在种类数量上要有充分的保障,做到高蛋白、高热量、高维生素、适量脂肪,全面而均衡;老年人为延缓衰老、健康长寿,强调高蛋白、高维生素、低脂肪、低热量,为防治骨质疏松、高血压等老年退行性疾病,要补充钙质,限制钠盐,形成对某些营养成分的特殊选择。

而且,日常膳食可满足一般体能消耗,但对那些有特殊体能消耗的人应区别对待。如参加比赛的运动员,因大量排汗而造成蛋白质大量消耗及矿物盐、维生素及水的大量丢失,这就要在膳食及饮料中给予特殊补充。对参加体育锻炼的人,应根据其年龄、性别、活动项目、运动强度、季节温度等因素,对某种营养成分给予适度强化,超量补充锻炼过程中的特殊消耗,为实现锻炼效果提供必要的物质基础。

(3)营养成分的互补性

我们日常生活中的任何一种食物,所含的营养成分都不可能十分全面。在富含一种或数种营养成分的同时,可能缺少另外某种成分。例如,粮食谷物主要提供糖类,肉禽蛋类等主要提供蛋白质与脂肪,而蔬菜与水果是维生素、无机盐的主要来源,只有各种食物合理搭配,才能实现营养成分的互补,满足机体的需要。营养成分的互补性要求我们在选择食物时应尽量多样化。自然界中各种食物的营养成分与生理功能不尽相同,5大类食物各有各的特点,同一类不同种食物之间也各有差异,任何一种食物均不能代替其他食物。例如肉类不能代替鱼类,绿叶蔬菜不能代替白色蔬菜,尽管绿叶蔬菜含有丰富的维生素、矿物质,但白色蔬菜如萝卜、花菜等在抗癌、抗突变方面有其独特的作用。同时世界上也没有任何一种食物能够满足人体所需的所有营养素,所以就必须充分利用自然界的各种食物,合理搭配,不能长期单吃一类或一种食品。我国饮食中"八宝粥""什锦菜"就是很好的例子。

每天的饮食中应包括所有5大类食物,并且每类食物也要经常变换花样。日本规定成人每天吃30种食物,美国政府也规定成人每天要吃4～5种原粮。我国目前谷类食物仍为青少年的主要食物。作为主食的植物性食物,虽含有一定数量的蛋白质,但质量较差,构成蛋白质的氨基酸也不全面,利用率不高。所以,在制作时,应把几种不同的含蛋白食物按比例混合在一起,取长补短,以提高蛋白质的利用率。如谷类中蛋白质的赖氨酸、色氨酸不足,但与豆类食品混合制作或与动物蛋白质同吃,就可增加谷类蛋白质的利用率。平时食用的大米,蛋白质的利用率为55%,如果在2/3的米中加入1/3的黄玉米,利用率可提高到70%。北京有一种掺合面,含40%玉米粉、20%大豆粉和40%的小麦粉,很适合青年人食用。此外,还可几种食品混吃,如蒸馒头加豆浆、赤豆稀饭加面包、小米糯米粥、玉米粉加小麦粉做成馒头或烙饼等,这样根据习惯粗细搭配,经常变换,就可避免主食单调。

(4)膳食制度的合理性

饮食制度在遵循人体生理活动的基本规律的基础上,要适合自身的身体发育、发展和自己的饮食习惯。要合理安排一日的餐次,两餐之间的间隔和每餐的数量、质量,使进餐与日常生活制度和生理状况相适应,并使进餐与消化吸收过程协调一致。膳食制度安排合理,可以有助于提高劳动和工作效率。按照我国人民的生活习惯,通常情况下,一般每日三餐比较合理,两餐的间隔以4～6小时为合适。各餐数量的分配要适合劳动需要和生理状况,较适宜的分配为:早餐占全天总热能的40%～30%,午餐占全天总热能的30%～35%,晚餐占全天总热能的30%～35%。

同时,用餐时间应与生活工作制度相配合。合理的膳食安排,科学的烹饪方法,能促进消化,引起食欲。同时要保证清洁卫生,防止食物被污染,并减少营养素的损失。目前不少青年不进早餐或早餐质量很差,中餐质量最好,晚餐质量次之。这种热量、营养的分配比例是不科学合理的,应适当提高早、晚二餐的质量,以保证上午和晚间学习工作时的能量消耗。在紧张的学习、脑力劳动时,要靠血液不断输送葡萄糖并氧化提供能量。三餐有规律地进食,血液中的糖分及其他营养物质才能源源不断的补充,保证人体的生理机能正常运行。经常不吃早餐,上午就会出现头晕、心慌、手抖、全身乏力等生理反应,学习和工作精力难以集中、心烦意乱等。

科学合理的营养搭配,是保证人体健康的关键因素之一,是从事脑力劳动和体力活动的能量来源。球类项目运动负荷普遍较大,运动程度激烈,能量的消耗是相当多的。因此,注意营养的补充,使饮食合理卫生,对学习、生活和工作是极其重要的。

2.比赛过程中的营养补充

合理营养是运动员健康和运动能力的保证,也是影响比赛发挥的一个关键因素。

(1)赛前的营养调整

第一,供热量适当减少。在此期间运动量一般有所降低,能量消耗也相对减少,所以供热量也应随之调整,以免营养过剩,转为脂肪。

第二,赛前短期内不要补充过多蛋白质和脂肪等酸性食物。因为蛋白质和脂肪食物的代谢产物是酸性的,体液偏酸,对比赛不利。应注意多吃碱性食物,如水果、蔬菜和豆类等,增加机体的碱储备,提高运动能力。

第三,赛前饮食中应充分含糖,使体内的糖原储备、维生素和无机盐达到饱和状态。实验证明,提高运动前的糖储备,对提高速度、速度耐力十分重要。

第四,A 及 B 族维生素能提高人的工作能力,而且 A 及 B 族维生素在短期内不能发挥作用,因此,应在赛前 10 天开始增加摄取量。平时维生素 C 不足者,应从赛前一周开始补充维生素 C,每日摄取量 200～250 毫克。

第五,由于运动员赛前紧张,胃血流量减少,胃酸分泌增加,有时有恶心欲吐的感觉,食欲会下降。因此,应注意食物品种尽可能多些,搭配烹调尽可能符合口味习惯,提高色香味,使进餐者满意。

(2)赛中的营养补充

比赛间歇一般不必进食,口渴时可服用少量果汁及富含维生素的饮料。天气寒冷或运动员感到饥饿时,可在饮料中加些葡萄糖。在大量出汗的情况下,运动员的排尿量明显下降,平均尿比重大于正常范围,红细胞比容和血红蛋白水平升高,这时补充含有糖、电解质成分的饮料,有助于平衡电解质,增加血容量,对减轻心脏负担有一定好处。

(3)赛后的营养补充

在比赛中,运动员消耗的热量与水分较多,赛后应主要增加热量与水的供给量。

①糖的补充:运动的供能以糖为主,比赛后血糖浓度减少显著,因此应增加糖的补充量,选择含糖量高的食物。糖的补充也能使疲劳的肌肉得到恢复,糖原得到补充。

②维生素的补充:激烈的比赛后,适当地补充维生素,对加速体力恢复、保持较强运动能力是很有必要的,特别是维生素 C 和维生素 B。

③水的补充:水分的补充能补偿出汗造成的失水,保持体内水分的平衡。过多饮水并无好处,反而会增加心、肾的负担,补水时要注意少量多次,还要适当进盐。

3.足球运动中营养补充的误区

(1)注重口渴补水,忽略补充体液的科学性

研究实践表明,运动中血容量会因机体脱水而下降,心脏负担增加,而体液丢失一旦达到体重的 2%～3%,就会降低机体的运动能力。球员在进行足球运动时,由于对合理补水知识的缺乏,而错误地认为口渴是脱水的表现。实际上,当球员感到口渴时,其体液缺乏就已经达到体重的 2%～3%,此时运动能力已经受到损害。此外,球员在补水时还要注意矿物质、维生素和碳水化合物的补充。

(2)强调宏量营养素摄入,忽略了微量营养素的供给

球员在进行足球运动的过程中,往往会有这样的错误认识,认为在膳食结构上只要吃高脂肪、高蛋白、高热量的食品就可以加强营养,过分强调宏量营养素的补充。而其中脂肪和蛋白质的摄入量过多会对运动能力产生非常不利的影响。高蛋白质和高脂肪的膳食不仅会造成热能摄入过剩,还会增加机体内脏器官的负担,对机体吸收其他营养素产生影响。同时还会造成球员体质酸化,对机体的恢复能力产生影响。

(3)注重晚餐的丰盛,忽略早餐的多样性和重要性

一日三餐热能的分配要与球员的运动量一致,早餐是最容易被球员所忽视的,甚至根本不吃早餐,出现"早简晚盛"的现象。球员早餐的热能仅占全天的 19%,而晚餐的比例远远高于合理的摄入比例。而早餐和午餐的不合理比例也导致了机体各种营养素的摄入出现失衡或严重不足,使机体内各种营养物质得不到及时恢复,会对球员运动时的能量供应产生非常不利的影响。因此无论从营养角度还是从运动角度,球员都要对早餐的多样性进行高度重视。

(4)注重特殊营养的补充,忽略基础营养摄入

在足球训练中,特殊营养的补充往往会得到大多数球员的过分重视,认为提高身体机能就只要补充特殊营养就可以了,而忽视了膳食营养的基础作用,造成基础膳食营养摄入非常不合理。事实上球员只有在保证良好基础营养的前提下,再根据身体和运动特点,去补充特殊营养,才能使营养的作用发挥到最大。

(5)蛋白质补充过多,忽略碳水化合物摄入

蛋白质作为维持生命活动最重要的营养素,得到了大多数球员的重视,使得许多球员把摄入更多的蛋白质作为促进身体机能恢复的重要标准。大多数球员认为:膳食中摄入的肉越多,越有营养;相反,主食如米、面和一些新鲜的含碳水化合物等 70% 以上的食物基本都会被完全忽略。

第二节　足球运动科学训练的心理学基础

一、运动的动机

(一)动机的含义及分类

1.动机的含义

动机是推动一个人进行活动的心理动因或内部动力。它能引起并维持人的活动,将该活动导向一定目标,以满足个体的念头、愿望或理想等。

通常来说,动机具有如下几个作用:

第一,始发作用。指的是动机可引起和发动个体的活动。

第二,强化作用。指动机是维持、增加或制止、减弱某一活动的力量。

第三,指向或选择作用。指动机可引起和发动个体活动的方向。

心理学中从"方向"和"强度"这两个角度来理解问题,"方向"与一个人目标的选择有关,即人为什么要做某件事;"强度"与一个人激活的程度有关,即为了达到某一目标,人正在付出多少努力。

2.动机的分类

按照不同的标准可将动机进行如下分类。

(1)按兴趣分类,可将动机分为直接动机和间接动机

直接动机:是指以直接兴趣为基础,指向活动过程本身的动机。如有的运动员对于自己所从事的运动本身感兴趣,认为它是对自己身体机能的积极挑战,从中可以最大限度地发挥和体现自己的潜力,体验到一种效能感和满足感,这种训练动机属于直接动机。

间接动机:是指以间接兴趣为基础,指向活动结果的动机。如有的运动员对比赛本身不感兴趣,仅认为它是为战胜对手所必须克服的困难,这样的动机就属于间接动机。一个运动员在训练中往往受到以上这两种动机的影响。

(2)按需要的种类和对象分类,可将动机分为生物性动机和社会性动机

生物性动机:指以生物性需要为基础的动机。如因饥饿、口渴等而产生的动机。

社会性动机:指以社会性需要为基础的动机。如成就动机、交往动机等。

(3)按情感体验分类,可将动机分为丰富性动机和缺乏性动机

丰富性动机:指以经验享乐、获得满足、理解和发现、寻找新奇、有所成就和创造等欲望为特征的动机。它包括满足和刺激的一般目的,往往趋向于张力的增强。

缺乏性动机:指以排除缺乏和破坏、避免威胁、逃避危险等需要为特征的动机。它包括生

存和安全的一般目的。缺乏性动机以张力的缩减为目的,一旦目标实现,这种动机就会明显减弱。

(4)按动机的来源分类,可将动机分为内部动机和外部动机

内部动机:指以生物性需要为基础,通过积极参加某种活动,应对各种挑战,从中展示自己的能力,实现自己的价值,体验莫大的满足感和效能感的动机。它是汲取内部力量的动机,是从内部对行为的驱动。

外部动机:指以社会需要为基础,人通过某种活动获得相应的外部奖励或避免受到惩罚以满足自己的社会性需要的动机。它是汲取外部力量的动机,是从外部对行为的驱动。

(二)引起动机的条件

引起动机的条件主要有两个:一是内部条件,指个体因对某种东西的缺乏而引起的内部紧张状态和不舒服感。它能产生愿望和推动行为的力量,引起人的活动;二是外部条件,指个体之外的各种刺激,包括各种生物性和社会性的因素,它是产生动机的外部原因,对人有着重要的影响作用。

(三)动机的培养与激发

1.满足运动员的各种需要

满足运动员的需要,是激发其动机的关键所在。根据马斯洛的需要层次理论,可将人的需要归为以下三类。

(1)追求刺激和乐趣的需要

足球是一项具有鲜明的挑战性和趣味性,并使身心集于一体的运动,它兼具乐趣性和艰苦性,如果教学安排与训练安排枯燥无味,过多剥夺了学生的自由或者对学生提出了过高的要求,那么学生就失去了学习与训练的乐趣,导致其运动动机的下降。因此,在教学与训练中,教师要注意以下几点:一是要使学生的能力符合练习的难度;二是使训练方法和手段多样化;三是让所有人都积极参与;四是允许学生在教学与训练中有更多的自主权;五是在练习中要根据学生的特点分派任务,使其有机会在完成任务的过程中享受乐趣。

(2)获得集体归属感的需要

任何人都有归属的需要,即从属于一个集体的需要。甚至有些人,他们参加体育运动就是希望能成为运动集体中的一员,他们需要归属于一个能为自己增添色彩的集体。归属于他人、为他人所接受就是他们的主要动机,他们的主要目标就是满足这种需要,而不是去赢得荣誉。

因此,体育教师可以利用集体成员的资格作为一种颇具诱惑力的奖励,以激励这类运动员为优良成绩去努力拼搏,也可以用集体的行为规范、集体的目标、集体的荣誉感来激发他们的成就动机。

(3)展示自我的需要

体育运动中最普遍最强烈的需要是感到自己有价值(能力与成功)的需要。这种需要的特点是由运动员归因的特点决定的,可以分为两类:一是成功定向的运动员;二是失败定向的运动员。无论对于哪一类运动员,自我价值感都是他们最为珍惜和悉心保护的精神财产。展示

自己的才能并使他人承认自己的价值,或者不必得到他人的尊重而只需自认为有价值、有能力,都可以满足这种需要。

对于失败定向的学生,体育教师应帮助其重新确定目标,并尽可能地通过采取一些积极有效的措施和手段来满足他们表现才能与自我价值的需要,这样才能有效地激发和培养他们的内部动机。

2. 强化手段培养动机

强化是指出现可接受的行为时,或者给予奖励,或者撤除消极刺激的过程。正确利用好强化,不仅可以激发外部动机,也有利于内部动机的培养。如果运用不当,强化则可能既破坏内部动机,又破坏外部动机。一般情况下,强化的方法要优于惩罚的方法,因为它比惩罚更能鼓励正确的行为,当然适当的惩罚在某些时候也是必要的。运用强化手段培养动机时,要注意以下几点:

第一,明确规定应获奖励的行为、奖励的条件以及奖励的标准。奖励不能过量,不能让学生感到教师正在企图控制他们的行为。

第二,最好对达到标准的良好表现进行没有规律的强化。

第三,鼓励学生间的相互强化。

第四,应使学生懂得,奖励不是最终目的,它只是能力、努力和自我价值的标志,这有利于加强内部动机。

3. 区别对待,因时因地,因人而异

体育教师可以因时因地,因人而异地选择不同的方法来影响学生学习的动机。有三种直接的方法可用:依从方法、认同方法和内化方法。

(1)依从方法

依从方法是指利用外部奖励和惩罚的作用来激发运动动机。该方法是激发动机的有效手段,特别是对那些没有建立起良好的行为习惯、自我观念淡薄的学生来说,尤其如此。

(2)认同方法

认同方法是指利用教练员与运动员之间的关系来激发运动动机。它是依从法的隐蔽形式。要成功地利用认同法来激发运动动机,体育教师就必须与学生保持良好关系,使学生觉得自己应该照教师的要求去做。需要注意的是,过分依赖惩罚和消极强化的教师容易同学生产生隔阂,学生服从教师只是因为怕受罚的原因。

(3)内化方法

内化方法是指通过启发信念和价值观来激发内部动机。

运用以上三种方法激发动机时,应注意以下几点:

第一,随着年龄的增长和心理的成熟,内化方法会起作用,也最适宜。

第二,在技能发展的初级阶段,依从方法是最为有效的。

第三,由于学生归因的控制点不同,因此激发其运动动机的直接方法也不同。

第四,对于不习惯于依从方法,不适应、不接受内化方法的学生,激发其动机的方法要取决于目标。

4.变换训练方法以引起动机

改变教学与训练的环境是培养与激发运动动机的间接方法。这个环境包括物质环境和心理环境。改变物质环境包括改变练习场地,练习设备条件等,改变心理环境包括取消对学生的消极评语,改变学生的分组,改变传统的练习方法等。体育教师应当精心安排每一次训练和比赛,使之具有趣味性和启发性,以满足学生接受刺激、追求乐趣的需要,进而培养和激发内部动机。

5.自我引发动机

大量的实践表明,给人以控制自己生活的权力,可以加强动机,提高成就,促进责任感和自我价值感的发展。这一点对于培养和激发运动动机尤为重要。

一般来说,在体育运动教学中,教师对于训练和比赛所做的安排往往是比较适合运动员发展的。但最了解自己状况的,莫过于学生自己。一旦学生学会了如何自己设置训练计划,他们可能会设计出更好的适合自己发展的计划。

因此,体育教师应根据学生的能力和水平,在有组织的范围内下放权力,培养他们的责任心、自觉性以及在有限的条件下作出正确决策的能力。这样做不仅能培养和激发内部动机,而且会使学生在将来的生活和工作中受益。

在教师下放自主权,使学生进行自我引发动机的过程中要注意以下几点:

第一,要根据学生的能力和水平,有选择地下放自主权。

第二,体育教师应具有移情心。移情心是指一种会站在学生的角度来观察和思考问题的能力。

第三,放权后应耐心帮助学生进行决策,不要急于求成,过分指导。

二、运动的应激、唤醒及焦虑

(一)应激

1.含义

应激是指个体对应激源或刺激所做出的反应。应激源是指那些唤起机体适应反应的环境事件与情境。应激反应是一种包含应激源、个体对应激源的评价及个体的典型反应等因素相互作用的过程。

2.应激的原因

生活中的重大事件,如高考、找工作、谈恋爱等,都可能对我们的应对能力形成挑战,使我们感到难以应付,从而形成应激,带来身体和心理上的不适。这些生活事件打破了我们日常的宁静和平衡,需要我们去适应新的环境,因此具有明显的应激性质,应激大都来源于此。

3.应激的控制

对参与足球运动的学生来说,选择适当的运动负荷和持续时间对保持身心平衡是至关重要的。研究表明,当人处于高应激时,应避免参加竞技性强的运动,因为该类运动会增加更多的应激源,从而容易导致身体受伤。对应激的控制应注意以下两点。

第一,选择适度的足球运动与积极应激。应激引起机体的本能反应是"搏斗或逃跑",这时体内动员能量的交感—肾上腺机制,血液中儿茶酚胺水平升高,如果进行搏斗或逃跑,则所动员的能量得以释放。在现代社会中的应激反应中,很少有可能进行这种类型的能量释放,这种能量被动员而无法释放的状况会扰乱身心平衡的状态,从而损害机体。因此,释放能量就成为对抗应激的一种手段。

参加足球运动,既可以锻炼学生的肌肉,提高心肺能力,促使内啡肽释放,又可以降低焦虑,改善心境,从而保持身心平衡。

第二,避免过度的足球运动与心理耗竭。心理耗竭是由于情绪和精神压力而形成的一种心理现象。在足球比赛当中,如果长期运动强度过大,运动不仅会损害身体,而且会给心理健康带来负效应。这种负效应主要表现在心理耗竭上。心理耗竭的生理症状主要有安静时心率增加,长期肌肉疲劳、失眠、体重减轻、感冒和呼吸道疾病增加等。

(二)唤醒与焦虑

1. 唤醒

唤醒指有机体总的生理性激活的不同状态或不同程度。唤醒有三种表现:脑电唤醒(刺激使脑电出现去同步化的低压快波)、行为唤醒(非麻醉动物唤醒时伴随着行为变化)和植物性唤醒(较高水平刺激时的植物性神经系统的活动)。这三者可以同时存在,也可以单独存在。唤醒对维持和改变大脑皮层的兴奋性、保持觉醒状态有重要的作用,它能为注意的保持与集中以及意识状态提供能量。

2. 焦虑

焦虑是指由于不能克服障碍或不能达到目标,而体验到身体和心理的平衡状态受到威胁,形成的一种紧张、担忧并带有恐惧的情绪状态。焦虑状态含三种主要成分,分别为生理唤醒,情绪体验以及威胁、不确定性和担忧的认知表征。

焦虑有不同的种类,按照不同的划分方法可以分为以下几种。

(1)状态焦虑

状态焦虑是一种短暂的情绪状态,是由紧张和忧虑所造成的一些可意识到的主观感受,也是高度自主的神经系统的活动。如第一次参加重大足球比赛的运动员,踏入球场时所体验到的紧张、不安,就属于比赛前的状态焦虑。

(2)特质焦虑

特质焦虑是一种人格特质,即在各种情境中产生焦虑反应的情绪倾向和行为倾向。也就是说,一个人无论在何种情境中都预先具有一种以特殊的焦虑反应方式和焦虑反应程度来对待事物的倾向,从而显示出多种情境中焦虑反应的一致性。

(3)躯体焦虑

躯体焦虑直接由自发的唤醒而引起,通过心跳加快、呼吸急促、手心出汗、肠胃痉挛以及肌肉紧张等表现出来。

（4）认知焦虑

认知焦虑是焦虑的认知性特征，由对内外刺激的评价而引起，是含有担忧和干扰性视觉表象成分的一种不愉快的感受。躯体焦虑和认知焦虑在概念上是独立的，但在应激情境中有可能发生改变。

三、活动过程

（一）运动的感知过程

1. 运动与感觉系统

（1）动觉

动觉也被称为运动觉或本体感觉，它负责将身体运动的信息传入大脑，使个体对身体各部位的位置和运动有所知觉。动觉主要由 4 部分组成：肌觉、腱觉、关节觉和平衡觉。当身体参与活动时，肌肉与肌腱的扩张与收缩，以及关节之间的压迫，产生刺激并引起神经冲动，传入中枢神经系统而引起动觉。动觉是发展高水平运动技能的关键。

（2）视觉

视觉是通过眼睛传入视神经和视觉中枢产生的，对波长约为 380～740 纳米之间的电磁辐射产生的感觉。视觉对绝大多数运动项目来说都是至关重要的，例如，在足球运动中，球、对方队员、同伴队员始终都在不停地运动，要准确地观察这些空间、方位和距离上迅速变化的各种关系，才能建立正确的行动定向。

（3）听觉

听觉是通过耳朵听传入神经和听觉中枢对频率约为 20～20 000 赫兹的声音刺激产生的感觉。听觉刺激可以通过中枢神经系统的兴奋扩散效应，诱发动觉中枢的兴奋性，从而产生节奏感，即听觉和动觉的联合知觉。

（4）触压觉

触压觉是由非均匀分布的压力在皮肤上引起的感觉，分为触觉和压觉两种。触觉是指因外界刺激接触皮肤表面，使皮肤轻微变形，从而引起的感觉；压觉是指使皮肤明显变形，从而引起的感觉。在足球运动中，对触压觉也有较高的要求，触觉的敏感性体现在足球运动员的脚背和脚内侧上。

2. 运动与知觉系统

（1）空间知觉

空间知觉是对物体空间特性的反映，包括形状知觉、大小知觉、深度知觉、立体知觉、空间定向等。在足球运动中，传接球、抢断、射门等动作的完成，都需要运动员首先判断出球、对方队员、同伴队员和自己的空间特征情况和彼此间的关系等。空间知觉包括两种：方向知觉和距离知觉。

（2）时间知觉

时间知觉是对时间长短、快慢、节奏和先后次序关系的反映，它揭示出客观事物运动和变化的延续性和顺序性。自然界有规律的周期性变化和人体内部的生理变化是人们产生时间知觉的依据。

时间知觉同时机掌握和情绪态度有着非常重要的关系。如足球运动中，前锋队员射门时除了要具有良好的技术外，还要注意对射门时机的把握。当比赛快要结束时，处于比分领先或者落后的一方运动员，对时间的知觉是不同的。前者倾向于时间过得慢，后者感到时间过得比平时快得多。

（3）运动知觉

运动知觉是对外界物体运动和机体自身运动的反映，通过视觉、动觉、平衡觉等多种感觉协同活动来实现。运动知觉包括对自身运动的知觉和对外界物体运动的知觉。

①对自身运动的知觉

对自身运动的知觉主要是通过运动分析器获得的，运动分析器的感受器分布在肌腱和韧带中的感觉神经末梢。当机体活动时，这些感受器就受到某种程度的牵拉，产生神经冲动，从而对自身机体活动有所知觉。

根据动作的形态、幅度以及时空等特征，可将自身运动的知觉分为 4 类：运动形态知觉、运动幅度知觉、自身运动的时间知觉和身体空间位置和方向知觉。

根据动觉分析器以及其他分析器提供的信息，可将对自身运动的知觉分为 8 类：主动运动时的用力知觉、运动器官发生改变时的知觉、分辨运动器官活动开始与终结时的方位知觉、运动器官提升到一定高度时的用力知觉、身体运动的速度知觉、身体表面接触外界物体时的各种触觉、躯体或运动器官位置变化时的各种平衡知觉和来自心脏的各种知觉。

这两种分类系统可以作为测量自身运动知觉的参考体系，体育教师可以根据项目的特征，在以上分类中选择适宜的方面，对学生进行专项运动知觉的测量，以促进运动技术水平的提高。

②对外界物体运动的知觉

对外界物体运动的知觉是指完成知觉外界物体的运动，是依靠视觉为主的一些外部感受器来进行的，它受到以下 4 个方面的制约：一是运动物体的形状大小与速度知觉成反比；二是运动物体的形状大小与运动速度知觉的下阈限及上阈限成正比；三是运动场地的变化会影响速度知觉的发挥；四是在一定范围内，光线亮度与速度知觉成正比。

（4）专门化知觉

专门化知觉是运动员在长期实践过程中形成的一种综合性知觉，它能对运动员自身运动和环境因素做出精确分析和判断，是对运动员心理要求的一个重要方面。其特点主要包括：第一，具有综合性，依赖多种分析器的同时活动；第二，具有专项性不同的分析器，依据不同特点在不同的专门化知觉中起不同的作用；第三，专门化知觉中，动觉是其主要因素。如球类项目的球感就以高度发展的动觉为基础。

对专门化知觉的测量要因运动项目而异，需要注意的是在测量专门化知觉时，往往采取多种方法进行测量，这比单一的测量方法更加全面而有效，另外，还要注意运动员知觉特征的个体差异性。

（二）运动的记忆过程

人们日常生活中的一举一动，都与运动记忆有关。运动记忆与人体的肌肉活动密切相关，与形象记忆、情绪记忆等有明显的区别。

1.短时运动记忆与长时运动记忆

短时运动记忆是指在对一个运动项目的练习停止后，其遗忘的速率会随着时间的变化而变化，遗忘的进程先快后慢，但其记忆的内容不会全部忘记。而长时运动记忆是指学习一项运动技能后，一旦熟练掌握，就能记忆相当长的一段时间。这两种记忆过程是在日常生活中常常发生的。

2.运动表象

（1）内部表象

内部表象是指以内部直觉为基础，以内心体验的方式感受自己的运动操作活动，表象自己正在做各种动作。其实质是动觉表象或者肌肉运动表象。

（2）外部表象

外部表象是指表象时可从旁观者的角度看到其表象的内容，其实质是视觉表象，感受不到身体内部的变化。

内部表象时的肌肉活动要高于外部表象时的肌肉活动。

3.运动记忆中的信息加工

认知心理学认为，在短时记忆的短暂时间中，个体对产生于本身的刺激，通过知觉组织加以处理，将零散的个别信息组合成一个包括多个单元的、便于记忆的整体，这就是运动记忆中的信息加工。对任何人来说，在短时间单纯依靠记忆是很难准确记住太多内容的，这就需要在大脑中进行某种组合加工，以"组块"的形式储入短时记忆。

（三）运动的思维过程

根据思维的抽象性对思维进行分类，可将思维分为直观行动思维、具体形象思维和抽象逻辑思维。人类最初发展的思维形式都是直观行动思维。一般来说，直观行动思维在个体发展中向两个方向转化：一是在思维中的成分逐渐减少，具体形象思维增多；二是高水平的操作思维发展迅速。操作思维是反映肌肉动作和操作对象之间相互关系及其规律的一种思维活动，运动员掌握运动技能和表现运动技能，都需要发达的操作思维作为认识基础。这时的操作思维就不是低级的直观形象思维了。

四、运动员的个性心理特征

（一）智力

智力是指在推理、判断、问题解决、决策等高级认知过程中表现出来的能力。智力的同义词是一般能力,它是表现在特定情景中的所有特殊能力的基础;而特殊能力则是指在特定情景中完成特殊任务所必需的能力。

社会上传统的世俗观点认为:运动员一般都"四肢发达,头脑简单",但根据相关调查研究显示,运动员的智力水平具有如下特点与趋势:

(1)高水平运动员具备中等或以上水平的智商。

(2)体育专业学生的智力同一般文理科学生相比并无明显的差异。

(3)运动技能类型不同,智力因素将起到关键的作用。

(4)运动技能的学习阶段不同,智力对掌握运动技能的影响也不同。

由此可见,具有中等程度的智力发展水平已经具备了成为高水平运动员的一个必要条件,但一名高水平的运动员并不一定就必须要有高水平的智力。

(二)情感

情感指的是客观事物是否符合自己的需要而产生的体验。人是一种充满感情的高级动物,而感情会受到诸多因素的影响而发生各种各样的变化。当客观事物能满足自己的需要时,便产生愉快、高兴等正面的情感,而当客观事物不能满足自己的需要时,便产生痛苦、忧愁等负面的情感。

人们在参加体育运动时会产生各种各样的情感体验,同时对人的心理也产生巨大的影响。在运动场上,成功与失败,进取与挫折共存,欢乐与痛苦,忧伤与憧憬相互交织,各种各样的复杂的情感相互感染,融合在一起。这种情感可以适时转移个体不愉快的意识、情绪和行为,不仅有利于人的情感的成熟,而且还有利于人的情感自我调节能力的提高。

在运动比赛中,成功与失败是经常转换的,而人的情绪也会随之变化,时而狂喜、时而沮丧,在喜怒忧乐间不断转换。比赛时,正面的情感会使运动员信心倍增,负面情感则常使运动员消极乏力。强烈而短暂的激情有时会成为运动员克服困难、克敌制胜的巨大力量;而有时则会引起运动员的肌肉痉挛、腹部疼痛等,从而影响比赛成绩。因此,每个运动员都应充分了解运动竞赛中情感的特点,学会掌控自己的情绪,把情感作为推动比赛和提高运动能力的催化剂。

体育运动对人体情感和情绪的影响也不是固定不变的,对情绪的作用,一种是短期效应,一种是长期效应。经研究发现,慢跑可以很好地改善人的紧张、困惑、焦虑等不良情绪;有规律的中等强度的体育活动则有助于增进人的情感控制能力。另外,经常参加体育运动,还可以促进人际间的沟通,增进人与人之间的和谐关系,在心理上产生一种归属感和安全感,很好地适应社会环境。

(三)意志品质

意志是指人为了实现某种确定的目的,而支配自己的行为,并在运动时自觉克服困难、实现既定目标的心理过程。意志是在认识的基础上,在情感的激励下产生的,在某种程度上,它是提高运动成绩的巨大精神力量,对比赛结果具有重要的影响。意志品质反映了一个人的果断性、坚韧性、自制力以及勇敢顽强和主动独立等精神,意志品质既是在克服困难的过程中表现出来的,又是在克服困难的过程中培养起来的。

　　在参加体育运动过程中,长时间的活动不但消耗巨大的生理能量,而且由于紧张而迅速的思维、强烈的情感体验等,还会消耗大量的心理能量。因此,就要特别注意意志品质的培养和提高。对意志品质的培养,需要两个必要的条件:一是明确的目的;二是克服困难。在具有明确目的的体育运动中,运动员经常需要不断克服客观困难(如气候条件的变化、意外障碍等)和主观困难(如胆怯心理、疲劳或运动损伤等),这就需要足够的意志力量来加以克服。因此,运动员应充分发挥自己的主观能动作用,培养坚定的意志品质,面对困难能勇敢克服,这样才能很好地学习掌握运动技能,进而提高运动成绩。

第三章　足球运动身体素质的科学训练

我国在各种体育运动训练中,非常注重体能的训练。在足球训练和比赛当中对体能的要求显得尤为重要,随着我国在体育方面的不断重视,足球的训练也得到了很大的提高。本章主要对力量素质、耐力素质、速度素质的科学训练进行深入研究。

第一节　足球力量素质的科学训练

一、足球运动力量素质科学训练的特点、要求及影响因子

(一)力量素质的概念与特点

1.力量素质的概念

力量是指在任何时候能够举起或承担的重量。虽然力量会随着年龄的增长而逐渐减小,但力量素质训练却能够减少年龄对力量的影响。力量素质是体能的构成要素,是决定运动成绩的基础性因素,与其他运动素质有着密切的关系。它是掌握运动技术、提高体能水平、夺取比赛胜利的前提与保证。可以说,当代竞技运动水平的不断发展,与人们对力量素质认识的不断深化和力量素质训练理论与方法的逐步完善是分不开的。

大多数从事训练学研究的专家一般把肌肉力量定义为:人体工作时依靠肌肉收缩克服或对抗阻力的能力。根据生物力学原理,当人体各部分相互作用时,人体内部所产生的力对人体来说是"内力"。人体内力包括肌肉拉力、组织的阻力和运动环节间的反作用力。肌肉拉力是一切内力中的主动力,是运动的动力源泉。

2.足球运动力量素质的特点

在足球运动中,力量素质是各项身体素质的基础,同时也是足球运动员掌握运动机能,提高运动成绩的基础。在现代足球比赛中,随着竞争的日趋激烈,不仅要求运动员要不断克服身体阻力和惯性,完成各种跑、跳、突破、急停、转身等动作,而且还要在快速和对抗中准确地完成

踢球、盯球、运球、射门等技术动作。因此,力量素质已成为衡量足球运动员体能的重要指标之一。

在现代足球运动中,运动员应具有的力量素质主要有以下几个方面的特点。

(1)良好的快速力量和爆发力

在足球比赛中,要求运动员完成动作时既要有准确性,又要有突然性,如突停突起、突然变向、远射等。上述动作需要运动员在极短的时间内完成。因此,良好的爆发力和快速力量训练水平,是足球运动员专项力量素质的一个重要特点。

对于一名优秀的足球运动员来说,肌肉的爆发性力量是必须发展的素质,特别是髋、膝、踝关节和腰腹部的屈伸力。研究表明,起动速度、弹跳力和踢球力量与这些肌肉的速度力量有直接的关系,而且在足球与非足球、一般运动员与优秀运动员之间存在着明显的差异。

(2)良好的力量耐力

在足球比赛中,运动员活动范围大,运动距离也较长,并且技术动作的运用也非常频繁,这就使得足球运动员常常要在较疲劳情况下不断完成一定距离的快跑和冲刺跑后,再完成跳起争顶、合理冲撞、大力射门等力量性的动作。因此,没有良好的力量耐力训练水平是很难保证在完成这些动作时还能取得良好的效果。

(3)复杂的肌肉工作方式

足球运动员在发挥肌肉力量时常常是动力性力量和静力性力量相结合的。支撑脚的肌肉工作方式常常是退让性的静力性工作方式,而踢球脚的肌肉工作方式往往又是向心收缩的动力性工作方式。除此之外,在完成动作时有时以小肌肉群力量为主,如运球、颠球。而在远射、跳起争顶、合理冲撞时,则要依靠大肌肉群工作。

(二)足球运动力量素质科学训练的要求

足球运动员在比赛中既要有持续较长时间的耐力性力量,又要有在瞬间就能发挥出来的爆发力,因此要在全面提高红、白肌纤维质量的基础上,重视提高白肌纤维的质量。所以,在实际的训练中,需要根据采用不同负荷重量时参与活动的肌纤维的规律,进行有针对性的训练。

值得注意的是,在提高足球运动员力量素质的训练中,应根据运动员在比赛中的各种技术动作及其用力特点来选择恰当的训练方法,因此需要遵循以下几点要求。

1.速度力量是训练的关键

足球运动中,速度力量的发展对球员的足球运动能力有着重要影响,它强调在快速的前提下逐步增加阻力。训练时应采取阻力小、速度快为主的练习,伴以轻重结合、快慢交替的方式进行训练。发展速度力量耐力,同样也要注意动作速度,而且要在保证最大速度的前提下,增加阻力和重复次数,提高肌肉耐力。通过强调速度,可不断改善运动中枢的协调关系,使之建立快速的动力定型。加大阻力,一方面是为了增强神经冲动的传递,动员更多的肌纤维参与工作,使参与活动的肌纤维的百分比逐步加大,以增强肌肉力量;另一方面是加强肌肉组织的代谢过程,使肌肉发生结构和机能上的变化。同时,足球速度力量素质的训练还受到足球运动员承受负荷的大小、动作速度的快慢、重复次数的多少以及间歇的长短等因素的影响。如何正确处理它们之间的辩证关系,也是球员力量素质提高的关键。我们在训练过程应结合足球运动的用力特点,并根据不同对象、不同训练任务合理安排。一般安排如下:发展绝对力量,采用负荷大、次数少、组数多的训练;发展快速力量,采用中等负荷、重复次数少、练习组数较多的方法;发展速度力量耐力,采用中小负荷、重复次数多、组数少的方法。

2.肌肉力量训练要充分

在足球运动中,不同的技术动作,所参与的肌肉部位也不尽相同,因此必须根据不同肌肉对技术动作的影响,来对肌肉活动能力进行充分锻炼,只有这样才能使训练收到预期的效果。足球运动中的动作很多,但不论哪一种动作都有一个对整个动作起决定性作用的关键环节。如正脚背大力射门,整个动作虽然比较复杂,但起决定作用的是摆动腿的前摆。这样就应该着重围绕前摆,使参与这一动作的肌肉得到较好的锻炼,即有效地发展屈髋的髂腰肌、伸膝的股四头等肌肉的力量,从而增加正脚背射门的力量。

(三)力量素质科学训练的影响因素

1.肌肉的初长度

肌肉的初长度越长,肌肉在收缩时所产生的张力就越大,因此力量也就越大。

2.肌糖元含量

肌糖元储存于肌肉内,是肌肉运动时的供能物质。肌糖元含量的多少与肌肉收缩力量的大小有关,肌糖元储存量越大,肌肉收缩的力量就越大,且持续的时间越长。

3.肌肉的纤维类型

肌肉的纤维可以分为白肌纤维(快肌纤维)和红肌纤维(慢肌纤维)两种,白肌纤维收缩速度快、产生的张力大,而红肌纤维则与之相反。若运动员的肌纤维组织中白肌纤维的含量大,则肌肉收缩速度快、产生的力量大。

4.大脑皮层的灵活性

大脑皮层指挥运动的神经过程灵活性越高,则肌肉收缩的速度越快,速度性力量越大。

5.运动技术水平

个体运动技术的水平越高,完成动作的技术越熟练、协调,其发挥的速度性力量的能力就越强。

二、足球运动力量素质科学训练的方法

（一）足球专项力量素质的科学训练

1.发展颈部、上肢和肩背力量的训练方法

（1）要求两手扶头，在颈部转动时给予抵抗力。

（2）要求在垫上做颈桥并推举哑铃、壶铃或轻杠铃。

（3）俯卧撑：俯卧撑向侧、前跳移，双杠双臂屈伸，单杠引体向上。

（4）两人面对坐地，两腿分开，抛、传实心球或足球。

（5）推小车：甲俯卧，两臂伸直；乙两手抬起甲的两脚，甲用两手向前"行走"。

（6）哑铃和杠铃练习。

（7）重叠俯卧撑：甲保持俯卧姿势，乙在甲的背上做俯卧撑，或者甲、乙二人同时做俯卧撑。

（8）斜立哑铃双臂屈肘：双手掌心相对，双臂伸直下垂，持哑铃站立，斜靠在斜板上。双臂屈肘，手到达大腿上部时由掌心向内转为掌心向上，直至达到肩部。然后下降哑铃，双手经过大腿后再由掌心向上转为掌心向内，保持上臂贴近体侧。重复练习，哑铃向上运动时吸气，向下运动时呼气。（图 3-1）

图 3-1　斜立哑铃双臂屈肘

2.发展腰腹力量的训练方法

（1）仰卧起坐、举腿、快速屈体。

（2）侧卧做体侧屈，俯卧做体后屈。

（3）展腹跳：爆发起跳并充分展腹，向后屈膝，两手尽可能地触脚跟。

（4）仰卧，两脚夹球离地 15～20 厘米，以腰为圆心画圆。

（5）肩负杠铃做体前屈或转体，抓举杠铃。

（6）跳起空中转体或收腹用力顶球。

3.发展腿部力量的训练方法

（1）远距离传球和大力射门练习。

(2)小腿负重踢球:要求在不影响正确动作规格的前提下尽力踢球。

(3)肩扛杠铃做提踵或脚掌走,肩负杠铃由站姿下降至深蹲。

(4)仰卧小腿屈伸:通过髋关节和膝关节使重物平台下降,直至膝关节屈曲 90°,还原并重复动作。

(5)背人接力:全队分成两组成纵队站在起点,听到"预备"口令时,一人将另一人背起,见教练员手势后起跑,跑过对面的标志后交换背人。跑回起点时拍第二对同伴手后,第二对再跑。依次做完,最先跑到的一组为胜。

(6)健身机腿内收:两腿用力并拢,坚持片刻,还原并重复动作。

(7)向前后连续快摆大、小腿(可在腿部绑沙袋)。

(8)腿部伸展:通过伸展膝关节使小腿上举至全腿伸直,还原并重复动作。

(9)驮人提踵:上体前屈,双手扶固定物,双腿伸直,前脚掌踩在提踵练习小凳上。同伴骑在腰部以下,体重压在髋部,尽量高地向上提踵,并稍停顿。返回开始姿势,提起时吸气,下降时呼气,重复练习。(图 3-2)

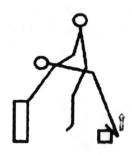

图 3-2　驮人提踵

(10)俯卧小腿屈伸:通过膝关节的屈曲使小腿向上抬起,还原。重复上述动作。

(11)坐式提踵:放低足跟至小腿有拉伸感,通过踝关节尽量跖屈使足跟抬高,还原。重复上述动作。

4.发展全身力量的练习

(1)四节挺举,要求完成每一环节时都必须采取爆发性动作。

(2)合理冲撞练习:二人面向或侧向做跳起冲撞练习;或甲运球,乙贴身跟随并冲撞甲,甲要稳住重心;或两人同时争顶并在其间运用合理冲撞。

(3)二人抢夺球练习。

(4)蹲跳顶球,连续蹲跳中顶球,要求取半蹲姿势,可负重。

(5)倒地起身,甲运球,乙从侧面铲球,乙在铲球倒地后尽可能快地起身去追球。

5.发展足球运动核心力量的练习

(1)俯姿平撑:俯卧,双臂屈肘 90°支撑身体,双腿伸直并拢用脚尖撑地,直体固定腹背部,要求保持 20～30 秒。(图 3-3)

图 3-3　俯姿平撑

（2）俯平撑提腿：俯卧，双臂屈肘90°支撑身体，双腿伸直并拢用脚尖撑地，直体固定腹背部，提起一条腿，双腿交替练习，提起每条腿时，保持姿势10秒。（图3-4）

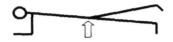

图 3-4　俯平撑提腿

（3）仰姿桥撑：仰卧，双臂在体侧伸直，双手掌心向上支撑身体，双腿屈膝、并拢，用脚撑地。提起髋部离地，身体成桥形姿势固定，保持20～30秒。（图3-5）

图 3-5　仰姿桥撑

（4）仰姿臂撑提腿：仰卧，双臂屈肘支撑身体，双腿伸直、并拢，用脚撑地。提起髋部离地，身体成直体姿势，再提起一条腿，膝关节伸直、固定，双腿交替练习，提起每条腿保持5～10秒。（图3-6）

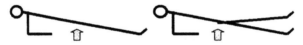

图 3-6　仰姿臂撑提腿

（5）侧姿臂撑：侧卧，单臂屈肘支撑身体，另一只臂屈肘侧举，双腿伸直、并拢，用一只脚外侧撑地。提起髋部离地，身体成直体姿势，膝关节伸直、固定，身体两侧进行交替练习，每侧保持20～30秒。（图3-7）

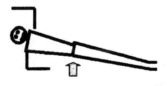

图 3-7　侧姿臂撑

（6）侧姿臂撑提腿：侧卧，单臂屈肘支撑身体，另一只臂屈肘侧举，双腿伸直、并拢，用一只脚外侧撑地。提起髋部离地，身体成直体姿势，再提起一条腿，膝关节伸直、固定，身体两侧交替练习，每侧保持20～30秒。（图3-8）

图 3-8　侧姿臂撑提腿

（7）侧卧弯月姿势两头起：侧卧，双臂伸直，双手于头上合拢，双腿伸直、并拢。提起双腿和双臂离地，身体成香蕉姿势，膝关节伸直、固定。身体两侧进行交替练习，每侧保持 20～30 秒。（图 3-9）

图 3-9　侧卧弯月姿势两头起

（8）仰卧瑞士球持实心球体前屈：双脚于双髋间距，躯干仰卧在瑞士球上，双臂水平伸直持实心球于头后。形成体前屈姿势，双臂垂直伸直持实心球于头上，保持姿势 20～30 秒。（图 3-10）

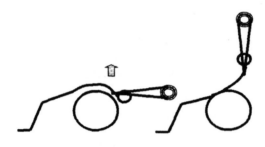

图 3-10　仰卧瑞士球持实心球体前屈

（二）足球准备期力量素质的科学训练

1. 徒手下蹲跳

直立，双臂胸前交叉，直背抬头，双脚以肩宽间距站立。下蹲至大腿上面与地面平行或更低，利用大腿力量尽量高地向上跳起。向下运动时呼气，向上运动时吸气，迅速下蹲。练习 2 组，每组重复次数为 15～30 次。（图 3-11）

图 3-11　徒手下蹲跳

2.伸髋

面对滑轮阻力钢索站立,将一只脚的踝关节固定在阻力钢索上。一只手在体前扶住固定物体,一条腿伸直并尽量远地向后上方向摆。背伸直,不要向前或后弯曲。向上运动时吸气,向下运动时呼气。练习2组,2组每条腿重复15次。(图3-12)

图 3-12 伸髋

3.屈髋

背对滑轮阻力钢索站立,将一只脚的踝关节固定在阻力钢索上。双手在体前腰部高度握住固定支撑物体。腿伸直,膝关节固定,腿前摆至与地面平行。背伸直,不要向前或后弯曲。向上运动时吸气,向下运动时呼气。练习2组,2组每条腿重复15次。(图3-13)

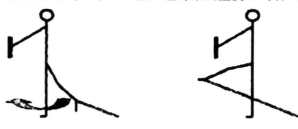

图 3-13 屈髋

4.髋外展

侧对滑轮阻力钢索站立,将一只脚的踝关节固定在阻力钢索上。双手在体前腰部高度握住固定支撑物体。腿伸直,膝关节固定,练习腿外展侧摆。背伸直,不要向左或右晃动。腿外展时吸气,返回时呼气。练习2组,2组每条腿重复15次。(图3-14)

图 3-14 髋外展

5.仰卧屈臂头后拉杠铃

在长凳上仰卧,头部伸出凳子,双腿并拢,双脚平放于地面。把杠铃杆放在胸部与乳头成一线的部位,双手间距较窄,双肘尽量并拢。将杠铃沿贴近头部的半圆路线,向头部上方运动,尽量下降高度至地面。沿原运动路线将杠铃拉回胸部位置,完成系列动作。开始动作时吸气,完成时呼气。练习4组,4组重复次数为12、10、10、8。(图3-15)

图3-15　仰卧屈臂头后拉杠铃

6.伸背练习

双脚固定,在鞍马或高长凳上以髋部为支撑点下屈躯干至与地面垂直的姿势。将双手交叉于头后部,伸背至躯干与地面成稍高于水平位置的姿势。提起上体时吸气,落下时呼气。练习3组,每组最多重复15次,否则增加负重。(图3-16)

图3-16　伸背练习

7.斜板屈膝仰卧起坐

在斜板上仰卧,双脚固定稳定身体,双膝屈45°,双手在头后,下颌贴胸。后仰上体直到腰部接触斜板。提起上体,重复练习,上体后仰时吸气,坐起时呼气。练习1～2组,每组重复25～40次。(图3-17)

图3-17　斜板屈膝仰卧起坐

8.窄握下压

在练习器械前直立抬头,双手掌心向下以较小间距握住阻力钢索的把手横杠。提起上臂至体侧并保持这个姿势,使用前臂沿半圆路线下压把手横杠。下压时吸气,上抬时呼气。练习2组,2组重复次数为12、10。(图3-18)

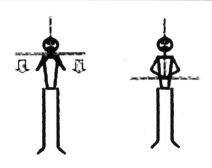

图 3-18　窄握下压

9.高提杠铃

直立抬头,双臂伸直将杠铃贴在大腿前部。双手间距约一肩半宽,掌心向下握住杠铃。上提杠铃到下颌部位,肘关节外展,在躯干两侧上提到耳朵高度。到达最高处停顿片刻,再下降杠铃恢复开始姿势。上提时吸气,下降时呼气。练习 3 组,3 组重复次数为 12、10、8。(图3-19)

图 3-19　高提杠铃

10.宽握引体向上

双手掌心对前方,以较宽间距直臂握住头上单杠使身体悬垂。向上拉引身体,力图使下颌接触单杠,再返回开始姿势。拉引身体时吸气,下降时呼气。练习 3 组,每组最多重复 10 次,否则增加负重。(图 3-20)

图 3-20　宽握引体向上

（三）足球比赛期力量素质的科学训练

足球运动员比赛期力量训练的任务是保持在准备期达到的全身力量能力和身体各个主要肌肉群的均衡发展水平。周训练负荷结构一般为：每周进行 2 次力量训练课，隔 1～2 日安排力量训练，比赛前 2 日休息。通常采用的训练方法有以下几种。

1.高踏板坐蹬腿

在腿部力量练习器上坐下，双脚蹬在较高位置的踏板上，大腿几乎垂直于地面。双手扶在臀部下方的扶手上，双膝略外展，蹬踏板伸直双腿。蹬伸时呼气，收腿时吸气。练习 3 组，3 组重复次数为 12、12、10。（图 3-21）

图 3-21　高踏板坐蹬腿

2.臂撑起

双臂在双杠上悬空撑起身体，双臂和双腿伸直，肘关节向内。肩和肘关节屈曲下降身体到最低位置，稍停顿再伸直双臂撑起身体。返回开始姿势，重复练习。下降时吸气，上撑时呼气。练习 2 组，每组最多重复 12 次，否则附加负重。（图 3-22）

图 3-22　臂撑起

3.低踏板坐脚掌推

在腿部力量练习器上坐下，双脚蹬在较低位置的踏板上。双手扶在臀部下方的扶手上，伸直双腿，用前脚掌前推踏板。前推时吸气，后退时呼气。练习 3 组，每组重复 20～25 次。（图 3-23）

图 3-23　低踏板坐脚掌推

4.垫高小腿仰卧起坐

仰卧将小腿放在长凳上,大腿与身体成 45°夹角。将双手交叉于头后部,尽量高地提起上体。提起上体时呼气,落下时吸气。如加大难度,可在躯干适当负重,练习 1 组,重复次数为25～50 次。(图 3-24)

图 3-24　垫高小腿仰卧起坐

5.桥形练习

跪地把头顶放在垫子上,双臂在胸前交叉,提起身体中部形成金字塔姿势。双腿尽量伸直,所有身体重量分布在头部和双脚。前后滚动头顶,使头部承受更大重量,然后左右滚动头顶。转动身体,使胸部和身体中部向上。重复前后滚动头顶,使头部承受更大重量,然后左右滚动头顶。练习 1～2 组,每组重复 5～15 次。(图 3-25)

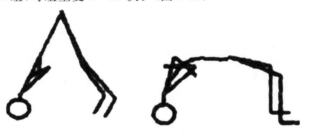

图 3-25　桥形练习

6.挺举

将杠铃放在地面上,双手以肩宽为间距握住杠铃杆。由下蹲姿势开始,腿、髋发力尽量向上提拉杠铃,上拉动作过程中脚跟尽量提起。当杠铃接近胸上部时降低身体重心,翻肩、翻腕支撑,固定杠铃在胸上部。身体成直立姿势,略微下蹲快速上举杠铃,双腿成弓箭步,直臂支撑杠铃,再成直立姿势支撑杠铃,然后返回开始姿势。练习 2 组,2 组重复次数为 10、8。(图3-26)

图 3-26 挺举

（四）足球力量素质的游戏训练法

1.斗鸡

在足球场地上画两条相距 6 米的平行线,两线中间画 4 个直径为 2 米的圆圈,将运动员分成人数相等的两个队,分别站在两边线后。游戏开始,每个圆圈内的每队各站一人,相向单腿站立,另一腿屈膝抬起,两手放在背后互握。教练员发令后,两人一边用单脚跳动,边用肩去冲撞对方,以将对方撞得单脚站立不稳而双脚落地或将对方撞出圈外为胜。(图 3-27)

图 3-27 斗鸡

2.骑马打仗

将运动员分成人数相等的两个队,各队每两个人组成一组。两人互相背起,教练员发出指令以后,两队开始战斗,背在上面的人努力将对方上面的人拉下"马"。(图 3-28)游戏只许拉扯对方的手、肩部,不许打、顶头部或肋部;被拉下的"马",要退出游戏,不许重组再参战。

图 3-28 骑马打仗

3.蚂蚁搬家

在足球场内进行,场地上要画两条相距 10~12 米的平行线,一条为起点线,另一条为终点线;在起点线前 3~4 米处放 5~6 个沙包,并将运动员分成人数相等的 4~6 组(每组 5~6 人为宜),成纵队站在起点线后(对准沙包的左侧)。游戏开始,每组的排头成仰卧屈体,两手后撑移行的方法至沙包处,并取一沙包放于腹部移行至终点,并将沙包放到规定的位置后击掌示意;第二人听到击掌后,按同样的方法进行;最后以先搬完的组为胜。如果在移行的过程中,沙包掉下,则必须在原地捡起放好,才能继续游戏;必须在起点线后听(或看)到击掌(或示意)方可开始;行进中臀部不得触地;身体的全部通过终点,并将沙包放到规定的位置方可示意。

4.开火车

将运动员分成若干队,各排成一列横队,每一名运动员都将自己的一条腿伸给前面的人(第一排的人除外),前面的人用手拉住后面的人伸过来的腿。大家一起单腿跳跃向前行进,率先通过终点的队获胜。队列在前进过程中,如果断裂,则在原地整理恢复队列后才可继续前进。

5.瞎子和瘸子

两名运动员为一组,一名运动员被蒙住双眼并背着另一个人,在背上的人利用语言指导被蒙住双眼的行走方向。在两人的配合下,率先通过终点的一组获胜。被蒙住双眼的运动员不能偷看。

6.推小车

两人为一组,一前一后同向站立,前面的人双手着地俯撑,两腿分开;后面的人上前双手挽住前面人的双腿,前面的人用手爬行,后面的人用腿走;最先通过终点的一组获胜。在两人前进的过程中,如果前面的人腿落地,则必须在原地调整好后才能继续前进。

7.拔河比赛

在足球场地上画三条间距为 1.5 米的平行线,中间一条为线,两边的线为"河界"。一根拔河绳,中间系一红带子为标志带。指挥旗两面。将运动员分成人数相等的两队,分别站在"河界"的两边,各队选出一人做指挥,手持指挥旗。游戏开始,当听到"预备"的口令后,各队队员手握绳子;此时标志带对准中线。教练员鸣笛后,各队在自己的指挥下,一齐按节奏用力拉,将标志带拉过本方的"河界"为胜。在鸣笛后双方才能用力拉;拔河时不得在地上挖坑或借助外力;游戏以标志带过"河界"的垂直面为准,判断胜负;一般采用三局两胜制。

8.跳十格房

在平坦的场地上画一有十个格子的长方形,准备一只沙包,并将运动员分成若干小组,每组以 2～4 人为宜,用各自抢报数的方法确定比赛顺序。游戏开始后,各组的第一人手持沙包站在第一格的后面,将沙包扔向第一格内,用单脚跳进第一格,并捡起沙包,单脚跳回起点;接着将沙包扔向第二格内,用同样的方法经第一格跳至第二格(每格只许跳一次),单脚站立捡回沙包后,经第一格后跳回起点,依此类推,直至跳完十格,为胜一次,此时可任选一格为自己的"房子",并做标记。从第二轮开始跳,在经自己的"房子"时,可双脚落地。当其他人扔包跳时,必须隔过别人的"房子",不得跳进"房"内,可从上面跃过。以"房子"迫使无法跳过者为失败,依次进行淘汰,跳到最后的人为胜。在扔包或跳的过程中,若压、踩线或出界均为失败;每格只能跳一次,否则为失败;上一轮在哪格失败,则下轮在该格开始;不得在连续的格子中选自己的"房子"。

第二节　足球耐力素质的科学训练

一、足球运动耐力素质科学训练的特点、要求及影响因子

(一)耐力素质的概念与特点

1.耐力素质的概念

耐力素质指的是有机体长时间工作,克服工作过程中产生的疲劳的能力。疲劳就是运动员由于活动而引起的工作能力及身体机能暂时性降低的现象。其主要表现为工作较困难或完全不能继续按以前的强度工作。此时,尽管完成工作较困难,但由于顽强的意志支配,在一定时间内仍可保持前一段工作时的强度,这时属于补偿性疲劳阶段。如果主观意志想克服体力上已产生的紧张,但工作强度仍然降低,这时就属于补偿性失调的疲劳阶段。

2.足球运动耐力素质的特点

通常球员进行一场较高水平的足球比赛,每名球员平均需要跑动 8000～12 000 米的距离(其

中冲刺快跑约 2000 米),而同时球员还需要在异常激烈的身体对抗中,快速完成数百次的技、战术动作,这些都对球员的耐力素质提出了很高的要求。对足球运动员无氧代谢和有氧代谢供能的要求非常高。在 90～120 分钟内,运动员如果没有良好的耐力,就会导致体力、脑力、感觉、情绪诸方面身体机能的下降,错误动作增多,进而不能充分发挥自身的技术和战术水平。

耐力素质一般可以被分为有氧耐力和无氧耐力两种,而在足球运动中,运动员的活动形式主要有两种:一种是进行适当强度地延续到整个比赛时间的有氧代谢运动,在负荷强度下降时,氧开始与肌肉中的糖、自由脂肪酸结合,再生成大量的 ATP 供给肌肉活动需要;另一种是以最大强度进行,每次持续 6～9 秒的无氧代谢运动(如快速起动、全速跑、冲刺跑等)。最大强度运动靠肌肉内 ATP、CP 快速分解供能,而肌肉内 ATP 和 CP 含量有限,供能时间最多不超过 10 秒。因此,足球运动员在进行一定时间的(最)大强度活动后必须换以中小强度活动来交替间歇,以恢复肌肉再次(最)大强度活动的能量供应。所以说,足球运动员的专项耐力是建立在冲刺快跑时的高能磷化物(ATP、CP)的无氧分解和主要在间歇时有氧再合成的供能基础上的。它是一种非周期性不规则的、有氧与无氧混合供能、大小强度和快慢速度交替的速度耐力,其中短距离反复冲刺跑是最突出的速度耐力训练方法。

(二)足球运动耐力素质科学训练的要求

1.足球无氧耐力的基本要求

在耐力素质训练中,足球运动员的无氧代谢能力(即无氧糖酵解能力)决定着其无氧耐力水平、机体组织抗乳酸能力以及能源物质(主要是 ATP 和 CP)的储备和支撑运动器官的功能。

最大强度的运动在开始的 8～10 秒内,所用的能量都由 ATP、CP 分解供给,其分解后不产生乳酸,称为非乳酸无氧耐力。一场足球比赛中,运动员 5～15 米的快跑冲刺占 80%～90%,比赛中快跑冲刺和慢跑与走的时间比约为 1:7～1:14,因此运动员需要具有良好的非乳酸无氧耐力。

研究发现,目前足球运动员的肌肉耐力水平,特别是肌肉无氧耐力水平,决定着足球运动员的体能水平,因此重点发展足球运动员肌肉无氧耐力水平对提高运动员的体能特别重要。发展非乳酸无氧耐力,采用高强度小间歇的练习原则较为流行,间歇训练法是主要训练方法,一般采用多组数的短距离(10 米—30 米—50 米)冲刺跑,并控制间歇时间的大强度训练,以提高 ATP 和 CP 的快速分解、合成能力。

除此之外,随着足球全攻全守打法的日臻完善,运动员的职能也更加全面,比赛中运动员常处于连续冲刺状态,所以运动员乳酸无氧耐力的重要性也更为突出。所谓乳酸无氧耐力,是在大强度运动超过 10 秒以后主要靠机体内糖元大量无氧酵解供能,乳酸是其最终产物。其中糖酵解系统供能在 30～60 秒达到最大速率,可持续供能 2～3 分钟。

2.足球有氧耐力的基本要求

在足球运动的耐力素质训练中,最大吸氧量是足球运动员发展有氧耐力首先要进行的训练。输氧能力是影响最大吸氧量的主要因素,它主要取决于心肌收缩力。因此,有氧耐力训练的本质就是提高运动员的心肌收缩力,它的主要方法是练习速度控制在有氧代谢供能幅度之内的持续负荷法,即通过较长距离的跑和长时间的练习来提高心血管系统的机能和机体能量的贮备能力。

一般可以通过不间断匀速负荷法和变速负荷法两种方法,来帮助足球运动的有氧耐力素质的发展。

不间断匀速负荷法:通常是以运动员70%的最大强度来进行持续跑。这种方法可以有效提高人体肌肉中肌红蛋白含量和肌糖元的贮量、改善糖和脂肪的供能调节能力,对足球运动员有氧耐力素质的发展起着非常重要的作用。

变速负荷法:通常是以运动员最大强度的70%~85%,心率达160次/分钟的标准进行练习,然后转入慢跑恢复期,当心率降至120次/分钟左右时,再做下一组练习。

研究表明,有氧耐力的训练强度应达到最大负荷强度的70%,摄氧量应达到最大摄氧量的75%,才能使训练真正符合实际比赛的需要。

有氧耐力专项练习可以在基本技术或战术的练习中组织安排,如长时间活动中传接球练习,运带球练习等都可促使有氧耐力在基本技术练习的同时得到发展,只要练习的时间、强度遵循有氧耐力发展的基本原则,任何练习形式都可以改善有氧耐力。

(三)耐力素质科学训练的影响因素

1.有氧供能

有氧供能是足球运动的主要供能形式,有氧供能能力的提高是提高耐力素质的基础。有氧供能能力的提高受以下几个因素的影响。

(1)肺活量:即肺的通气机能,肺的通气量越大,吸入的氧气越多,可供利用的氧气就越多。

(2)心输出量:单位时间内血液循环越快,肌细胞的供氧量就越高,有氧代谢的能力就越好。

(3)肌组织中氧化酶的活性:肌组织中线粒体数量的增加能改善和提高肌肉组织中的氧利用率。

(4)肌肉组织中肌糖元的储备量:肌肉组织中肌糖元的储备量越多,供应机体运动消耗的能力就越好。

2.无氧供能

(1)非乳酸无氧供能

非乳酸无氧供能又称磷酸能系统供能,是将肌细胞内的高能磷酸化合物迅速分解以释放供给肌肉运动所需能量的供能方式。

第一,脑细胞抗乳酸能力。血乳酸浓度大,会加速脑细胞的疲劳。脑细胞抗乳酸能力的提高,会提高机体的无氧能力,延缓脑细胞的疲劳,从而保障机体的运动能力。

第二,肌糖元含量。肌糖元含量的1/3可被用于非乳酸无氧供能,肌糖元的含量越高,机体的无氧耐力就越高。

第三,血液中缓冲物质的含量。血液中的缓冲物质能够中和肌肉运动时产生的酸性物质,缓冲物质含量越多、活性越大,血液酸碱度的变化就越小,机体的无氧能力就越强。

第四,血液中乳酸活性酶的活性。血液中乳酸活性酶(乳酸脱氢酶)活性越大,越有助于无氧供能,即机体的耐力水平就越高。

(2)无氧糖酵解系统供能

无氧糖酵解系统供能又称乳酸能系统供能。当氧供应量不足以达到有氧氧化系统供能所需供氧量的两倍,且三磷酸腺苷(ATP)和磷酸肌酸(CP)已被消耗到原储量的50%时,无氧糖酵解系统才开始供能。肌糖元大量分解供能,产生乳酸,机体无氧糖酵解系统供能能力越强,运动员在场上保持高强度运动的时间越长。

二、足球运动耐力素质科学训练的方法

(一)足球运动员有氧耐力的科学训练方法

(1)3000 米、5000 米、8000 米、10 000 米等不同距离的定时跑或越野跑:要求运动员在空气清新、相对松软、有弹性的地面练习,跑的速度可以适当变化,心率控制在 150～170 次/分左右。运动时间 1.5～2 小时。

(2)400～800 米的变速跑:要求运动员根据自身能力控制速度和距离。负荷强度由低到高,心率控制在 130～150 次/分、170～180 次/分左右。练习持续时间在半小时以上。

(3)100～200 米间歇跑:要求整个训练的持续时间尽可能延长,至少半小时以上。练习之间采用积极性休息方式,如放松走和慢跑。训练负荷量较小,训练中每一次练习的持续时间不长。负荷强度较大,心率达到 170～180 次/分之间。在身体尚未完全恢复的情况下进行下一次练习,心率在 120～140 次/分之间。

(二)足球运动员无氧耐力的科学训练方法

(1)编组练习:内容可以是折线快跑 20 米—仰卧屈体 5 次—冲刺 10 米—突停转身铲球—向左右做旋风腿各 1 次—快跑中跳起头顶球 3 次—冲刺射门两次—三级蛙跳。(图 3-29)

图 3-29　编组练习

（2）重复多次的 30～60 米冲刺。

（3）100～400 米高强度的反复跑和 1～2 分钟极限练习。

（4）原地快速跳绳：30 秒钟×10,60 秒钟×5（每次间歇 30～60 秒钟）。

（5）进行 5 米、10 米、15 米、20 米、25 米折返跑练习。

（6）往返冲刺传球：队员甲往返冲刺在限制线之间（间距 10 米），在限制线附近回传乙、丙分别传来的球,乙、丙离限制线约 5 米。

（7）1 分钟内一对一追拍或一对一过人。

（8）规定时间做不同人数的传抢练习:1/4 场地 4 对 4 传抢、1/2 场地 6 对 6 传抢、全场 9 对 9 传抢。

（9）100～400 米逐渐缩短间歇时间跑:一般采用 80%～90% 的练习强度,心率达到 180～190 次/分。一次练习的持续时间和距离稍长,练习的重复次数不宜过多。要求运动员间歇时间逐渐缩短,可采用段落相等或不等的练习。如果段落不等,练习顺序由短到长,在最后一组练习时基本保持规定的强度。

（10）100 米、110 米栏、100 米栏、200 米短段落间歇跑:可采用 30～60 米距离,间歇时间 1 分钟左右。采用 95% 以上的大强度练习,持续时间 10 秒左右。要求运动员保持高训练强度,较多的练习重复次数,组数根据练习者情况而定。

（11）短距离追逐跑:教练员发出信号后,①号追②号,当他们踏上 X 限制线时立即返回,此时③号和④号分别追逐②号和①号,冲出 Z 限制线为安全。（图 3-30）

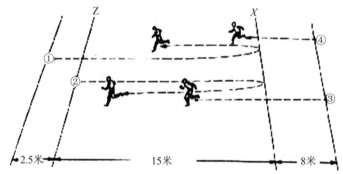

图 3-30　短距离追逐跑

（12）100～400 米固定间歇时间跑:要求运动员采用 80%～90% 的练习强度,心率达到 180～190 次/分。一次练习的持续时间和距离稍长,练习的重复次数不宜过多。要求间歇时间固定不变,可采用段落相等或不等的练习。如果段落不等,练习顺序由短到长,在最后一组练习时基本保持规定的强度。

（13）有持续时间的往返带球、扣球练习。

（14）100 米、110 米栏、100 米栏、200 米长段落间歇跑:可采用 100～150 米距离,间歇时间 2 分钟以上。采用 95% 以上的大强度练习,持续时间 10 秒以上。要求运动员保持高训练强度,练习的重复次数可以较多,组数根据练习者情况而定。

（三）足球运动耐力素质游戏训练法

1.勇夺红旗

将一根 6～8 米的粗绳子两端系牢,成正方形摆放在足球场上,距各角约 3 米处分别插一面小旗,并将运动员分成人数相等的 4 组,分别成横队站在绳外 2 米处。游戏开始,各组排头单手握绳的一角做好准备,教练员发令后 4 人同时拉绳,并用另一手去触摸本方的小旗;先触到小旗的人为胜并记 1 分。全组依次进行,最后以累计得分高的组获胜。

2.鼠标与光标

在平整的足球场地上画一个长为 15 米、宽为 12 米的长方形。将运动员分成若干组,每组 4～6 人,经猜拳胜者为"鼠标",站在场地的一端,其他人为"光标",面对"鼠标"站在场地的另一端。游戏开始,"鼠标"用手势指挥"光标"做变向跑;"鼠标"双手向后挥,"光标"则向前跑;"鼠标"手向前推,则"光标"后退;"鼠标"向左挥手,"光标"则向右侧跑……最后以不出错的"光标"为胜。在游戏过程中,如果"鼠标"指挥失误,造成"光标"出界,则互换角色;"光标"失误 2 次,此轮被淘汰;"鼠标"与"光标"始终保持面对面。

3.接龙

足球场内进行,纸箱 4 个,分别等距摆放在一侧的边线外,沙包人手一个。将运动员分成人数相等的 4 组,每人手持一沙包成纵队站在另一边线(起跑线)后。游戏开始,教练员发令后,各组第一人跑至纸箱前,将沙包放入,并按原路返回至起点,用手拉住第二人的手,两人一起跑向纸箱,并将第二人手中的沙包放入箱内,返回起点,依次类推,直至最后一人接龙返回,最后以先返回的组为胜。

第三节　足球速度素质的科学训练

一、足球运动速度素质科学训练的特点、要求及影响因子

（一）速度素质的概念与特点

1.速度素质的概念

速度是指人体(或身体的某部位)进行快速运动的能力,它包括三个方面,即对各种刺激快速反应的能力、快速完成动作的能力和快速通过某一距离的能力。速度是运动员的基本素质之一,在体能训练中占有重要地位。速度是使指人体快速运动的能力,这种能力主要包括下面两个方面。

（1）在要求急速运动反应的状态下，表现紧急反应的能力。

（2）保障各种直接决定动作速度特征的有机体的活动迅速的运作能力。

2.足球运动速度素质的特点

（1）反应速度的特点

在足球比赛中，运动员在事先无准备或准备不足的条件下，往往主要通过视觉感受器接受各种刺激（如各种不同性质的来球、瞬间出现的空当等），然后根据本队、本人技术和战术的需要，经过瞬间复杂的思维、判断，迅速采取行动。在整个反应过程中，不仅时间非常短促，而且运动员所遇到的情况也非常复杂。

（2）位移速度的特点

在足球比赛中，运动员往往根据来球状况和战术需要进行移动。运动员移动方向随机多变，移动距离长短不一，一般5～10米移动占85%～90%。移动形式也无一定规律，有直线、曲线、弧线、折线，同时还交替着快、慢以及走、停、跳跃、后退、侧跨等多种复合形式。

（3）动作速度的特点

在快速奔跑中，足球运动员要随时完成各种有球和无球动作，加之心理负担较重，因而动作节奏性较弱、应变性较强。完成动作时身体重心较低，肌肉常处于十分紧张的状态。

（二）足球运动速度素质科学训练的要求

在足球运动的速度素质训练中，应尽量模拟出比赛时的情形来进行训练，这样才能有效地适应比赛对球员速度素质的要求。

1.反应速度训练的要求

足球运动中，球员的反应速度主要取决于信号通过反射弧各环节所需的时间。中枢神经系统的机能水平越高，信号通过反射弧的速度就越快。在足球速度素质的训练中，要经常利用突然发出的信号，提高运动员对简单信号（视觉、听觉信号等）的反应速度，或采取移动目标练习（即运动员对移动目标迅速做出应答反应）、选择性练习（让运动员随着各种信号复杂程度的变化做出相应的应答动作）来提高运动员中枢神经系统的机能水平。

2.位移速度训练的要求

在足球比赛中，球员经常会进行5～7米的起动和10～30米的冲刺跑，同时还有时刻改变方向以控制球和应付突然变化的情况，所以要求运动员必须掌握步频快、步幅小、重心低的奔跑技术。由于要做大量的起动、急停、变向、变速、转身等动作，要求运动员具有出色的瞬时速度、角速度、加速度、最高速度和制动速度，因此，腿部、腰腹力量是足球运动员必须要着重发展的部位。

在足球训练时，球员还必须使自己的神经系统尽快在一定范围内处于最兴奋状态，用最大的积极性来进行最大强度的重复练习，从而有效刺激和提高中枢神经兴奋与抑制的转换能力。在进行最大强度重复练习时，为保证每次练习运动员神经系统和能量供应均处于最佳状态，要严格控制好间歇时间。一般每进行10秒疾跑，间歇时间为30秒，组间歇为6～8分钟。

3.动作速度训练的要求

提高足球运动员的动作速度,主要在于提高参与各种动作的肌肉爆发力和动作之间的衔接技术。只有通过力量训练和反复快速地完成各种技术练习,提高运动员有球和无球技术的熟练程度,才能在比赛中轻松自如、协调合理、快速准确地完成技术动作。此外,着重提高白肌纤维的体积和质量,增强肌肉的可塑性、可伸展性及肌肉群内部和肌肉群间的协调性等,也有利于提高动作速度。

(三)速度素质科学训练的影响因素

1.反应速度训练的影响因素

(1)神经感受器的敏感程度:神经感受器越敏感,人体的反应速度越快。

(2)中枢神经系统的兴奋性:中枢神经系统的兴奋性高时,人体的反应速度快;中枢神经系统的兴奋性降低,如身体疲劳时,人体的反应速度慢。

(3)肌纤维的兴奋性:肌纤维的兴奋性高,人体的反应速度快;肌纤维处于疲劳状态时,人体的反应速度慢。

2.动作速度训练的影响因素

肌纤维的组成:快肌纤维的纤维粗,且在肌肉组织中所占的比例大,因而动作速度快。

肌纤维的兴奋性:肌纤维的兴奋性高,动作速度快;肌纤维疲劳时,动作速度慢。

肌肉力量:肌肉力量越大,肌肉克服内外阻力的能力越强,肌肉的收缩速度就越快。

条件反射:条件反射建立的越巩固,说明个体的运动技术越熟练,动作速度就越快。

体温:充分的热身活动能使人体的体温适度升高,从而减小身体内部的阻力,因而动作速度就会加快。

3.位移速度的影响因素

足球运动员的位移速度由步频和步幅决定,而步频和步幅又分别受其他因素的影响。足球技术要求跑动时重心低、步频快、步幅小,因此发展步幅受到局限,提高步频是足球位移速度的主要发展方向。

(1)影响步频的因素

第一,大脑皮层运动中枢兴奋与抑制的转换速度。

第二,各中枢神经间的运动协调能力。

第三,肌肉组织中快肌纤维所占比例及肌纤维的粗细程度。

(2)影响步幅的因素

第一,肌肉力量。尤其是腿部力量、脚踝力量、髋关节力量、腰腹肌力量等。

第二,关节的柔韧性。尤其是髋关节、踝关节的柔韧性。

第三,下肢的长度。

二、足球运动速度素质科学训练的方法

(一)足球专项速度素质的科学训练

(1)采用后蹬跑、单腿侧蹬跑、短距离转身跑、各种追逐球跑等,发展爆发力。

(2)60米—80米—100米的全速跑、加速跑、提高位移速度。

(3)各种姿势的起跑(10～30米)。采用蹲踞式、站立式、侧身式、背向站立、坐地、坐地转身、俯卧、仰卧、滚翻后,原地跳跃(模仿跳起顶球动作)等姿势做起跑练习。

(4)利用快速小步跑、高抬腿跑、下肢跑和牵引跑等练习,促使运动员突破"速度障碍",提高位移速度。

(5)在活动情况下的突然起动练习(5～10米):在小步跑、慢跑、高抬腿跑、侧身跑、颠球、顶球、传球等情况下,快速起动跑。

(6)在长约20米的距离内,设置不同距离间隔和有方向变化的标杆或锥体,让队员以尽可能快的速度做绕杆跑,发展队员绕过对手的快跑能力。

(7)在快速跑中看教练员手势,或抛球等信号,做急停、转身、变向、跳跃和翻滚等动作。

(8)抢球游戏:全队分为两排,相距20米,面对站立,在中间10米处画一条线,每隔2米放一球,队员依次面对球站好。当教练员发出信号后,双方快速跑上抢球,抢球多的一方胜。

(9)追球射门:队员两人一组,可分为若干组在中圈外的中线两侧站好,利用两球门同时练习,球集于中圈教练员脚下。当教练员将球向一个球门方向踢出时,两翼队员快速起动追球射门。

(10)仰卧高抬腿:仰卧两腿快速交替作高抬腿练习,要求以大腿工作为主。这练习也可做抗阻力练习,如拉胶皮带,将胶皮带分别固定在肋木上和两脚踝关节处。以高抬腿拉力抗阻力,胶带固定的一端要低于垫子平面约20厘米,也可拉完胶带后再徒手练习,以提高动作速率。

(11)原地快速高抬腿或支撑高抬腿:站立或前倾支撑肋木或墙壁等,听信号后做高抬腿10～30秒,大腿抬至水平,上体不后仰。

(12)两侧移动:两个物体相距3米,高1.20米,练习者站中间,做左右两侧移动,用左手摸右侧的物体,右手摸左侧的物体。

(13)让距追赶跑:两至三人一组,根据速度水平前后拉开距离,速度快者在前,听信号站立式起跑后全速跑,后者追赶前者,前者别让后者追上。

(14)规定最高速度指标的练习。如在教练员限定的时间内快速完成传—接—传,运—传—接—射门等动作,以建立快速动力定型。

(15)提高肌肉感觉的快速精确分析机能练习:两人或多人一组,在连续奔跑中完成同一传接球练习。

(16)在较小场地内做2对2或3对3的传抢练习。

(二)足球速度素质游戏训练法

1.运球追捕

在足球场内标出一块30米×30米的游戏区域,准备20个足球,并将运动员分成人数相

等的2队,每人一球,其中有一个队为追捕方,另一队为逃跑方。游戏开始,追捕方的队员运球并设法用手捕捉逃跑方的队员,逃跑方的队员则尽力躲避。被捕捉到的队员要离开场地,到场外练习颠球,直到本方所有人都被捉到为止。然后互换角色再进行游戏。按照捕捉逃跑方全部队员的时间长短来决定胜负,时间短的一方为胜。(图3-31)

图 3-31 运球追捕

2. 曲线运球接力比赛

在足球场地上画两条相距30米的平行线,分别为起、折点。从起点线开始,每相距6米插一个标志旗,将运动员分成人数相等的2~3个队,听到哨音后,各队的排头向前运球,绕过标志旗回到起点线将球交给第二个人,依次进行。先完成的队为胜。标志旗可根据运动者的水平逐步增加。要求运球人必须绕过每个标志旗。接力的队员必须等运球队员将球运到起点线上才可接球,不可到起点线前接球,少绕则为失败或记一次犯规,犯规次数少者为胜;运球队员按要求的脚法运球。可限定用脚内侧、脚背外侧等脚法运球。(图3-32)

图 3-32 曲线运球接力比赛

3.运球接力

在足球场地上画两条相距 20 米的平行线，分别为起、折点线。将学生分为人数相等的 2～4 队，各队间距 2 米，在起点线外与各自的折点对应站立。各队排头脚下持球。游戏开始，用左右脚交替运球的方法前进，绕过折点小旗返回，在起点线上交第二名队员，第二名队员按此方法做，依此类推。先完成规定轮次的队为胜。比赛时，要求必须采用脚背外侧（或脚内侧、脚背内侧）运球技术运球，且每次运球均为左、右脚交替；必须绕过折点标志旗，返回时在起点线外交球。（图 3-33）

图 3-33　运球接力

4."猎人打老虎"

在足球场地上画一个 20 米×20 米的正方形游戏区，选出 2～3 人为"猎人"。准备，"猎人"持球，其他游戏者"老虎"分散于场地内。开始，"猎人"在场内运球，伺机用球踢中"老虎"，被击中的"老虎"退出游戏，并罚做俯卧撑 10 次。全体参加学生均不得跑出游戏区；追击时，只准用球击对方的腿部。（图 3-34）

图 3-34　"猎人打老虎"

5.抢球游戏

将运动员分成两排,左右两臂间隔,站在中线两侧 10～15 米处,在每两人中间的中线上放一个足球,当教练员发出信号后,队员立即冲上抢球,先用脚控制住球者为胜。(图 3-35)每个人应站在限制线后,听到口令后方可起跑,否则判为失败。

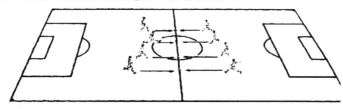

图 3-35　抢球游戏

6.坚守一方

在足球场地上画一个直径为 10～12 米的圆,在圆心处画一边长为 2～3 米的正方形,准备足球一个。教练员指定或队员推选出 4 个人,分别站在正方形的各边线的外面做防守队员。其余学生分散站在圆圈外面做进攻队员。游戏开始,进攻队员尽量将球踢入正方形,则防守队员要尽力不让球从自己防守的一方踢入。若球从正方形的某一方攻入,则该方的防守队员与踢球的进攻队员交换角色,游戏继续进行。进攻与防守队员均不能踩线或越线,越线攻入的球应判为无效。如果越线防守则为失败,两人互换角色;进攻队员必须用地滚球的方式进攻,否则无效;防守队员可用身体的任何部位进行阻挡。

7.惊弓之鸟

在足球场上,画一个直径为 10～12 米的圆圈。让队员手拉手,面向圆心站在线外,放开手后 1～2 报数。每人记住自己的数。游戏开始,全体沿逆时针方向做侧向并步跳。当教练员击掌两次后,双数队员立即跳进圈内,单数队员要用手去拍身边的人,不让其进圈;若教练员击一次掌,则单数队员跑进圈内,双数队员用手去拍。被抓住的人要站在圈的中间,停止一次游戏。其他人重新报数,继续游戏。要求在向侧并步跳时不得踏线或进圈;抓拍身边人时不得拉拽别人衣服,只能用手拍。

8.丛林追捕

在足球场内将运动员分成人数相等的 5～6 队,横排平行站立,左右及前后均保持两臂距离,每排队员两臂侧举形成丛林通道。另外选两名队员,一名为追捕者,另一名为被追者,两人拉开一定距离。教练员发令后,游戏开始,两人在丛林通道进行追捕,被追者跑到通道的尽头后,可任意选择其他通道奔跑。当听到教练员鸣笛,做丛林的人同时向左转 90°,使原来的横向通道变成纵向,被追者和追捕者应立即在变换方向的通道中继续追捕。若在追捕的过程中,追者追上前者并拍击,则两人互换角色;在一定的时间内未被追上则换人。

9. 开山修路

在足球场地上画4条长30米、宽1～1.5米的小路(跑道),分别在两端画两条起跑线,在中点做出标记,并将本队的5块小垫子砌成"山",每人一条短跳绳。将队员分成人数相等的4队,每队又分成两组分别成纵(斜)队站在起跑线后,每人手持一条短跳绳。游戏开始,各组的第一人跑出并绕"山"一周,跑回起点铺设"导火索"后迅速返回至起点拍第二人的手后站在排尾;第二人按第一人的方法继续铺设"导火索",与前一人的"导火索"连接后返回起点拍第三人的手。游戏依次进行,当最后一人将"导火索"与埋设的"炸药"(小垫子的提手)连接后返回至起点,该组队员一起用力拉响"炸药"将"山"炸开,先炸开的组为胜。

10. 跑向安全岛

在足球场内画一个直径9.15米的大圆,大圆内再画一个直径为3米的小同心圆,大圆外为安全区,小圆内为安全岛,大圆与小圆之间的区域为追逐区。选2～3人为追逐者,站在追逐区内,其他人分散站立在大圆之外,游戏开始,圆外的人可以通过追逐区进入安全岛,但在通过追逐区时,如被追逐者追拍到,即与追逐者交换。进入安全岛或大圆外的安全区,追逐者则不能再追拍;不能站在安全区或安全岛内不移动,如出现这种情况,追逐者可以"读秒",数到3秒,如果其间无人换区,则可任意指定一个人与其对换。(图3-36)

图 3-36　跑向安全岛

第四章　足球运动心理素质的科学训练

心理在足球运动中起着重要的作用,有时甚至决定着足球比赛的胜负。每名足球运动员与其他运动员除了在技术上、人种身体素质上的差异外,心理素质也是一大重要因素。因此,足球运动员要重视心理素质的训练,增强自己的心理素质,充分发挥心理素质在足球运动中的作用。本章首先对足球运动员的心理素质进行概述,然后研究足球心理素质训练的内容与方法。

第一节　足球运动员心理素质概述

一、足球运动员的心理素质特征

足球运动员的心理特征是指运动员从事足球运动实践中的心理活动的特征。它是由竞技运动的一般特征和足球运动的专门特征以及足球运动的多种主、客观条件,向运动员提出的各种心理学要求构成的。足球运动是一项技术复杂、对抗激烈、场地大、人数多、时间长、战术变化多样、要求全面的集体项目。从心理学观点讲,足球运动是一种有意识、有目的的意志行为,运动员在规则允许的情况下,利用各种手段将球射进对方球门。为达此目的,运动员必须付出巨大的意志努力。这种意志努力是和比赛中进攻、防守时多种技、战术任务相联系的。由于足球比赛场上情况千变万化,因而引起的每个运动员的情绪、意志等心理特点也因人而异。

(一)足球运动员的情绪

足球运动员的情绪是一个非常复杂而又十分微妙的问题,比任何一种体育项目都要丰富多样,但总的来说可以概括为心境和激情。

1.心境

它是运动员在足球实践中体验到并染上一定情绪色彩的心理状态。从时间上看有暂时和稳定之分;从性质上看又有消极和积极之别。它是由足球氛围、媒体舆论、比赛性质、赛场设施、赛前准备、对方实力、裁判正误、战术安排、观众情绪等诸多因素所决定的,并具有可变性,可随比赛的变化而变化。比分暂时领先技、战术发挥较好,心里高兴是暂时性积极心境;比分暂时落后屡射不中,心情烦恼和急躁是暂时性消极心境;而比赛结束后由于胜利和失败产生的欢乐和消沉会使运动员在较长的时间里心情愉快或精神不振是稳定心境。心境产生的原因是多方面的,是比较复杂的,运动员一定要学会积极主动地控制自己的心境,绝不能利用积极心境的产生在比赛中失去理智,更不能成为消极心境的奴隶。

2.激情

激情是紧张的、暴风雨般的、短时间的情绪表现,是以积极的增力情绪为特点,并随着比赛过程的竞争形势而发展,其表现形式如下。

(1)运动激情的兴奋状态。这时候运动员心理过程的速度和强度增加,能对错综复杂、紧张激烈的比赛保持清醒的头脑,准确判断,并产生对环境条件的适应以及及时选择反应动作。

(2)运动激情的陶醉状态。它是在双方势均力敌、比分接近或交替上升的情况下出现的。这时运动员全神贯注在比赛中,一心想着怎样战胜对手,并能准确判断对手的意图,及时地采取相应行动以便征服对手。同时不觉疲劳,甚至受了伤也全无痛感。

足球运动员的情绪是随着战局变化而变化的,情绪是运动员心理变化的"晴雨表",教练员根据场上双方队员的情绪变化采取措施,善于调节自己队员的情绪,使之适应技、战术的需要。掌握了运动员的情绪,就把握住了调节整个心理状态的契机。因为情绪是足球运动中最敏感的因素,它直接影响其他心理因素。

(二)足球运动员的意志

意志是坚持目的在行动中克服内外障碍的心理活动过程。足球运动员的意志特点具体如下。

(1)自觉的目的性。一个优秀运动员只能靠自己的自觉目的,意识到自己的奋斗目标,才会实现对技术动作的控制,才能在遇到困难和意外情况时坚持目标,从而取得比赛和训练的胜利。

(2)动作的果断性是指在动作的确定、方法的选择或遇到困难时的当机立断。足球运动员应有坚定的自信心,在错综万变的形势下迅速采取克敌制胜的最佳措施,尤其是足球比赛的时机都是瞬间的,容不得半点犹豫。

(3)意志的勇敢性是指在危险时采取决定和行动的心理品质。足球运动员在对方紧逼、冲撞、铲球情况下敢于拿球,在形势严峻情况下敢于承担风险,它是足球运动员调动力量的重要品质。优良的意志品质是多种意志特点的综合,教练员应根据队员的不同情况和意志特点采取不同的训练措施,以增强坚强的意志品质。

二、儿童与青少年足球运动员心理发展特征

足球运动员的培养是一个长期的过程,这一过程呈现出一定的时间性和阶段性。由于足球运动员处于不同的年龄阶段,所以在心理发展特征方面也存在不同。这里主要对儿童足球运动员与青少年足球运动员的心理发展特征进行分析。

(一)儿童足球运动员的心理发展特征

儿童运动员处于"学龄期",他们在读、写、算能力上有了飞速进步,能够进行逻辑思考、逐

步了解社会,成就感逐渐增强。对其心理发展特征的分析如下。

1.儿童的认知发展

处于学龄期的儿童,其认知发展属于具体运算思维阶段,在思维、感知觉、注意和记忆等方面都有了明显发展。由于其对学校课程的学习和社会交往范围的扩大,他们的思维逐渐由具体的形象思维过渡到抽象的逻辑思维,在概念掌握、判断能力和推理能力方面有了较大发展。儿童感觉的发展表现在通过学习活动,儿童的言语听觉、视觉和辨别音调的能力等已经逐步接近成年人水平。儿童的直觉的发展体现在空间知觉(大小知觉、形状知觉、方位知觉和距离知觉)和时间知觉得到了一定程度的发展。儿童的注意也得到了发展,具体表现为:

(1)注意的稳定性逐渐增强。注意持续时间的长短就是注意的稳定性。随着年龄增长和经验积累,儿童注意的稳定性不断发展。

(2)注意的范围逐渐扩大。同一时间内所能知觉到的对象的数量就是注意的范围。

(3)注意分配能力逐渐提高。注意的分配是指在同一时间内将注意分配到两种或两种以上的对象或活动上。

(4)注意的转移能力逐渐增强。注意的转移是指有目的地将注意从一个对象及时转移到另一个对象上。此外,随着年龄增长和知识积累,儿童的记忆也不断发展,体现为有意记忆、理解记忆和抽象记忆的发展。

2.儿童的学习行为

对儿童学习行为进行阐述,主要从动机与态度两个方面来进行。

(1)学习动机

激发并维持学习活动达到学习目标的动因和力量称为学习动机。儿童的学习动机是一种复杂的多层次的系统,它的形成是一个循序渐进的过程,受到了家庭和社会教育的影响,其中最活跃的因素就是学习兴趣。兴趣是一种力求探索某种事物,并带有强烈情绪色彩的心理倾向,推动着人们去探究新知识,发展新能力。

(2)学习态度

所谓态度是指个体对某一对象所持的评价和行为倾向,它是比较持久稳定的个体内在结构,由认知、情感和意向三个因素构成,也是一种中介因素,对外部刺激与个体反映起着调节作用。具体来说,儿童的学习态度包括对球队的态度和对教师(教练员)的态度。

①对球队的态度

此时是儿童开始形成同伴群体的时期,也是培养儿童形成正确集体观念、良好集体关系,促进其行为社会化的重要时期。球队(团队)活动能够帮助儿童做到:正确地看待自己;树立正确价值观;获得情绪上的安全感并提高社会交往能力。但是,让儿童真正从团队中提高这些素质,教师或教练员必须给他们提供一个平等的环境[①]。

②对教师(教练员)的态度

刚入学的学生往往会无条件地服从教师的要求,因为他们对教师充满了敬佩感和畏惧感。

---

① 刘丹、赵刚.青少年足球训练纲要与教法指导[M].北京:人民体育出版社,2011.

因此,儿童学习态度受到教师对待儿童的态度的影响。随着年龄的增大,儿童开始对不同的教师表现出不同的喜好态度,教师要想得到儿童的尊敬和信任,必须做到耐心细致、和蔼可亲、公正严格、兴趣广泛、关心学生、知识丰富和授课生动。显然,儿童良好学习态度的形成和教师与儿童之间的关系密切相关。

(二)青少年足球运动员的心理发展特征

青春期是一个特殊的时期,是足球运动员的转折时期,这一时期的足球运动员既渴望独立,又渴望加强与同伴群体之间的紧密联系。

1.青少年的认知发展

认知活动是人最基本的心理活动,它包括观察、记忆、思维等。人们进行各种认知活动时所表现出的能力,统称为认知能力,即智力。随着学校学习内容、知识的深化和社会性交往的日益发展,青少年的认知有了进一步发展。青少年的认知能力已发展到最佳水平。具体表现在:观察力显著提高,记忆力处于最佳时期,抽象思维、逻辑思维逐渐占主导。

从观察能力的发展来看,儿童时的观察表现出无意性、模糊性和肤浅性等特点,而青少年观察的目的性和自觉性有所增强,观察的持久性有所提高,观察的精确性有所表现,观察的概括性有所提高,体现出了明显的发展。

从记忆力发展来看,青少年意义识记成为识记的主要手段,有意记忆处于支配地位,处于个体记忆发展的最佳时期。

从思维能力发展来看,青少年的思维是理论型逻辑思维,他们的思维依靠理论指导,是一种抽象的逻辑思维。

2.青少年的情绪发展

情绪是人对客观事物的一种态度体验,是个体与环境意义事件之间关系的一种反映。青少年的情绪得到了发展,主要表现为以下方面。

(1)青少年情感日益丰富

环境事件是否能引起人们的态度体验,要看环境事件与某一个体是否存在意义关系。青少年的情感日益丰富,但容易情绪化,对事物表现出强烈爱憎。

(2)青少年情绪发展呈现两极性

情绪发展的两极性是指情绪的内容、强度、稳定性、概括性和深刻性等方面具有两极性。例如,可变性和固执性共存,内向性和表现性共存。

(3)青少年出现反抗情绪

情绪发展的两极性使青少年经常出现反抗情绪。而反抗情绪则集中体现在以下几个方面:

第一,心理性断乳受到阻碍。所谓心理性断乳,通常是指青少年从家庭中独立出来的过程。当青少年极力追求独立,但父母或教师没有这种思想准备,仍以过分关切的态度对待他们时,他们极易产生反抗情绪。

第二,自主性被忽视。当父母或教师不理会青少年想法时,青少年就会感到自主性受到忽视,行为受到妨碍,进而容易产生反抗情绪。

第三,人格展示受到阻碍。当父母或教师只注意青少年学习成绩,而不关心他们的性格发展,甚至限制或禁止他们的人格发展活动时,他们容易产生反抗情绪。

第四,被强迫接受某些观点。当父母与教师强迫青少年接受某些观点时,他们会拒绝接受,从而引起反抗情绪。

(4)青少年意志品质增强但不稳定

意志品质是指一个人的果断性、坚韧性、自制力以及勇敢顽强的精神。大学生的意志品质明显增强,能主动、自觉地克服困难,在行动中清晰地意识到自己行动的目的性和社会意义。大学生的坚持性和自制力已得到一定的发展,但还有很大的个体差异,此外,大学生意志品质的发展仍然有不稳定的表现。

(5)青少年性格基本形成

性格是一个人对现实的稳定态度和习惯性的行为方式。由于大学时期个性倾向日趋形成,自我意识不断发展,大学生的性格已基本形成并较稳定,人生观、世界观基本确立,在意志、理智、情绪等特征方面也逐渐朝着稳定方向发展。但是大学生的性格发展尚不成熟,还必须进行性格上的自我教育和自我培养,为成才创造良好的主观条件。

3.青少年的社会性发展

(1)青少年的自我意识发展

①自我认识和评价水平显著提高。表现在自我认识的自觉性和主动性较强,能根据周围的人对自己的各种态度来评价认识自己,也能将自己与别人进行对比来评价自己,自我评价的客观性有所提高。

②自我控制的愿望非常强烈,水平明显提高,有了明显的自觉性和主动性,并逐渐以社会标准、社会期望、社会条件为转移。

③自尊心十分突出。表现为对真诚赞扬的尊重,而批评常使自己感到内疚和羞愧,嘲笑更是让他们难以忍受。

④独立意向十分强烈。要求自主和独立,要求摆脱对成人的依赖,当这种意向因某些原因受阻时,他们会产生不满、对立情绪或反抗行为。

⑤自信心、好胜心增强。在接受新任务时表现出跃跃欲试,不甘人后。

(2)社会性交往的发展

①与父母的交往

青少年自我意识开始觉醒,因此他们需要显示独立自我。为此,他们既要显示独立性,又不能完全摆脱对父母的依赖。

②与教师和同伴的交往

从与教师交往的角度来看,青少年心理上与父母"断乳"也适用于教师(教练员)。因此,青少年也会产生对教师的反抗行为。从与同学的交往来看,青少年具有独立自主、积极主动、乐观向上的交友心态。但他们之间的交往,受到自身个性因素和集体因素的影响。良好、团结的集体也能促使学生去结交更多更好的朋友。

三、足球运动员心理素质的影响因素

足球运动这项大型竞技体育,不仅仅是两支队伍单纯在技术上或体能上的对抗,也是一场心理上的较量。影响足球运动员心理素质的因素有很多,所以我们要对每一项促使其产生的因素作给出分析,并做出相应对策进行训练,才能取得比赛的胜利。足球运动员心理素质的影响因素具体如下。

(一)运动员的个人心情

运动员的心情是指足球比赛前以及比赛中所呈现的情绪色彩。这种心情可分为积极的与消极的,通俗来讲就是好心情与坏心情。这种心情在比赛前是由于场地的氛围、比赛性质、媒体压力、球场的氛围、自身准备状况、对手情况、战术体系等诸多条件所决定的。在比赛中这种影响因素也有很多,比如比赛分差、对手的个人素质、裁判的公正性、球场的舒适度、自身发挥的稳定性、观众的情绪等。这些因素是非常多的,并时时刻刻都有可能发生变化,所以是非常复杂的一种状况[①]。

(二)运动员的个人性格

足球运动员的个人性格是多种多样的,应对变化以及调节心理状况的能力也不尽相同。一些性格外向、热情奔放的运动员会相对更容易释放自己心中的消极因素,并且能有效地把这些因素转化成为自己的动力。但是这种性格本身也有负面影响,容易促使其个人英雄主义的产生。众所周知,足球运动是一项团队运动,要想赢一场比赛必须要靠球队十一个人的共同努力。当个人主义出现的时候,经常会发生个人单干的状况,这是非常不利于球队发展的。

同样,性格内向不爱表达的运动员,在面对外界以及场上压力的时候会表现得很沉着冷静,不会出现个人英雄主义的情况。但是,这种性格的运动员内心有时候会出现自卑与怯场的心理,在场上会显得比较保守,不利于其技术的发挥,甚至因不敢做动作而造成更多的失误。所以,运动员各种各样的性格在场上所表现出的情绪会造成整个球队的战术体系不能完整发挥,导致比赛的失败。

(三)运动员所处球队的位置

足球运动员在场上各有各的位置,其作用与场上所面临的压力也是不同的,这也就给他们带来了心理素质上的差异。在一场比赛中,后卫所面临的压力往往要大于其他中场和前锋的压力。从生理学的角度来看,每个人都是有一种自我防卫的本能的,这使得后卫在比赛过程中在面对对手的强烈猛攻下,会产生一种强烈的自卫本能,这种本能驱动自己向对手的身体进行攻击,以缓解压力。同时,球队的守门员在总体上面临的压力也要大于其他任何位置的球员。在面对对手的进攻时,自己这最后一道防线是不是能坚守得住关系到整个局势,在一场比赛中是至关重要的。

---

① 李治.足球运动员心理素质的影响因素及训练方法探析[J].武魂,2013(7):171.

（四）对手的实力

在一场足球比赛中，对手的实力也会给队员的心理状况造成影响。在面对强队的时候，往往自身压力会比较大，会出现在面对强者的时候技术动作不敢做，畏首畏尾的情况。在面对弱旅的时候，就会产生骄傲心理，认为实力强就能赢得比赛。同时，在遇到双方实力不分伯仲，始终处于胶着状态的时候，队员也会产生急躁心理，进而致使频频失误，更有可能给对手造成机会。以上几种心理状况都会对球队整体战术产生影响，不能使真正的技术发挥出来。

第二节　足球心理素质训练的内容与方法

一、足球心理素质训练的作用

（一）在足球训练的初级阶段的作用

足球基本的技术、战术和身体素质的训练在足球训练的初级阶段是非常重要的，也是十分基本的，但是，对足球运动员心理素质的训练也是至关重要的。青少年运动员在刚参与足球运动时，他们的心理素质较差，承受压力的能力不强，很容易受到不良因素的影响，心理起伏变化大，这些都会对足球运动员的训练造成消极影响。此时，非常有必要对足球运动员进行心理辅导，使他们能够正确认识自己，坚定自己的信念，认真投入到足球运动中。心理素质训练包括很多方面，文化素质也是其中重要的一个方面。

作为运动员，很多人都是从小受到培养，由于运动训练占据了他们很长的时间，所以，造成了运动员文化知识的欠缺。而文化知识、文化素养对于运动员心理水平的提升也有很大帮助。文化水平高的人能够从多角度分析在训练中遇到的失败、挫折，进而很好地进行自我调节。在近些年来我国与亚洲其他国家的对垒中可以发现，我们的队员之所以遭受挫折，不是我国运动员的身体素质、技术水平等方面与别国相差甚远，而是我们的足球运动员心理承受能力不够，上进心和敬业精神、自信心、情绪控制能力等心理方面有待提升。我们的足球运动员对于教练和关键球员的依赖性很强，这主要是由于我们在运动员的初级阶段进行的心理训练不够，造成运动员心理承受能力差。心理素质在很大程度上影响着技战术的学习和掌握，拥有良好的心理素质能够以更好的心态学习足球运动的基本技能，提高竞技能力。因此，心理训练在足球运动训练的初级阶段非常重要。

（二）在足球训练高级阶段的作用

当运动员经过长时间的训练后，足球运动的技能、体能都达到了一定的阶段后，在保持自己竞技水平的基础上，再想提升空间的可能性将会很小。此时，心理素质就成了影响运动员比赛成绩的重要因素。良好的心理素质有利于运动员能力水平的正常发挥，进而提升竞技实力。通过对我国足球运动员比赛情况的分析发现，我国高水平足球运动员在与实力相对较弱的球队进行比赛时,各方面的能力都能得到很好发挥。但是,在与强队进行比赛时,我国足球运动员就会出现技术发挥失常的情况。究其原因,就是因为运动员的心理素质水平不够高,对运动员心理训练的认识不足,重视程度不够。近年来,我国也一直对运动员进行心理训练,提升运动员的总体实力。但是,心理训练是一个复杂的任务,需要长时间的磨炼和实战经验才能获得提高。

因此,对足球运动员进行心理训练需要时刻贯穿到比赛中,切实地对运动员的实战发挥影响作用。当球队没有随队心理训练师时,此时教练就需要担负起对球员进行心理辅导的责任。在国外的足球强队中,教练员都具备很好的心理训练能力,他们在带队的时候,不仅能及时对运动员的技能、战术等进行指导,而且还能对运动员出现的心理问题随时进行指导、训练,进而调整运动员的状态,使其更好地提高足球竞技实力。教练员与球队的关系最为密切,经过朝夕相处,对运动员的各方面情况都非常熟悉,因此,教练员作为球队的主帅必须具备很强的心理训练能力,及时解决运动员的心理问题,对他们进行不同的心理训练。在运动员水平达到一定程度时,心理训练就成了运动员保持高水平技战术实力的一个科学有力的方法。由此可见,在足球训练的高级阶段,心理训练同样起着不可或缺的作用。

二、足球心理素质训练的内容

(一)一般心理训练的内容

1. 提高运动员的一般智力水平

这是因为现代心理学强调特殊能力(如高水平的运动竞技能力)是在一般能力基础上发展起来的,即在智力基础上发展起来的。

2. 发展和提高足球运动专项所需要的心理素质

如专门化的知觉(球感、时间感、空间感、节奏感)、观察能力(对场上势态、对手意图、战术发展的准确观察和正确预见等)、技术和战术的记忆分析与判断的能力、运动思维的敏捷性和灵活性、顽强的意志力和情绪的稳定性。

3. 提高和完善运动员的运动心理能力

主要内容有肌肉运动感觉的绝对感受性和差别感受性,视野、时空知觉、动作反应速度、动作准确性、注意特性(注意的稳定性、范围、分配、转移)、运动记忆、运动表象和念动能力、运动思维、感觉的自我监控能力等。

4. 改善运动员的个性心理特征

主要指运动员的性格、气质、兴趣、动机等方面。心理学家对优秀运动员的个性特征的研究表明,他们的个性特点是:情感高度稳定,性格坚强自信,善于自我监督和自我控制,在训练和比赛的复杂形势下,意志坚强、作风顽强、勇敢而有主动精神。

（二）自信心、意志力和注意力的训练

实践表明,一名优秀的足球运动员必然具备良好的心理素质。其运动能力与智力、个性特征、训练和比赛中的心理状态、心理自我控制调节技能、社会心理特点以及心理障碍等存在密切关系。而对高校足球运动员来说,自信心、意志力与注意力是成为优秀运动员必不可少的心理品质。

1. 自信心

测验证明,自信是优秀运动员所具备的典型特征。因此,培养足球运动员的自信心是高校足球运动训练的重点方面。

现代足球运动的不断变化与发展,其多样性、复杂性、变化性强的特点,要求足球运动员在比赛中应具备良好的生理与心理承受能力,并承受胜、负以及环境、社会等因素的影响。足球运动员自信心强,才能在复杂的运动过程中做出正确的判断与行动,从而促使比赛朝着积极的方向发展。

2. 意志力

意志是一种意识调节活动,表现为人能节制自己行为的能力。意志力具有目的性、顽强性、果断性与自制性的特点。

(1)意志力的目的性体现为,每次足球训练课与比赛都有一个与长期目标相联系的短期目标,足球运动员应充分发挥自身的最大潜能,克服种种困难去实现训练和比赛目标。

(2)足球运动员意志力的果断性对完成训练和比赛任务具有重要作用。尤其在瞬息万变的足球比赛中,成败的交错瞬间会对心理产生干扰而影响正确行动的抉择。

(3)意志力的顽强性决定了足球运动员必须具备顽强的意志品质与富于挑战的精神,才能够攀登足球高峰。

(4)意志力的自制性是足球运动员必须具备的意志品质。在足球比赛之中,只有具备自制性,才能约束自己的行为,最大限度地控制自己不受裁判、观众、场地、气候等因素的影响。

在足球运动训练中,教练员应有意识地培养足球运动员围绕某一特定目标克服种种困难和障碍的能力,锻炼和培养其优良的意志品质。需要注意的是,训练和比赛的目标要适宜,不可过高或过低,否则不利于意志力的培养。

3. 注意力

足球比赛中,注意力对足球运动员来说尤为重要。注意力的特性主要包括注意力的范围、稳定性、转移以及注意力的分配。

足球运动员在完成技术动作、实施攻守配合时,应善于把握全场的局势与变化,并善于洞察对手和同伴的行动意图。这些都与足球运动员的注意力密不可分。

培养与提高足球运动员的注意力,需要从以下几点入手:

(1)学会观察,将注意力逐渐从球上转移到球场上,从狭窄的观察面扩展到较宽广的观察面;

（2）在形势较复杂的赛场上，对足球运动员注意力的分配进行有意识的引导；

（3）在赛前的复杂心境中，用正确的方法转移注意力，调节赛前的过度兴奋情绪，或者集中淡漠比赛的运动员的注意力，以提高其自我控制能力。

（三）足球比赛的心理状态调控

足球比赛的心理状态及心理指导工作有赛前的心理准备、赛中的心理控制和赛后的心理调整。

1.赛前的心理准备

研究资料表明，比赛中技术水平发挥不好的运动员中，由于心理准备不足造成失败的占70％，由于训练水平、技术准备不足而导致失败的占20％左右。赛前心理状态的稳定性对运动员来说十分重要。临近比赛的运动员在技术、战术和体能上一般不会有太大的变化，参与比赛的动机与态度往往表现为多种多样或大起大落。因此，要了解运动员的赛前心理状态，及时做好赛前的心理准备。赛前运动员的心理状态大致分为过分激动状态、赛前淡漠状态、赛前盲目自信状态和最佳战斗状态。前三类都需要进行适当调整。适当调整赛前心理状态的方法如下。

（1）明确比赛任务，建立适宜的比赛目标

目标既要有利于充分激发运动员的潜力，又要能为运动员所接受，不致形成思想包袱。

（2）增强运动员取胜的信心

自信心是成功的基石，对比赛可能遇到的挫折和不利因素有足够的思想准备，通过认知训练帮助运动员正确评估彼我双方的力量，看到自己的优势并给予鼓励，使运动员敢于竞争，敢于拼搏，以良好的心理状态投入比赛。

（3）激发良好的比赛动机

调动运动员渴望参加比赛的内驱力。但需注意动机过于强烈或注意力过分集中于比赛，往往会导致精神紧张，影响技术水平的正常发挥。

（4）调整运动员的情绪

对各种不利于比赛的情绪，运用心理调节训练的手段进行针对性调节，使运动员的情绪趋于最佳状态。

（5）分析状况

进行赛中行动和思维程序的表象演示，熟悉战术实施要求，分析可能遇到的困难及对策。

（6）赛前心理准备工作

赛前心理准备最重要的是两项工作：一是做好赛前心理准备的重要环节——赛前激活水平的最佳控制，二是对几种不良的赛前心理状态采取调控对策。

①赛前激活水平的最佳控制

动员运动员全身各有关器官、系统和心理机能进入工作状态，发挥机体最大潜能，称为激活水平。激活水平通常出现的问题：最佳的激活水平出现过早，消耗了过多的能量，而比赛当天却力不从心，兴奋不起来。反之，临近比赛，运动员兴奋不起来。因此，应使最佳激活水平调整至比赛日。

②几种不良赛前心理状态的调控对策

第一，赛前过度兴奋。由于运动员比赛经验不足，自控能力和适应能力差，或比赛动机过强、期望水平过高而产生了大脑的兴奋性过高的结果。应对这种状态的对策是控制适宜的动机和期望水平，培养运动员自我控制能力，可采用转移注意力、安慰疗法、放松训练、催眠暗示等方法来逐渐缓解。

第二，盲目自信。表面兴奋，内心空虚，往往对比赛的困难和复杂性估计不足，过高估计自己的力量。一旦比赛失利，情绪一落千丈，急躁、烦恼，以致恶性循环连连失利。其对策是加强运动员的思想教育和作风培养，认真做好赛前准备，准确评价双方实力和彼此的优劣，以清醒的头脑参加比赛。

第三，赛前淡漠。表现为情绪低落、意志消沉、缺乏信心、不想比赛、乏力、反应迟钝。一般是由运动员过度疲劳、伤病未愈、比赛任务过重、困难过多和意志力较差等引起。其对策是采取激励、动员、积极的语言暗示，模拟训练，赛前热身，临赛前提前做准备活动使激活水平提高，调动参赛的积极性。

2. 赛中的心理控制

运动员比赛时，主观的、外部环境的各种刺激都会影响运动员的心理稳定性。担心失败、害怕对手等，会产生焦虑情绪；观众的不同态度，会产生激励或焦躁的情绪；裁判员的误判、漏判等，会使运动员不满或愤怒；教练员的鼓励、安慰等，能给运动员鼓舞；同伴的积极行动会激起斗志。任何情况下良好的心理稳定性是比赛成功的基本保证。情绪和情感与机体的生理、生化机制有密切关联，它受生理因素、刺激因素、认知因素所制约，其中认知因素起关键作用。

(1)生理因素的影响和控制

生理因素指大强度竞技活动中机体内部生理的活动状态方面的因素。植物性神经系统的机能水平、内环境的平衡、骨骼肌的紧张度以及疲劳、伤病、女子月经前期等都能引起情绪波动。

对生理内部的刺激压力进行控制，可采取心理调节手段。如呼吸吐纳调整手段、精神放松法等。此外，平时注意加强训练和培养运动员的意志力，即使生理活动有些失调或疲劳和伤痛，也可正确对待和保持相对稳定的情绪。

(2)刺激因素的影响和控制

环境能够直接或间接地通过感官刺激运动员，如比赛环境、气候条件、观众、气温、教练员的语言、同伴的行动、对手的表现等，都会影响运动员的情绪。

为提高运动员在比赛中的心理稳定性，克服环境刺激因素的不良影响，要从根本上提高运动员的适应能力，降低他们对外界刺激的感受性，使注意力集中在技、战术运用上。赛前的适应性比赛、比赛中的语言提示，都可降低刺激的影响力；还可以用回避的态度减少感受刺激的机会，或利用无关刺激来转移不良刺激的影响。

(3)认知因素的影响和控制

一般认知因素来自大脑的各种中枢信息，尤其是对过去经验的回忆。比如受失败阴影的笼罩产生联想导致怕输、怕失利等不良情绪。一旦在比赛关键时刻，只要有担心失败的意识，情绪即表现为焦虑和急躁的倾向。

控制认知因素的影响,常常以积极的想象来抵御消极的想象,如自我暗示、自我安慰、语言鼓励等。运动员在日常训练和比赛中重视建立正确的思维定式,把握正确的认知过程,可以防止和消除不良的情绪波动。在比赛临场遇到情绪波动,甚至情绪波动恶化时,一般可采用以下简易方法。

①呼吸吐纳调整法

加深呼吸的深度,调整呼吸的均匀度,使呼吸进入一个悠、缓、深、细、沉的境界,尤其强化腹式呼吸,效果更明显。

②转移注意法

暂时不想失利的过程,转而思考其他愉快的体验,使紧张的情绪得到暂时的宽松和调整,也有利于情绪的稳定。

③语言暗示法

自我暗示或同伴、教练员暗示皆可。如"镇静、放松""现在感觉很好""可以!继续进行!""没关系,再努力一下"等。同时,闭目、静观、调整呼吸,效果则更佳。

④自我训练法

过度紧张可通过常用的身体活动来缓解。如做扩胸运动,轻微活动膝、腿、脚踝,配合深呼吸,能有效缓解紧张情绪。

⑤肌肉松弛法

利用按摩使肌肉放松,尤其肩、颈、背的放松,有助于消除心理紧张。

⑥闭目静坐法

在中场休息时,闭目静坐,听自己的呼吸声,将脑中烦杂的念头暂时排除。继而想象自己内部身体的感觉,经脉畅通,如甘露由上洒下,遍身清凉透彻。既可排除各种因素的干扰,也可迅速使情绪平静下来。

临场可因地制宜、灵活应用适宜的方法,有时2~3种方法同时应用更好。

3.赛后的心理调整

比赛结果会使运动员产生各种心理活动,这些心理活动有积极的也有消极的。因此,教练员必须和运动员一起对比赛后的心理状态进行分析,并采取必要的措施加以调整,化消极因素为积极因素。

(1)运动员赛后心理状态的表现

①比赛的失败者会因失利或没有发挥出水平而感到遗憾,通常会引起积极和消极两种情绪。积极的情绪表现为比赛中发现了缺点与不足,分析失败的原因,决心有针对性地去克服。失败并未使其消沉,反而更激起斗志,在以后的比赛中积极争取胜利。消极的情绪表现为经不起失败的挫折和打击,意志消沉、怨天尤人、丧失信心,把比赛失利更多地归于客观原因,或认为自己无能,一蹶不振,不想再参加比赛。

②比赛成功者会有鲜明而深刻的情绪体验,然而这种体验也会产生积极和消极两种不同的情绪。积极的情绪表现为对成绩的获得有一种满足感、振奋感,精神受到很大鼓舞,信心更强,希望在以后的比赛中再接再厉取得更优异的成绩。消极的情绪表现为骄傲自满、目中无人,对自己的估计太高,看不到缺点与不足,对以后的比赛产生盲目自信,妄想轻易得胜。

（2）比赛后的心理调整

①赛后安排积极性的休息。为消除生理疲劳和心理疲劳,一般采取转移注意力的活动调节精神状态,如文娱活动等。

②对不同状态进行心理咨询,帮助队员端正态度,提高认识,分析成功或失败的经验与教训;化解消极因素,鼓励积极情绪,无论失败者、成功者,都要防止自我形象的骤然变化,使他们始终保持积极进取的稳定情绪。

三、足球心理素质训练的现状与常用方法

（一）我国足球运动员心理训练的现状

在我国足球发展的过程中,心理训练一直是制约其发展的一个重要原因。多年来,我国运动员在训练中一直坚持"三从一大"的训练方法,即从难、从严、从实战出发的科学化大运动量训练方法。这一训练方法的科学化水平有待提高。近年来,我国足球训练也意识到了这一训练方法存在的不足,我国已经在足球项目的训练中注意提升运动心理学训练的科学化。但是,其发展有些缓慢。相关学者认为,足球运动的基本技战术等技术难关可以突破,但是,心理方面的障碍是很难逾越的,不是一朝一夕就能有很大成效的。例如,中国足球的"恐韩症",一遇到韩国队,我国球队的打法就会出现差错。这在很大程度上说明了我国在对足球心理学的研究和对运动员心理训练方面还有待提高。心理训练,即对运动员的心理方面进行有目的定向训练的过程,也就是说有意识地运用各种手段作用于运动员的心理和个性特征,对其产生影响,使运动员掌握调节心理状态的各种方法,为其在今后的比赛中取得好成绩做好心理准备。很多俱乐部的领导人都明白心理素质对技战术水平的发挥、对比赛成绩的重要作用,但是,他们依然不会花大价钱去请好的心理咨询师对运动员进行心理指导,依然重视聘请技战术水平高的教练员。

相关调查显示,目前国内各俱乐部里鲜有配备专业心理医生的。而且,多数足球俱乐部会把心理训练独立起来,造成心理训练与具体的足球技战术训练、比赛脱节。虽然,心理训练不同于技战术等技能的训练,有其特殊的内容和方法。但是,心理素质对技战术的发挥、比赛成绩有直接的影响。随着足球运动竞争的日益激烈,心理训练已成为运动员训练中重要的内容。尤其是在世界足球运动技术水平都相差越来越小的情况下,心理训练就变得尤为重要。然而,由于对心理训练的认识存在不同,人们在心理训练的实施上也出现了不同的表现。必须将心理训练贯穿于平时的训练中。这种训练方法才是有效的,才能持久、不间断地对运动员的心理产生积极的训练作用。

（二）足球心理素质训练的常用方法

1.集中注意力训练

足球运动员约束、强制自己全神贯注于一个明确的目标,不因杂念分散注意力是集中注意力训练的目的。意愿的强度、意愿的延续性、注意力的集中强度和集中的延续四个方面组成了注意力集中的能力。培养集中注意力能力的方法如下。

（1）锻炼集中注意力的能力，可采取意守某一点的气功练习，或者视觉、听觉守点的练习。

（2）在足球心理过程中将感觉专注于某一点，并达到忘我的情境，有利于培养日常练习与比赛中专注的能力。

（3）听技战术要领，观看技战术后进行复述练习，养成在足球运动训练中集中注意力的习惯。

（4）教练员用提示语、警示语培养队员集中注意力的习惯。

（5）日常训练中注意排除各种心理干扰因素的影响，避免练习中的情绪波动。

2.自我暗示训练

通过有效的自我暗示、自我诱导、自我放松达到心理训练，是自我暗示的主要目的。足球运动员可以通过自我暗示，依靠意念与语言对自己的行动进行控制和约束，以调整情绪，排除不安、焦虑和烦恼等不良心理影响，坚定信念，增强意志力。

3.念动训练

念动训练又称为动作表象训练，是运动员有意识、有次序地在脑中重复再现已经成形的运动动作表象。当那些动作表象在运动员的脑中再现时，在意识进行表象训练时，相应的运动器官便会产生肌肉电位活动。这种训练能够使动作得以强化、定型，加深运动记忆。在赛前进行念动训练，不仅能够对运动器官进行动员，而且还能提升运动员对技术动作和战术行动的熟练程度，增强信心，拥有良好的心理状态迎接比赛。

4.放松练习

放松练习是通过意念和呼吸，使全身肌肉得到充分放松。放松练习这种"外松内静"的效果，有助于足球运动员的肌肉获得充分放松，平静心绪、降低大脑皮层的兴奋度，克服紧张或烦躁不安的情绪。

放松训练是在意念、呼吸的作用下，进而使全身肌肉得到充分放松。这种安静的训练方法，不仅使外在的肌肉得到充分放松，同时还能使人的内心平静，降低大脑皮层的兴奋度，克服紧张或烦躁的情绪。今天非常受人欢迎的瑜伽运动，还有我国传统的气功，都讲究心绪平静，都是非常有效的放松方法。然而，端坐是非常简便的一种放松训练方法，注重呼吸平稳，心无旁骛，对身体的各部位依次进行放松活动，如头、面、颈、胸、腹、小腹、大腿、小腿、足……坚持练习，有助于心性的改变，长久保持平和的心态。放松训练能够使人很好地调整状态，面对足球比赛中出现的失利和挫折。

5.心理反馈训练

心理反馈训练，是指通过专门的仪器，以声光信号来识别自己生理功能变化的状态，并将这种状态与自身的感知觉联系起来，并通过训练逐步学会根据反馈信息调整自身机能能力，以充分动员与发挥机体能力的状态。尤其通过调节植物性神经系统的功能、内脏功能、心率、肌电和血压等，从而改善情绪状态。

6.模拟训练

模拟训练,是指尽可能将训练安排成与将要面临的比赛条件相似的一种实战心理训练方法。模拟训练有助于在不同的比赛条件下适应比赛环境,使临场达到良好的竞技水平。比如适应对手的技、战术特点,适应客场的观众偏向对手的比赛氛围等。

第五章　足球运动技术的实践研究

足球技术是在足球比赛实践中逐步形成、发展和完善起来的，它是指运动员在足球比赛中所采用的合理动作的总称。随着足球运动的快速发展，足球运动技术不仅在内容上更加丰富，而且在动作难度上也在不断提高。本章首先对足球技术进行概述，然后具体研究了足球运动无球技术训练、足球运动有球技术训练。

第一节　足球运动技术概述

一、足球运动技术的特征与分类

在现代足球比赛，大都要求运动员能够在快速运动和激烈对抗的条件下，准确地完成踢、顶、运、抢、截以及起动、转身、快跑和急跳等技术动作。因此，要想在比赛中有目的地采取行动和正确地处理球，以达到战术上的要求，足球运动员就必须熟练地掌握足球技术。足球技术是完成战术配合的基础，随着足球战术的不断发展，其对技术提出了更高的要求，从而促进着技术的不断发展和提高。这就要求在足球运动的教学与训练中，首先要注重对足球技术的全面掌握和提高，这对迅速提高我国的足球运动水平有着极为重要的作用。同时，对战术、战斗作风和身体素质的训练和培养也是不容忽视的一个方面。

(一)足球运动技术的特征

1.意识支配明显

在足球技术、战术和运动员身体素质日益完善的今天，深入发掘运动员的智慧潜力，使运动员的意识和技术有机结合，将会避免技术运用的不合理性和盲目性，能更有效地发挥技术的水平。所谓意识，是指运动员对足球运动比赛规律的认识，并根据临场变化而适时地采取正确、合理、有效行动的一种敏捷的思维能力。在足球运动中，运动员的一举一动，包括在有球和无球的情况下，均受到意识的支配。

(1)从单一的技术动作到局部的战术配合，直至全队的整体打法，都受着意识的支配。由此可知，技术与意识的结合不仅要求运动员具备坚实的技术基础和娴熟的运用能力，还要精通足球比赛的规律及各种战术打法的要求，熟悉同伴与对手的球路和习惯，并能在瞬息万变的复杂形势中迅速做出抉择和行动。

(2)足球意识的培养与技战术训练具有密切的关系。对足球运动的初学者而言,一开始就应把意识的培养贯穿在技战术训练中,寓意识于一切技术行动之中,使它们同步存在与发展。

(3)意识基本上属于人的思维范畴,它的发展受到文化素质、理论水平、思维逻辑、外界条件等多方面因素的影响。但由于人的天赋不同,因此在进行足球运动的训练中,除加强意识的培养、训练外,还应尽量挖掘培养那些意识天赋好的运动员。

2.明确的目的性

任何体育项目技术的运用都有其自身的目的性。一般来说,初学者与低水平的足球运动员运用技术的盲目性较大。随着水平的不断提高,目的性则越来越强。因此,从某种意义上来说,足球运动技术水平与比赛技巧的提高过程,就是减少盲目性、提高目的性的过程。

众所周知,足球比赛的目标是将球攻入对方球门而防护住己方球门不让对方攻破。而要实现这一目标,必须牢牢地掌握住控球权,各项技术的运用也将围绕着这一目标而展开。因此,控球并获胜是足球比赛的根本目的。要做到技术运用的目的性,运动员除了具备全面、坚实的技术基础外,还需娴熟、自如地运用各项技术,特别要在技术的实用性上狠下功夫。

3.尽显意志品质

意志品质是足球运动员必不可少的重要素质之一,特别是在一些具有特殊意义的比赛中,意志品质具有举足轻重的作用。足球运动员的意志品质基本上体现在勇敢顽强的拼搏作风、自我控制情绪的能力和敢于冒险的无畏精神3个方面。

足球运动的特点决定了其是一项勇敢者的运动。随着现代足球比赛争夺的日趋激烈,对运动员的意志品质也提出了更全面、更突出、更明确的要求。没有良好的意志品质,再好的技战术能力也难以正常发挥;反之,没有出色的技战术能力,良好的意志品质亦无表现之处。只有将两者结合才能如虎添翼。

4.要求即兴发挥

足球比赛经常出现一些令人难以预测的变化与结果。特别是随着足球技战术水平的全面提高与发展,比赛中运动员处理球的时间越来越少、空间越来越小。这就需要有某些超常的技术才能满足比赛的要求。所谓超常技术和即兴发挥,是指根据赛场上瞬间即变的环境及突发的情况,随机采取应急手段,打破原有技术动作的结构,达到出奇制胜的目的。

随着足球运动的发展,运动员的即兴发挥将会运用得越来越广泛、水平越来越高、魅力越来越大。它要求运动员必须具有良好的身体素质,全面而娴熟的技术,突出的意识,敢于冒险的精神,迅速的应变能力,机敏冷静的头脑,而且这些都要在一刹那的时间内表现出来。

5.速度日益重要

随着足球运动朝着高速度、强对抗的方向发展,赛场上给予运动员完成各项技、战术动作的时间越来越短,空间越来越小。要想真正适应激烈争夺中的快速攻守,速度无疑是重要的因素。特别是在快速中运用技术的能力、完成技术动作的速度以及技术动作之间的衔接速度。

如果缺乏速度,再好的技术在比赛中也难有"用武之地"。

6.位置分工明确

当前,足球技术正朝着全面、快速、娴熟、简练、强对抗的方向发展,自 1974 年第 10 届世界杯赛后,足球运动对运动员的全面性提出了更高的要求。每名队员都身负攻守双重任务,必须掌握攻守的技术才能适应战术的变化和比赛的需要。近年来,全面型的整体和全面型的个人都在不断发展和提高。但是场上仍有位置分工,不同位置有不同特点。这就要求运动员在掌握全面技术的基础上,还应根据个人的特长和位置的需要发展专长技术,使自己成为既是足球场上的多面手,又是具有个人特点和某个位置上的专家。

(二)足球运动技术的分类

足球运动是一项技术动作复杂的运动项目。为了具备较高的足球运动水平,既要掌握支配球、争抢球的技术动作,而且还要依据比赛场上的实际情况,如队员的位置分工和技术特点等,将这些技术动作运用到比赛中去。

依据球员在场上的位置对足球技术进行分类,可分为两大部分:锋卫队员技术和守门员技术。这两大部分又都包含有球技术和无球技术两个方面,不论是有球技术还是无球技术,在比赛中都具有非常重要的作用,因此,运动员一定要熟练掌握。根据参加比赛的双方攻入对方球的多少决定足球比赛的胜负。而在快速运动中和激烈的对抗条件下,最后能够体现完成攻守任务的技术是有球技术,它是足球技术的主要部分。(图 5-1)

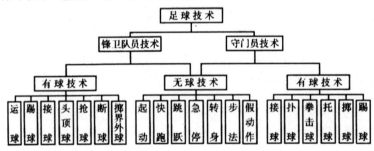

图 5-1 足球运动技术的分类

二、足球运动技术的发展趋势

(一)足球运动技术的总体发展趋势

1.足球运动技术呈现出越来越全面的发展趋势

当前技术全面发展的一个特征表现为攻防技术一体化。随着前锋、前卫队员机械分工的消失,阵型分布在比赛中的灵活变化,前卫插上助攻,自由中卫深入对方腹地进攻,由此可知,后卫已不是单一的角色,他还需要在保证防守任务完成的同时积极参与进攻。而对前锋也提出了较高的技术要求,他不仅要拥有全套进攻本领,同时还需要掌握各种防守技术,包括抢、断、铲等技术。可见,足球技术越来越向着全面的方向发展。另外,攻防转换的同时也就是全队技术运用转换的开始。所以,运动员要适应现代足球比赛的需要,必须做到技术动作方法多样化、合理化,并在全面的基础上练就自己的特长(绝招)。一个典型的例子就是巴西队后卫卡洛斯主罚的任意球,经常能在关键时刻得分。

2.足球运动技术的发展速度症状逐步加快

现代足球比赛攻守转换速度明显加快,对抗十分激烈,比赛中运动员完成技术动作的时间越来越短,空间越来越小。随着足球运动的不断发展,比赛越来越激烈,为了适应竞争激烈的比赛环境,使足球技术水平得到充分发挥,运动员完成单个技术动作的速度,技术动作之间的衔接速度明显加快,必须在快速跑动中完成技术动作。我们通常所说的"兵贵神速",同样适用于足球比赛中。

3.足球运动技术的对抗日益加剧

足球运动水平在不断提高的同时,比赛也更加的激烈,对抗越来越强。统计资料表明,在一场比赛中净比赛时间为60分钟左右,双方争抢次数可达300次以上,平均10秒左右就要发生一次对抗接触。可见,足球运动有着对抗频繁、逼抢凶狠的特点,这些特点的发挥需要更高水平的进攻和防守技术。所以,真正的技术表现为能够在激烈对抗的比赛中使自己的水平得到正常地发挥。另外,仅仅依靠足球技术也很难获得比赛的胜利,顽强的意志品质也是必不可少的条件。特别是在势均力敌,以弱胜强的比赛中,意志品质的作用更能弥补技术的不足,发挥出超常的水准。足球运动员的意志品质主要体现在三个方面:勇敢顽强的拼搏作风,情绪的自我控制能力以及敢于冒险的无畏精神。因此,运动员必须在这三个方面加强培养,增强自己的意志品质,为足球技术的充分发挥提供有利条件。

4.足球运动技术的意识渗透越来越强

运动员对比赛中攻守规律的认识,并按照临场变化而适时地采取正确、合理、有效行动的敏捷思维能力是意识的反应。在足球场上,如果运动员只是简单的重复技术,而未将意识纳入其中,且也没有用意识指导技术,那么,这些技术就只是机械运动,是没有灵魂的,其运动价值也就无从谈起了。将意识渗透到技术中去是一个极为复杂的过程,它不仅要求运动员具备坚实的技术基础,还要求运动员对足球运动具备足够的感悟能力,对比赛基本规律有一定的认知,更要求运动员具备正确判断场上瞬息万变形式的判断能力。目前,提高足球意识要从儿童少年初学足球时开始,把意识的培养贯穿到技术训练中去,着重提高技巧。另外,对于足球意识和天赋较好的运动员,一定要重视他们,并采取适当的措施,进一步培养他们的足球意识,挖掘他们的潜力。

5.足球运动技术的即兴发挥能力越来越强

运动员根据比赛场上瞬息万变的环境及突发的情况,能够灵活机智地采取应急措施的能力,即为即兴发挥能力。打破原有技术动作的结构,达到预期的目的。在足球比赛中,经常会出现一些无法预料的事情,这就需要运动员具备较高的应变能力和即兴发挥能力,以适应各种突发状况,依据需要,在时间短、空间小的情况下采用某些超常的技术满足比赛的要求。在足球运动比赛中,运动员技术的即兴发挥具有非常重要的作用和意义,也充分体现了足球的巨大魅力。它对运动员主要有以下六方面的要求:第一,必须具有全面娴熟的技术;第二,必须具备迅速抉择的意识;第三,必须具备敢于冒险的精神;第四,必须具备机敏冷静的头脑;第五,必须具备快速应变的能力;第六,必须具备良好的身体素质,而且都要在一刹那间表现出来。

(二)足球进攻技术与防守技术的发展趋势

1.足球进攻技术的发展趋势

(1)运球

现代足球运球技术向着简练、娴熟和实用的方向发展,要具备快速带球奔跑以利用前方空间的技术;具备快速变向、掩护和抬头观察同伴位置的技术。在自己的防守区域时尽量不选择运球,而在进攻区域时,尤其是在对方腹地时要敢于运球,敢于突破,可以采取冒险渗透的策略;运球和突破在于创造射、传机会或利用人数优势;具备在对手贴身紧逼下迅速扩大视野角度的控球转身技术;具有运用身体护球、控球的能力。

(2)传球

现代足球传球技术不断发展,传球技术要求运动员双脚都能娴熟的进行短、中、长距离的传球,把握效率,传球的落点选择依次是防守身后、向前传同伴脚下、转移传球,最后选择是回传或横传。

(3)射门

现代足球的射门技术要以射门的基本原则为基础,即能直接射则不间接射、能空中射则不落地射、宁射偏而不射高,并且还要掌握争顶技术,鱼跃顶射、远射和补射技术等,根据角度、远度和守门员的位置,合理地把握射门的力量与准确性,给对方球门施加最大的压力。

2.足球防守技术的发展趋势

运用防守技术首先要突出稳定性,不能断球时采用抢球,不能抢球时则利用封堵,不能随便就失掉自己的防守重心和位置,要依据球的位置选择与对手的距离,既要注意追盯和换位呼应,还要注意位置职责与队形。

(1)断球

断球时要注意观察对方的动作,隐蔽断球意图,待时机成熟时,以恰当的角度果断、迅速上前断球。

(2)抢球

抢球时的角度要对着持球队员,尽量采用站立式抢球,在持球者带球直线突进或在位于球门附近的边线和底线时可考虑运用倒地铲球的技术。抢球时侧向站立、盯住对方的控球并运用佯抢虚晃的方式对持球者施压,果断选准时机快速出击,要注意符合规则的要求,避免产生不良的后果。

不能断或抢时则运用封堵技术,堵的角度要迫使持球队员向内向外或横向活动,离持球者近则使其侧传,远则给对手前传角度,在封堵时既要有耐心又要适当的对其施压,迫使对手无法从容的抬头观察,看中抢夺时机,果断快速出击,在破坏球时,应力求击球远、高和两侧方向。无论在一对一、保护或回撤时,都要始终站于对手与内侧球门中点的连线上。

第二节　足球运动无球技术训练实践

一、足球运动无球技术

(一)起动

1.原地起动

原地起动指运动员在一次激烈对抗后,进入体能调整时,根据场上情况使自己身体进入下一轮的跑动中。起动时,头和肩迅速领先伸出,蹬地并跟随短小步幅跑;前几步保持低重心,用力摆动两臂。

2.运动中起动

运动中起动指运动员在身体处于位移的过程中(主要是在走或慢跑),根据场上情况,使自己的身体快速进入比赛节奏所要求的跑动中。起动时,随时观察场上情况,脚步处于预动状态;要用力蹬地并跟随短小步幅跑,依距离加大、加快步幅和步频。在接触对手时要保持低重心。动作过程中要自然摆动两臂。

(二)跑动

足球比赛中的"跑",要求运动员必须随时能够起动、急跑、急停或减速,并通过扭转虚晃身体来及时改变运动方向。足球比赛中的跑需要随时改变速度和方向,必须使身体重心降低并使脚接近地面;双臂的摆动应比正常冲刺跑的幅度小,这样有助于身体平衡及敏捷地调整步法。

1.快跑与中速跑

进行快跑与中速跑时,应依据比赛场上的即时情境,在制造"空当"时,应采取中速跑;在插入对方防守"空当"时,应快跑甚至是冲刺跑。在快跑或中速跑时,除了正确的身体动作之外,应保持身体重心的稳定,降低前腿及膝的高度,两臂摆动要适度、自然;注意腿的动作速度,避免腾空时间过长。

2.冲刺跑

在足球运动中,冲刺跑多用于后场截球后的反击,无球队员此时应选择进攻的最佳空间,快速冲刺到最合理的位置,接应同伴的传球,给对手致命一击。冲刺跑时身体向前的动力来自蹬地,队员应保持身体的放松,头部不要晃动,摆臂有力但不要紧握双拳,以免引起全身肌肉的紧张。

(三)晃动

上身侧倾及以身体垂直轴为中心的扭转便是晃动。多数晃动动作用以欺骗对手的重心向一侧移动从而失去平衡,达到突破对方防守的目的。无球状态下摆脱对手紧盯时也要和有球一样,以肩、腿、髋和臂的虚晃达到欺骗对手的目的。晃动效果在很大限度上取决于急停、起动和转身这些无球技术的熟练程度。稳定性是保证完成上身最大幅度虚晃动作的基础。若稳定性差,假动作的逼真性和多样性就会受到限制。

(四)跳跃

1.双足跳

把身体重量均匀地分布于前脚掌,两脚基本与肩同宽,身体稍向前倾,头不要向前伸得太远,有力地向上甩臂,寻求最佳的屈膝角度以跳得更高。

2.单足跳

起跳时起跳腿置于身体前且脚跟先着地,身体稍后倾以协助制动,起跳腿屈膝以便用力蹬地,后腿随屈膝动作摆起,同时两臂用力前上摆,力求全力向上,避免向前。

(五)保护

1.倒地保护

倒地时不要硬撑,而要迅速团身转体顺势滚动,然后迅速站起。

2.跳起落地倒地保护

落地时身体失去平衡倒地,不要用手硬撑,而要迅速屈膝、团身、转体、顺势滚动,然后迅速站起。

二、足球运动无球技术训练

(一)跳跃训练

在足球训练中,运动员经常会采用以下几种训练方法进行练习:

(1)足球运动员采取背向教练员坐或蹲的姿势,当教练员从背后掷出球后,足球运动员立即起动追赶球。

(2)采取头、脚、左侧身、右侧身等姿势的朝向起跑方向的俯卧姿势做好准备,看到教练员视觉信号后,迅速起动疾跑25~30米。训练的间歇时间由原来的5分钟逐渐递减为30秒,每次缩短时间为10秒。

（3）足球运动员在看到教练员发出的视觉信号后，开始做面向、背向、侧向起跑方向的滚翻动作，疾跑距离为 25～30 米，训练间歇时间由原来的 5 分钟逐渐减递为 30 秒，每次缩短时间为 10 秒。

（4）足球运动员进行 25～30 米的沙地或锯末地、泥泞地的疾跑训练。

（5）进行 5°～10° 的站立式上坡跑训练，或 25～30 米的斜坡跑训练。足球运动员在起动时应以教练员发出的视觉信号为准。间歇时间应逐渐递减。

（6）足球运动员在队长带领下，进行 5×10 米的模仿跑训练。训练的间歇时间为 180 秒。

（7）足球运动员在 300～500 米的场地上进行变速跑训练。并根据教练员的指示不断进行变速训练。

（8）足球运动员在 15 米×15 米的场地上进行一人追、一人摆脱的游戏训练。训练以两人每隔 6 分钟实行交换跑的方式进行。

（9）足球运动员进行 30 米的绕立杆跑训练，立杆最短不低于 1.5 米，训练的间距为 2.5～1.5 米。立杆自前向后的间距应逐渐缩短。

（二）变向变速训练

（1）足球运动员进行 15 米全力跑训练，并训练在一个固定目标急停。

（2）足球运动员看教练员手势在 10～20 米内实行突然起动训练，并进行向左和向右转身90°或 180°、360° 的下蹲训练，以及跳跃等训练。

（3）足球运动员依据教练员手势在 20×20 米场内做与教练员手势方向相反的全力跑训练。

（4）两名足球运动员背向足球墙呈坐或俯卧、仰卧、下蹲等姿势，然后足球运动员在听到教练员将球踢向足球墙的响声后进行立即起动追球训练。

（5）在中圈内，一名足球运动员跟随另一名运动员做突然起动、起跳、急停以及卧倒等训练。

（6）足球运动员全力做沿 3 米长的正方形边线进行绕圈跑的训练。

（7）足球运动员做 30 米的"折回跑"训练。可以根据两人竞赛的形式进行训练，还可以采取定时、定间歇的训练形式。

（8）两名足球运动员做绕立柱追逐跑的训练。训练的距离为 50 米，间距为 2.5 米作立柱。

（三）起跳训练

（1）足球运动员进行"蛙跳"的追逐训练。

（2）足球运动员采取定距离或定时的"袋鼠跳"训练。定距为 50～80 米；定时为 120～180 秒。

（3）足球运动员做跑动中连续顶吊球的训练。跑道长为 30～50 米，每隔 5 米则悬挂一个吊球。

（4）足球运动员做体操凳"跛脚跑"的训练。4～5 个体操凳呈直线连接。在跑动过程中，要求足球运动员一脚踏在体操凳上，而另一脚要求踏在地面上。

（5）足球运动员进行 150～200 次的体操凳上下跳或跨越跳训练，共练习 3～5 组，训练的间歇时间为 5～10 分钟。

（6）足球运动员在体操桌上进行 30～50 次的双脚连续跳训练。起跳训练的时间不宜过长，起跳训练最好是放在运动员处于兴奋性高潮期进行，同时还应做好安全防护工作。

（四）假动作训练

（1）在训练场的中圈内可无规则设置 8～12 根立杆，足球运动员在中圈内进行快速曲线跑的训练。

（2）足球运动员进行两脚交替跨跳的训练。在训练场上画一条 1～1.5 米的折线，并在拐弯处画一圆圈，足球运动员尽量做左右两脚交替跳入圈内前进的训练。在跨跳时，足球运动员应尽量保持低重心，起跳的角度尽量要小。

（3）足球运动员间隔 3～4 米的进行排列，处在队尾的足球运动员尽力进行全速自后向前并从两名队员中间穿插跑过的训练。

（4）足球运动员在罚球区半场内进行一人追逐三人的训练。被追逐的足球运动员利用各种假动作进行躲闪，但是不能跑到训练场地外。被抓到的足球运动员接着担任起追逐的任务。

第三节　足球运动有球技术训练实践

一、足球运动有球技术

（一）传接球技术

传接球是足球运动中的基本技术，传接球是一场足球比赛中运用最多的技术，只有掌握了基本的传接球技术，才能更好地学习其他技术。

1.传球技术

传球是足球技术中运动员最基本的、需要掌握的技术。它是集体配合的基础，是完成战术配合、争取时间和空间、突破对手防线、创造射门时机的重要手段。在传球时要注意：
（1）传球应尽量快速、简练。
（2）后场尽量少做横回传，特别是在风雨天更应该注意。
（3）传球前要注意观察周围情况，正确预见同队队员和防守队员的意图。
（4）传球时要隐蔽自己的意图。

2.接球技术

（1）脚内侧接球
由于脚内侧接球时脚触球面积大，动作简单，较易掌握，所以比赛中经常使用这种技术接各种地滚球、空中球、反弹球、平球。

①接地滚球。判断来球的速度和方向,及时调整身体正对来球,观察周围情况,选好支撑脚位置,膝关节微屈。接球脚根据来球的状态相应提起,膝、踝关节旋外,脚趾稍翘,用脚内侧对准来球,触球刹那,接球部位做相应的引撤或变向接球,将球控在所需要的位置上。(图 5-2)

图 5-2　接地滚球(脚内侧接球)

将球接在侧面时,支撑脚脚趾应向同侧斜指,脚内侧和来球方向成一定角度触球,同时支撑脚提踵以前脚掌为轴做适当转动,身体移动。当来球力量不大时,只需要将脚提到一定的高度,并使脚内侧和地面形成锐角轻触球,也可以在触球时用下切动作使球前进之力部分转变为旋转力,而将球接在脚下。

②接反弹球。支撑脚踏在球的落点的侧前方,膝关节弯曲,上体稍向前倾并向接球方向微转,同时接球腿提起,踝关节放松,用脚内侧对准来球的反弹路线,当球落地反弹刚离地面时,用脚内侧推球的中上部。(图 5-3)

图 5-3　接反弹球(脚内侧接球)

③接空中球。选择最佳支撑脚的位置,根据来球的高度确定接球动作的方向,接球腿要屈膝抬起,脚内侧对准来球路线,在脚与球接触前的刹那开始后撤。在后撤过程中用脚内侧触球,缓冲来球力量,接球落地后,应随即将球在地面控制住或控制在下一个动作的准备中。(图 5-4)

图 5-4　接空中球(脚内侧接球)

(2)脚背正面接球

①接较大抛物线球。根据球的落点,及时移动到位,脚背正面上迎下落的球,当球和脚面接触的一瞬间,接球脚和球下落的速度同步下撤,此时大腿膝关节、踝关节、脚趾都保持适度的紧张,脚尖微翘将球接到需要的地方。脚背正面接球多用于接有较大抛物线的来球。(图 5-5)

图 5-5　接较大抛物线球(脚背正面接球)

②接高空下落球。脚背正面接高空落下的球时,适度背屈,并将脚微抬起,当球接触脚背的瞬间踝关节放松,将球接到身体附近。(图 5-6)

图 5-6　接高空下落球(脚背正面接球)

（3）脚背外侧接球

①接地滚球。将接球点放在接球腿一侧，支撑腿膝关节微屈。接球腿提起屈膝，脚内翻使小腿与脚背外侧与地面成一锐角，并对着接球后球运行的方向，脚离地面的高度应略等于球的半径，然后大腿向接球后球的运行方向推送，同时身体随球移动。（图5-7）

图 5-7 接地滚球（脚背外侧接球）

②接反弹球。根据来球的落点及时移动到位，支撑脚站在来球落点的侧后方，除触球部位外，其他环节均和脚背外侧接地滚球相同。

（4）脚底接球

脚底接球技术易于将球接到位置并掌握在脚下，所以在比赛中经常被用来接反弹球和各种地滚球。

①接地滚球。正对来球方向，移动前迎，支撑脚站在球的侧面（或前或后均可），脚尖正对来球方向，膝关节微屈。同时膝关节微屈，接球腿提起，脚略背屈，使脚底和地面约小于45°角，且脚跟离开地面，一般以前脚掌接触球的后上部为宜。在触球瞬间接球脚前掌轻微下点，将球停住，或者根据需要在接球同时将球推向前方或拉向身后。

②接反弹球。根据来球落点，及时前移迎球，支撑脚站在落点侧后方，脚尖正对来球方向，球落地瞬间，微伸膝，用前脚掌去触球的中上部，将球接在体前。若需接在身后则应在触球瞬间继续屈膝，将球回拉，并伴随支撑脚以前脚掌为轴旋转90°以上。（图5-8）

图 5-8 接反弹球（脚底接球）

（5）大腿接球

大腿接球主要是运用大腿中前部。适用于接弧度较大的高空下落球或平行于大腿高度的来球。

大腿接球时，面对来球，接球腿屈膝抬起，以大腿中部对准来球，肌肉适当放松，在大腿触球前的瞬间，随球后撤，这样就可以轻松地将球停在脚下，使球落在与下一个动作衔接所需要的位置上。

（6）腹部接球

①接反弹球。接球者的身体正对来球方向跑动，判断好球的落点，身体前倾，腹部对准落地反弹的球，腹肌保持紧张，推压着球前进，也可以在触球瞬间身体侧转，将球接向所需要的侧面。（图5-9）

图5-9　接反弹球（腹部接球）

②接平空球。来球比较突然而且和腹部同高时，应先挺腹，在腹和球接触瞬间迅速含胸收腹，将球接下来。

（7）胸部接球

胸部接球用于接高空球，是一种极好的方法。胸部接球包括收胸式、挺胸式两种方法。

①收胸式接球。面对来球，两脚左右或前后开立，两臂自然张开，挺胸迎球，触球瞬间收胸、收腹、臀部后移将球接在体前。将球接在体侧时，则触球瞬间转体将球接在体后相应的一侧。收胸式接球多用于接齐胸高的平直球。（图5-10）

图5-10　收胸式接球方法（胸部接球）

②挺胸式接球。两脚左右或前后开立面对来球,两膝微屈,重心置于支撑面内,上体后仰,下颌微收,两臂自然张开,维持身体平衡。接触球的瞬间,膝关节伸直,两脚蹬地,胸部轻托球的下部使球微微弹起于胸前上方。(图 5-11)

图 5-11　挺胸式接球(胸部接球)

(8)头部接球

头部接球技术主要是由头部的前额接球,其特点是接触球的点较高,该动作实用性较强,适用于接有一定弧度的高球。

①接下落高球。正对来球,选好支撑脚位置并稳固支撑,当球接近时,身体不要向后倾斜过多,维持身体姿势,用前额部位对准来球,接球瞬间,稍屈膝下蹲,颈部适当放松,缓冲来球力量,使球触头后落于体前。

②接球后传给同伴。身体正对来球,选好支撑脚位置并稳固支撑,当球接近时,身体不要向后倾斜,在触球刹那,转体摆头点击给自己的同伴。这种接传方法,可根据来球的力量来增加缓冲效果。

(二)运球技术

运球,是指运动员在跑动中用脚连续推拨球,使球处于自己控制范围内的触球技术动作。利用运球可以变换进攻的速度,调节比赛的节奏。运球技术主要有以下几种。

1.脚内侧运球

运球前进时,支撑脚位于球的侧前方,肩部指向运球方向,支撑腿膝关节微屈,重心放在支撑腿上,另一条腿提起屈膝,用脚内侧推球前进,然后运球脚着地。由于肩部指向运球方向,身体侧转,虽然移动时速度较慢,但身体前倾有利于将对方和球隔开,因而这种技术多用在运球寻找配合传球时,或有对方阻拦需用身体来做掩护时。(图 5-12)

图 5-12　脚内侧运球

2.脚背正面运球

运球时,身体保持正常跑动姿势,上体稍前倾,步幅不宜过大,运球脚提起,髋关节前送,膝关节稍屈,提踵,脚尖下指,在着地前脚背正面部位触球后中部将球推送前进。由于脚背正面运球时身体持正常跑动姿势,所以可以发挥出较快的速度,因而这种技术多用在运球前方一定距离内无对手阻拦时。

3.脚背内侧运球

运球时,身体稍侧转并且自然协调放松,上体前倾,步幅小,运球腿提起外展,膝微屈外转,提踵,脚尖外转,使脚背内侧正对运球方向,在运球脚落地前用脚背内侧推拨球,使球随身体前进。脚背内侧运球中,由于身体稍侧转,不能采用正常跑动姿势,因而不适用于高速运球。但由于接触部位与支撑位置的特点易于完成向支撑脚一侧的转动,所以多用于向支撑脚一侧的转动变向运球。

4.脚背外侧运球

运球时,身体保持正常跑动姿势,步幅不宜过大,上体稍前倾,运球腿提起,髋关节前送,膝关节稍屈,提踵,脚尖绕矢状轴向内旋转,使脚背外侧正对运球方向,在运球脚落地前用脚背外侧推拨球的后中部。脚背外侧运球可以发挥出较快的速度,与脚背正面运球有相同的用途。另外,利用脚腕的动作可以很快改变脚背外侧面所正对的方向,故在运球脚一侧改变方向时也多采用这种运球方法。这种方法能用身体将对手和球隔开,所以在掩护时也常使用。(图 5-13)

图 5-13　脚背外侧运球

5.运球过人

（1）拉球过人

拉球时，前脚掌放在球的上部或侧上部，另一脚放在球的侧后方支撑，然后触球向后下方用力将球拉回。（图 5-14）

图 5-14 拉球过人

（2）拨球过人

运用拨球时，利用脚踝关节向侧的转动，达到脚背内侧或脚背外侧触球，将球拨向身体的侧前方、侧方、侧后方。（图 5-15）

图 5-15 拨球过人

（3）扣球过人

扣球和拨球的运用差不多，不同的是它的用力是突然的并伴随着突然转身或急停，使对手在来不及调整重心的瞬间，突然从反方向拼命送球越过对手的防守。

①脚背内侧扣球过人。（图 5-16）

②脚背外侧扣球过人。（图 5-17）

（4）挑球过人

挑球是指用脚背部位触球的下部并突然向上方挑起，在对手来不及实施挡球动作时球就已越过，运球者随球迅速跟进的运球方法。运用挑球时要注意一般球不要挑得太高。

图 5-16　脚背内侧扣球过人

图 5-17　脚背外侧扣球过人

（三）踢球技术

踢球是指用脚的不同部位有目的地把球击向预定的目标。踢球是足球技术中最重要的技术，主要用于传球和射门。踢球的方法主要有以下几种。

1. 脚背正面踢球

脚背正面踢球又称正脚背踢球，由于其解剖特点，摆幅相对较大，加之用脚背踢球时与球的接触面相对较大，因而踢球力量也大，准确性也较强。但出球的方向及性质相对变化较小。在比赛中经常使用脚背正面踢定位球、空中球、地滚球、反弹球及倒勾球等。球的性质多为不旋转的直线球，但也可用来踢抽击性前旋球。

（1）踢定位球

用脚背正面踢定位球时，运动员直线助跑，最后一步要稍大些，支撑脚在球的侧面 $10\sim12$ 厘米处积极着地支撑，膝关节微屈，小腿屈曲，脚尖正对出球方向。踢球腿随跑动向后摆动，支撑的同时踢球腿以髋关节为轴，大腿带动小腿由后向前摆动。当膝关节摆至接近球的正上方

时,小腿做爆发式的摆动,脚趾屈,以脚背正面部位击球的后中部,击球后身体和踢球腿随球前移。(图 5-18)

图 5-18　踢定位球

(2)踢地滚球

踢球时,直线助跑,最后一步稍大。支撑脚积极着地,踏在球的侧方约 10～15 厘米处,脚尖正对出球方向,膝微屈。同时踢球脚向后摆起,膝弯曲。在支撑脚着地的同时,以髋关节为轴,大腿带动小腿由后向前摆。当膝盖摆至接近球的垂直上方的刹那,小腿加速前摆,脚背绷直,脚趾扣紧,以脚背正面击球的后中部。踢球后,身体要有随前动作并跨出一两步。

(3)踢反弹球

根据来球的速度和轨迹,判断好球的落点、落地时间和反弹起来的路线。身体要正对来球反弹方向,支持脚要踏在球的侧方。当球要落地,踢球腿的小腿急速前摆。在球刚刚反弹离地时,以脚背正面击球的后中部。(图 5-19)

图 5-19　踢反弹球

(4)踢体侧凌空球

根据来球,先判断好球的运行路线和确立好击球点。身体侧对出球方向,上体向支持脚一侧倾斜。当球落到髋部高度时,踢球腿的大腿高抬,接近与地面平行。以大腿带动小腿急速挥摆,用脚背正面踢球中部。(图 5-20)

图 5-20　踢体侧凌空球

（5）立体位踢倒勾球

根据来球的速度、运行轨迹等，及时移动到位。脚积极支撑，选择支撑位置时应考虑将击球点放在身体的前上方。上体后仰，支撑腿膝关节微屈，踢球腿以髋关节为轴向上方摆动。当球落到身体前上方适当高度时，用脚背正面击球后部，将球向身后踢出。（图 5-21）

图 5-21　立体位踢倒勾球

（6）凌空踢倒勾球

根据来球的速度、运行轨迹等，选好击球点，及时移动到位。以踢球腿为起跳腿蹬地起跳，同时另一腿上摆，眼睛注视来球，身体后仰腾空。蹬地腿离地后迅速上摆的同时，另一腿则向下摆动（以相向运动来保证身体在空中的平衡），以脚背正面击球的后部。踢球后，两臂微屈，手掌向下，手指指向头部相反方向着地，屈肘，然后背、腰、臀部依此滚动式着地。（图 5-22）

图 5-22　凌空踢倒勾球

（7）搓击球

踢球腿的摆动主要依靠小腿的前摆。助跑和支撑和脚背正面踢定位球相同。当脚插入球下部触球的一瞬间,脚背屈,小腿做急速向下提摆动作,施加给球的力量不通过球的重心,使球产生回旋。（图5-23）

图 5-23　搓击球

2.脚内侧踢球

它是脚内侧部位（跖趾关节、舟骨、跟骨等所形成的平面）踢球的一种方法。其特点是脚与球接触面积大,出球准确平稳,且易于掌握。但由于踢球时要求大腿前摆到一定程度时需要外展且屈膝,故大腿与小腿的摆动都受到限制,因此出球力量相对较小。

（1）脚内侧踢定位球

直线助跑,支撑前的最后一步稍大些,支撑脚站在球的侧面约15厘米处,脚尖正对出球方向,支撑腿膝关节微屈。在支撑脚着地时,踢球腿大腿带动小腿由后向前摆动,在前摆的过程中大腿外展,当膝关节的摆动接近球的正上方时小腿做爆发式摆动,在触球前将脚跟送出使得脚内侧部位所形成的平面与出球方向垂直,踢球脚脚底与地面平行,脚尖微微翘起,踝关节功能性地紧张使脚型固定,触（击）球后身体跟随移动,髋关节向前送。（图5-24）

图 5-24　脚内侧踢定位球

（2）脚内侧踢空中球

根据来球速度和运行轨迹及时移动到位,踢球腿大腿抬起（屈）并外展,小腿屈并绕额状轴后摆,利用小腿绕额状轴由后向前摆动,当摆至额状面时与球接触,击球的中部。（图5-25）

图 5-25　脚内侧踢空中球

（3）脚内侧踢反弹球

根据来球落点及时移动到位，支撑脚的站位与球的落点应保持踢定位球时的相对位置。踢球腿摆动与踢定位球时相同。在球着地后刚弹离地面的瞬间用脚内侧击球的中部。

3.脚背内侧踢球

这是一种用第一跖骨及跖趾关节部位触击球的踢球方法。其技术结构与前两类踢球方法相同，但技术细节则有所区别。

（1）脚背内侧踢定位球

斜线助跑，助跑方向与出球方向约成 45°，最后一步稍大，以支撑脚底积极着地，脚尖指向出球方向，距球内侧后方 20～25 厘米，膝关节微屈。在支撑同时，踢球腿已完成后摆，并开始以髋关节为轴大腿带动小腿由后向前摆动，当大腿摆至与支撑腿接近同一平面时，小腿做爆发式摆动，此时脚尖外转、脚背绷直，以脚背内侧部位触击球。击球后踢球腿及身体继续随球向前。（图 5-26）

图 5-26　脚背内侧踢定位球

（2）脚背内侧踢各种方向来的地滚球

根据来球的速度、运行轨迹，选好击球时的位置并及时移动到位。在选择支撑点时应考虑到来球的情况和摆腿的速度，以保证脚触球的瞬间，球与脚的相对位置仍能保持规格要求。

（3）脚背内侧踢反弹球

根据来球的落点及时移动到位，在球离地（反弹）的瞬间踢球，其他的动作要求与踢定位球相同。这种踢球方法多用于踢侧方或侧前方来的空中下落的球。

（4）脚背内侧踢空中球

根据来球速度、运行轨迹，选好击球点及时移动到位，身体侧对出球方向，用来球方向的异侧脚支撑，支撑脚脚尖指向出球方向，身体向支撑脚一侧倾斜，展腹。支撑脚站位后，大腿带动小腿由后向前摆动，当大腿摆至接近与击球点成一直线时，小腿做爆发式摆动，用脚背内侧击球的中部。同时身体向出球方向扭转，眼睛始终注视球。击球后，踢球腿顺势前摆以维持身体平衡。

（5）脚背内侧削踢定位球

踢弧线球时，脚背内侧部位击球的后中部，摆腿的方向不通过球心，沿弧线前摆，在击球的瞬间，踝关节用力向内转，使球侧旋沿弧线运行。（图 5-27）

图 5-27　脚背内侧削踢定位球

4.脚背外侧踢球

脚背外侧踢球又称外脚背踢球，这种踢球方法是用第三、四、五跖骨部位接触球的一种方法。

踢这种球摆腿方向变化较多，脚踝灵活性较大，且助跑时又是正常的跑动姿势，所以其出球隐蔽性较强，足球比赛中各种距离的弧线及非弧线球均可使用。

（1）踢定位球

助跑、支撑脚站位和踢球腿摆动均与脚背正面踢球技术的三个环节相同，脚触球是用脚背外侧部位。要求膝关节与脚尖内转，脚背绷紧，脚趾紧屈并提膝，触（击）球后身体随踢球腿的摆动前移。

（2）削踢定位球

用脚背外侧部位击球的后中部。摆腿的方向不通过球心，沿弧线前摆，使球侧旋沿弧线运行。

（3）弹踢球

摆腿以膝关节为轴的小腿爆发式弹摆为主，摆动方向为前摆、侧前摆和侧摆。击球后踢球腿迅速收回，由于这种方法踢球腿摆幅小，并且是以小腿摆动为主，所以完成动作快、突然，而且隐蔽性强，多用于快速运球中的传球。（图 5-28）

图 5-28　弹踢球（脚背外侧踢球）

（4）踢地滚球

踢球的动作规格要求和踢定位球相同，但支撑脚站位时应考虑球的滚动速度，以保证在脚触球的瞬间支撑脚与球的相对位置符合规格要求。这种踢法可用于踢前方、侧前方以及正侧方和侧后方来的地滚球。

（5）踢反弹球

踢法与脚背正面踢反弹球的方法基本相同，只是接触球时用脚背外侧部位触（击）球。

5.脚尖踢球

（1）捅球

脚尖捅球是一种用脚尖部位接触球的方法，这种方法可以借助踢球腿的最大长度，踢那些距离身体较远的用正常脚法无法踢到的球。用支撑腿跳跃上步，髋关节尽量前送，踢球腿屈膝前跨，两臂上摆协助身体向前，小腿前伸，在踢球脚落地前用脚尖捅球的后中部。（图 5-29）

图 5-29　捅球（脚尖踢球）

（2）搓踢过顶球

摆腿的动作是从后向前下方用力。脚掌贴擦地面，脚尖插入球的底部。用脚趾根部搓球的底部，使球由脚尖经脚面向前上方回旋而出。搓球后，小腿不必做随前动作。

6.脚跟踢球

由于人体结构的特点,决定了脚跟踢球所产生的力量小。但它的出球方向向后,所以有突变性和隐蔽性。

(1)踢内侧球

踢球脚自然跨到球的前方,屈膝提腿,小腿突然而快速向后摆,脚尖翘起,用脚后跟击球前中部,将球向后踢出。(图 5-30)

图 5-30　踢内侧球(脚跟踢球)

(2)踢外侧球

踢球脚先自然向前摆,当摆过支撑脚时,立即向支撑脚一侧交叉后摆,脚尖翘起,用脚后跟击球前中部,将球向后踢出。(图 5-31)

图 5-31　踢外侧球(脚跟踢球)

(四)颠球技术

颠球是指运动员用身体的各个有效部位连续地触击球,并加以控制,尽量使球不落地的技术动作。颠球技术可以分为以下几种。

1.挑球

将地面静止的球挑到空中就是挑球。挑球是颠球练习的第一步。将支撑脚踏在球的侧后方25～30厘米处,膝关节微屈,身体重心移到支撑脚上,牢固支撑身体重心,挑球脚的前掌轻轻放在接近球顶部位,屈小腿,将球轻轻拉向身体,当球被拉动后,前脚掌迅速地并向往回滚动的球下伸去,在球滚至趾背的同时,脚趾伸、小腿微伸、大腿屈,并向前上方轻轻用力将球挑起。(图5-32)

图 5-32　挑球

2.正脚背颠球

双脚交替向前上方摆动,脚背击球。击球瞬间踝关节紧张,击球的下部。由于摆腿的原因,击球后球产生一定的内向旋转是正常的。颠球时两脚可交替击球,也可一只脚支撑,另一只脚连续击球。击球时用力要均匀,使球始终控制在身体周围。(图5-33)

图 5-33　正脚背颠球

3.脚内侧、外侧颠球

支撑腿膝关节微屈,重心移至支撑脚上,用脚的内侧或外侧向上摆动,击球的下部,两脚内侧或外侧可交替击球,也可单脚连续击球。(图5-34,图5-35)

图 5-34　脚内侧颠球

图 5-35　脚外侧颠球

4. 大腿颠球

支撑腿膝关节微屈，身体重心移至支撑脚上，用大腿的中前部位向上击球的下部。两腿可交替击球，也可一只脚做支撑，用另一侧的大腿连续击球。（图5-36）

图 5-36　大腿颠球

5. 肩部颠球

两臂自然下垂或微屈肘，两脚自然左右开立，身体重心移至两脚间。当球下落至接近颠球

一侧肩部高度时,肩上耸,击球的下中部将球向上颠起。(图 5-37)

图 5-37　肩部颠球

6.头部颠球

两脚开立,膝盖微屈,头部上仰,用前额部位连续顶球的下部。两眼要注视球,两臂自然张开,以维持身体平衡。顶球用力不要太大。(图 5-38)

图 5-38　头部颠球

(五)抢断球技术

抢断球技术是指运动员在规则允许的范围内,使用身体的合理部位将对手的控球权夺过来或者破坏掉的技术。

1.正面跨步堵抢

两脚前后迎运球者开立,两膝微屈,身体重心下降并置于两脚间。当距离缩小到一定范围(即抢球者上前跨一大步可能触及球),运球者脚触球后即将落地或刚刚落地时,后脚用力蹬地并跨步向前,以脚内侧去堵截球。(图 5-39)

图 5-39　正面跨步堵抢

堵住球时,另一只脚应迅速上步。若抢球脚堵住球,对手也堵住球时,则应将另一只脚迅速前移做支撑脚,抢球脚在不脱离球的情况下迅速向上提拉,使球从对手脚面滚过,身体重心也迅速跟上并将球控制好。

2.合理冲撞抢球

并肩与运球者跑动追球时,应重心稍下降,靠近对手一侧的手臂紧贴身体,利用对方同侧脚离地的过程,用肘关节以上部位适当冲撞对手同样部位,使对手身体失去平衡,乘机将球控制住。(图 5-40)

图 5-40　合理冲撞抢球

3.正面铲球

接近控球者,膝关节微屈,重心下降。当控球者触球脚触球后尚未落地时,抢球者双脚沿地面向球滑铲,随即用手扶地做向一侧的翻滚,并尽快起身。

4.同侧脚铲球

根据双方离球的距离做出判断,当对手不能立即触球时,用异侧脚用力蹬地,使身体向前方跃出,同侧脚沿地面向前滑出的同时向外摆踢,用脚背外侧将球踢出。也可用脚尖将球捅出,接着向对手一侧翻转,手撑地迅速恢复到下一个动作所需要的位置。

5.异侧脚铲球

跑动中双方都不能用正常的动作触球时,应根据与球的距离,同侧脚用力蹬地使身体跃出,异侧脚向前沿地面对着球滑出,脚底将球铲出。然后小腿外侧、大腿外侧、手依此着地。或铲出球后身体向铲球腿一侧翻转,手撑地后立即起身,使身体恢复到与下一动作衔接的状态和位置。(图5-41)

图 5-41　异侧脚铲球

(六)头顶球技术

头顶球技术是指运动员有目的地用头的前额骨把球击向预定目标的动作,头顶球是足球比赛中不可缺少的重要技术之一。头顶球技术主要包括以下几种。

1.前额正面头顶球

这是由额肌覆盖着的额骨正面部分去击球的一种动作方法,可分为以下几种。

(1)原地头顶球

眼睛注视运动中的球,身体正对来球方向,两脚开立,膝关节微屈,重心置于两脚间的支撑面或后脚上,两臂自然张开。当球运行到将垂直于地面的垂线时,迅速向前摆体,两腿用力蹬地,微收下颌,在触球瞬间颈部做爆发式的振摆,用前额正面击球中部,上体随球前摆。(图5-42)

图 5-42　原地头顶球（前额正面头顶球）

（2）原地跳起头顶球

两膝屈，重心下降，然后两脚用力蹬地起跳，同时两臂屈肘上摆，在身体上升阶段展腹挺胸，眼睛注视来球，两臂自然张开，身体自然成背弓。当球运行至身体额状面时，迅速收腹，上体前摆，触球瞬间颈部做爆发性振摆，用前额正面将球顶出。同时两腿向前做振摆，球顶出后两腿屈膝屈踝落地。（图 5-43）

图 5-43　原地跳起头顶球（前额正面头顶球）

（3）跑动头顶球

顶球的动作要领和原地顶球相同，不同是第一环节应正对来球跑出抢点。球顶出后，由于跑动速度较快，为保持平衡身体应该随球向前移。

（4）跑动跳起头顶球

根据来球的速度、运行轨迹，选好起跳位置，及时跑到起跳点。起跳的前一步要稍微大些，起跳脚蹬地跳起。同时，另一腿屈膝上摆，两臂屈肘自然上提。其余各环节和原地跳起头顶球相同。（图 5-44）

图 5-44 跑动跳起头顶球（前额正面头顶球）

（5）向后蹭顶球

向后蹭顶球分原地蹭顶和跳起蹭顶。第一环节分别与原地前额正面和跳起前额正面头顶球相同。当球运行到身体上空时，利用挺胸、展腹、扬上颌，身体向后上方伸展，用前额正面靠上的部位用力击球的下部，将球向后上方顶出去。（图 5-45）

图 5-45 向后蹭顶球（前额正面头顶球）

（6）鱼跃头顶球

判断好来球的路线与选择好顶球点后，以单脚或双脚用力向前蹬地，身体接近水平状态向前跃出。同时两臂微屈前伸，眼睛注视来球，手掌向下，利用身体向前跃出的冲力，用前额正面顶球。顶球后，两手先着地，手指向前，接着以胸部、腹部和大腿依次着地。（图 5-46）

在比赛中，对于离身体较远的低空球来不及移动到位处理，必须抢点击球时（如抢救险球、射门等），可使用鱼跃头顶球技术。

图 5-46　鱼跃头顶球（前额正面头顶球）

2.前额侧面头顶球

（1）原地头顶球

根据来球的运行速度、运行轨迹，及时移动到位。两脚开立，出球方向的异侧脚在前，重心逐渐过渡到前脚上，前膝微屈，眼睛注视来球，两臂侧前后自然张开，当球运行至体前上方时用力蹬地，前脚掌并适度旋转，上体随着向出球方向扭摆，同时用力向击球方向甩头，以前额侧面击球的后中部。

（2）跑动头顶球

跑动头顶球和原地额侧头顶球动作要领相同，不同的是此动作是在快速跑动中开始和完成的，而且注意完成动作后的身体平衡。

（3）跳起头顶球

跳起头顶球可以分为原地跳起顶球和助跑跳起顶球。

起跳动作及第一环节和前额正面跳起头顶球相同。在起跳后的身体上升阶段上体向出球的相反方向侧摆，在身体达到最高点时，上体急速向出球方向摆出，颈部扭摆甩头，用前额侧面击来球的后中部，将球击向预定的目标。（图 5-47）

图 5-47　跳起头顶球（前额侧面头顶球）

二、足球运动有球技术的科学训练

(一)传接球技术的科学训练方法

1.传球技术训练方法

(1)两人传球技术练习

①斜传直插传球练习:练习者 A、B 相距 8～10 米,A 直插接 B 的斜传球,然后 A 再斜传,由 B 插接球。(图 5-48)

图 5-48　斜传直插传球练习

②直传斜插传球练习:练习者 A、B 相距 8～10 米,B 斜插接 A 的直传,A 传球后快速斜插,接 B 的横传球,再重复以上的练习。(图 5-49)

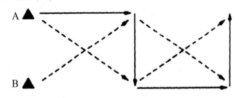

图 5-49　直传斜插传球练习

(2)三人传球技术练习

练习者 A 与 C 相距 20～30 米,各持一球,B 为中间接应人,A 短传球给 B,B 迎球回传给 A,返身迎 C 的短传球,并回传给 C。以此重复练习。B 可定时与 A 或 C 交换位置。(图 5-50)

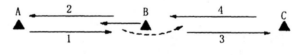

图 5-50　三人传球技术练习

2.接球技术训练方法

(1)将球踢高,然后进行接反弹球的各种练习。

(2)利用足球墙进行练习。采用足球墙练习各种方法接地滚球。由开始原地接逐渐过渡到迎上去接,或开始接在脚下,逐渐过渡到接在设想的适宜位置上去。根据需要可加大踢球力量,提高反弹球速,增加接球难度。另外,也可练习接反弹球与空中球,但利用足球墙进行接旋转球的练习效果不佳。

(3)三人一组进行接球转身练习。每人相距 10 米站成一条直线,甲传球给中间的乙(正对接球者传,或传到接球者附近),乙迎上来接球转身,传给另一端的丙,丙迎上接球然后再回传给乙,乙接球转身传给甲,如此循环往复。中间位置的人可轮流交换。

3.传接球技术结合训练方法

(1)两人迎面传接球练习

①两人一组,二人面对面站立,相距 5 米左右,一人用手抛球,另一人接各种空中球的练习。

②两人一组,每组一球,两人相距 10 米进行传接球,队员用脚内侧接球,用同侧脚内侧传球。

③两人一组,二人相对站立,相距 20 米左右,相互做拨或扣球后用脚背内侧传空中球。

(2)两人跑动传接球练习

①跑动中直接传球。两人一组,相距 10 米左右,在跑动中直接传球给跑动中的同伴。传完球后再继续向前跑动。如此反复练习直至场地的另一端,然后再返回或者围绕足球场跑动传球。

②练习方法同上,但中间可设标杆或其他标志。传出的球要求穿过障碍。

(3)三人跑动传接球练习

①三人一组,各相距 8 米左右,在跑动中两边的队员直接传球。然后三人轮换位置。开始可规定踢球方法、距离、跑动速度,然后逐渐采用多种踢球方法加长距离和加快速度。

②训练队员在配合中接应短传球和回追转身踢远传球。

③三个人在 20 米见方的场地中穿插跑动,并做传球和接球练习,两个人抢断球,开始消极抢,然后积极抢。

(二)运球技术的科学训练方法

1.基本运球技术训练

(1)慢跑中分别用单脚的脚内侧运球,脚背正面运球,脚背外侧运球,运球方向沿直线进行。

(2)慢跑中沿弧线运球。用脚内侧、脚背内侧、脚背外侧沿中圈线做顺时针、逆时针运球练习。

(3)慢跑中单脚交替用脚背内侧和脚背外侧运球沿折线运行。

(4)在慢跑中双脚交替用脚背内侧运球沿折线运行。

(5)抬头运球练习。队员站在教练员对面成一列横队(或不成队形),相距 15 米以外。教练员给手势后,队员按教练员手势所指方向运球前进,队员要随时注意教练员不断变换的方向和不断变化的位置。

(6)运球绕杆练习。队员成一路纵队。第一人依此过杆后传球给后人,后人重复第一人的动作,依此进行。若每人一球则可在前一人运球后,次一人即开始,依此运球绕杆到排尾。

(7)拨球练习。在一定范围内自由运球,按手势用一只脚做支撑,另一只脚用脚背内侧或外侧拨球绕支撑脚做圆周运动,两脚轮流练习。

(8)扣球转身变向运球练习。在一定范围内自由运球,听到哨音后用一只脚支撑,一脚用脚背内侧做扣球,使球改变方向应在 90° 以上,身体随其转动沿改变后的方向继续运球。

(9)运球中扣球变向 180°再运球练习。练习者成一路纵队,第一人向标杆运球越过标杆后扣球急停转身 180°,然后从标杆另一侧运球返回,在返回时第二人可开始运球。

(10)拉球练习。在一定范围内自由运球,听到哨音后用一只脚作支撑脚,另一只脚用脚前掌触球顶部,拉球绕支撑脚做圆圈运动,一步一步拉球。

(11)拉球转身 180°运球练习。在一定范围内自由运球,听哨音后用一只脚支撑,另一只脚拉球至身后,沿拉球脚一方转体 180°继续运球。

(12)单脚交替后拉球转体 180°练习。如先用左脚支撑,右脚拉球向后转体 180°,右脚迅速着地做支撑,左脚踏在球顶部,如此交替进行。

(13)扣拨组合练习。每人一球沿折线向前运球,运球中用右脚脚背内侧扣球,扣球后用右脚支撑,接着左脚脚背外侧立即向斜前方拨球,可继续运两步球(或不运球),然后右脚支撑,左脚脚背内侧向右斜前方扣球后成左脚支撑,接着用右脚脚背外侧向斜前方推拨球,依此进行。进行这种练习应注意扣球方向能保证运球路线沿折线行进,扣球变向的角度不可太大,扣球后另一只脚应立即用脚背外侧拨球。

2.运球过人技术训练

(1)内引外拨练习。练习者用脚内侧做斜线内引运球,控制速度,运球平衡,当教练员发出信号,练习者快速改用脚外侧拨球,并起动加速跟上球,将球控制后再做斜线内引运球,以此重复练习。

(2)过人突破练习。队员分成两组,由教练员传球。每组每人都做一次进攻,一次防守,计算各组的成功率以分胜负。

(3)变向运球练习。练习者运球至旗杆处做变向过杆,旗杆间距为 5 米。练习者做完后慢速运球返回原处,依次循环练习。

(4)一攻一防练习。一人持球,另一人防守进行过人突破练习,防守者可由消极防守逐步过渡到积极防守,可定时交换,也可谁控制球就由谁进攻,另一人防守。

(三)踢球技术的科学训练方法

1.踢球基本练习

通过观察踢球的正确动作,练习者可以在教练员的带领下,了解和掌握踢球技术的五个基本环节,为熟练掌握踢球技术打下基础。

(1)无球模仿练习

在地面上设想有一目标,跨步上前做踢球动作,然后过渡到几步慢速助跑的踢球模仿动作练习,最后可做快速助跑踢球的模仿动作练习。练习中应注意要有设想球,尤其是设想触球一瞬间踢球脚踝关节的固定和脚背绷紧。

(2)踢固定球练习

可以采用一人把球踩在脚下,另外一人用脚的不同部位踢球,体会脚的触球部位。

(3)踢定位球练习

可对足球墙、足球网自己练习,也可采用各种形式的对练,练习的距离由近至远,这一阶段练习的重点应放在动作的协调性和准确性上,而不是放在踢球的力量上。

2.踢地滚球练习

通过观察、判断来球的速度和方向,调整自身的控制能力,并根据出球目标选择支撑脚的位置。可以踢从正面、侧面或侧后方传来的球;可以限定脚法,也可视来球任意选用脚法进行练习。

3.利用足球墙和标杆做踢旋转球的练习

可将标杆插在踢球者与墙之间,标杆与人及墙的距离视需要而定,开始可大些,当技术掌握后再逐步缩小。

各种旋转球的练习都可以利用足球墙进行,尤其对初学者,使用足球墙既可充分利用练习时间增加练习次数,又能使练习者较好地集中注意力掌握技术规格。对于要求提高技术的练习者,足球墙同样也是一个有力的帮手。

4.各种脚法的两人练习

不论是传球还是射门练习,都可两人进行,若两人练习踢定位球,则辅以接球练习;若进行踢活动球练习,则可相隔一定的距离进行不停顿的连续传球练习。

5.踢墙练习

(1)距墙5米进行踢球打墙练习。主要强调小腿的摆动、脚与球接触面、支撑环节是否正确。

(2)距墙5米踢墙练习一段时间后,可将距离加到25米左右,再进行中等力量的练习,此时大腿的摆动更应引起重视。

(3)当踢静止球有一定基础后,可逐步增加踢个人控制的活动球及球墙所碰回来的活动球。

(四)颠球技术的科学训练方法

1.一人一球颠球

(1)原地颠球

每人一球用某一部位颠球,或用多部位颠球(如脚背正面和脚内侧交替进行)。亦可安排高、低交替颠球,让练习者用某个部位颠几次球后,用力将球颠高接着改颠低球,高高低低,反复交替进行。体会触球部位和力量,可增加难度,提高控球能力。

(2)行进间颠球

每人一球颠球向前移动,保持稳定性,尽量使球不落地。可由慢到快逐步提高练习难度。

2.两人一球颠球

用脚背、大腿、头部以及身体各有效部位触球,掌握好触球的力量,尽量不让球落地。每人可触球一次或多次后传给对方,连续进行。

3.四五人一组颠球

(1)四五人一组,围圈用两球颠球。可规定每人触球的次数与部位,也可自由掌握触球的次数和部位。颠传时要注意观察,避免将球传给正在颠球的队员。

(2)四五人一组一球,围圈颠传抢。规定一人在中间进行抢截,周围颠球者可颠传给同伴,待抢截者触到球和颠球者球落地,二者即交换角色。

(五)抢断球技术的科学训练方法

1.两人一球练习

(1)原地抢球练习

将球放在队员甲脚前,队员乙与其相距两米,队员乙上步做正面脚内侧堵抢练习,当队员乙触球瞬间队员甲也用脚内侧触球。让抢球队员乙体会上步动作及触球部位,两人可轮换做抢球。

(2)运动抢球练习

甲、乙两队员相对站立,队员甲运球跑向乙(慢速),队员乙选择好时机实施正面脚内侧堵抢技术。当甲、乙两队员在练习中同时触球时,抢球队员乙立即提拉球,将球拉过队员甲的脚面并控制住球。经过一段练习后,可在触球瞬间两人同时提拉,体会掌握提拉的时机。

2.慢跑合理冲撞练习

两人同方向慢跑,在跑的过程中两人可做适当的合理冲撞,体会冲撞的时机和冲撞的部位以及冲撞时如何用力等。

3.争抢球练习

在两队员前 5 米处放一球,听到哨音后两人同时向球跑去。要求两人同时跑动,选择适当的位置和时机合理冲撞将球控制。经过一段练习后,可将静止球变为活动球,即教练员持球站立,两队员站立在其两侧,当球沿地面抛出后,两队员同时起动追赶球,利用合理冲撞将球控制住。此练习也可在冲撞的瞬间做身体超前和迟后的突然躲闪后控球。练习时,事先应明确练习不一定用冲撞后控球的方法,让练习者在追抢过程中自由选择抢球方法,达到控球的目的。

4.侧后追赶抢球练习

一人直线运球前进,另一队员由后赶至成并肩时伺机实施合理冲撞并控制球。练习时要求运球者能给予抢球者配合,让抢球者得到练习,速度可以由慢到中速循序进行。

5.铲球练习

一人一球将球放在前面某一位置,练习者选择适当位置站立,原地蹬出做铲球动作练习。

基本掌握铲球动作后,可将球沿地面缓慢抛出,自己追球将球铲掉,以体会如何对滚动的球实施铲球动作。

熟练地掌握铲球动作后,再用这一方法进行铲控、铲传的练习。

6.侧后追赶铲球练习

一人直线运球前进,另一人由后追赶至适当位置抓住时机进行铲球练习。要求运球者给予适当的配合,使铲球者能在对手运球过程中体会实施铲球动作。

7.综合练习

将抢截球技术的练习与射门或传球等练习结合起来进行。根据训练任务,对攻守方分别提出不同的要求。

(六)头顶球技术的科学训练方法

1.个人头顶球练习

(1)做头顶球模仿动作练习。

(2)自己双手举球在头前,用前额正面或侧面去触击球,体会触球部位,培养顶球过程中注视来球的习惯。

(3)利用吊球进行练习。改变吊球架上足球的高度进行各种顶球的练习。

(4)利用足球墙进行练习。自抛球由墙弹回时,进行各种顶球练习。

2.两人头顶球练习

(1)两人一组一球,面对面站立,间隔10米,一人抛球,另一人原地和跳起头顶球。

(2)两人一球,相距20米左右,甲脚传头顶球飞向乙,乙顶回给甲。数次后轮换传、顶球。

(3)头顶球射门练习。顶球队员站在罚球弧附近,掷球队员站在球门内或球门侧面将球抛至罚球点附近,顶球队员跑上顶球射门。

(4)鱼跃头顶球练习(在垫上或沙坑里练习)。先进行鱼跃落地动作练习,较好掌握落地动作后,一人抛球,另一人在垫上进行鱼跃头顶球练习。

3.多人头顶球练习

(1)两人以上在一起进行抛球——头顶球练习,这样可以培养对运行中球的速度、轨迹的判断能力,身体摆动协调正确及出球的准确性等。

(2)向后蹭顶球。三人一组排成一条直线,各相距10米左右,甲抛球给乙,乙蹭顶给丙,丙接球后再给乙,乙又蹭给甲,如此循环往复。

(3)争顶球练习。三人一组,一人传球,另两人与传球人相距20米以外。传球队员传出高球,两人争顶(一人防守,一人进攻)。这种对抗性的练习,更接近比赛实际情况。可将上述练习移至门前,一人在侧面传高球(或踢角球),另两人在罚球点附近,其中一人向外顶球,另一人向球门里顶球。

第六章　足球运动战术的实践研究

　　足球战术的定义就是在足球比赛时,为了战胜对手根据实际情况所采取的个人或者集体配合的方法和策略。它与运动员的身心素质和技术能力紧密相关。本章首先对足球运动战术进行概述,然后具体研究足球运动进攻战术训练、足球运动防守战术训练。

第一节　足球运动战术概述

　　足球战术的实质就是在比赛瞬息万变的局势下,根据自己掌握的知识、技能,适当有效的发挥自己的身体的潜能,取得胜利。要想战胜对手必须要有较强的战术意识,它是运动员进行比赛时的自觉心理活动,是对比赛客观显示的有目的、自觉的反映,是运动员根据比赛场上的攻守态势,自觉选择与运用技战术行动的瞬时决断能力的体现。只有具备这些素质才能根据比赛中随时变化的情况,灵活地改变预定的战术方案,运用战术变化,最终达到预期的比赛目的。

一、足球战术的特征与分类

(一)现代足球战术特征

1.机械的战术分工消失

　　现代足球比赛中,全攻全守战术打法的运用得到了极大的发展,锋卫职责机械分工已经消失。比赛队员大范围机械跑位十分频繁,后卫插上助攻直至射门得分,前锋退居门前积极防守的现象是很常见的。

　　全攻全守思想的贯彻,需要全面化的运动员。单凭技术或只靠体力来进行比赛的运动员在绿茵场上已经基本消失。全攻全守的先驱者——荷兰队教练米赫尔斯曾经说:"全面化的队员必须具备敏锐的机智,根据场上攻守情况,需要他到哪里起什么作用他都能承担,这样把所有的力量加起来才是总体战术。"因此,运动员在技术和战术意识、身体素质及心理品质等诸方面获得全面的发展,是实现现代战术打法的基础。这样,使得以往机械的战术分工消失。

　　当然,队员位置机械分工的消失并不等于比赛场上队员没有位置职责分工。比赛实践表明,技战术全面化的队员仍然有着自己的位置,并且是本位置的"专家"。在这个基础上,其次才是其他各位置的"能手",根据比赛主客观实际,出色地、创造性地完成本队总体战术赋予他的各项任务。

2.时间、空间的主动权争夺速度节奏快

足球比赛中战术的贯彻,需要争夺时间与空间。快速争夺时空主动权是足球比赛取胜的关键。时间是指进攻或防守队员在完成技、战术过程中在时机、速度、节奏变化方面具有时间性的特征。空间是指攻守双方在距离、方位、角度方面具有空间性的特征。总之,双方争夺时间空间主动权的目的是争夺对球的支配权。所以足球比赛的时间与空间都有其特定的含义,主要体现在以下方面:

(1)运动员在高速运动与激烈对抗中,对球速与落点、对手与同伴的位移速度和方向的观察与判断。

(2)完成技术动作时,对时间与空间掌握的程序。

(3)充分利用场地,发挥本队技、战术水平,争取射门得分等。

争夺时空主动权,敏锐观察和准确判断是前提,足球意识和经验是基础,快速行动、高超的技术和同伴支援是保证。优秀选手最突出的特点就是视野开阔,时空判断能力强,能更早地预测将会出现的局面,快速争夺控球的主动权,以达到本队的战术目的。

3.队形与阵形合理组合

比赛队形是指比赛场上队员的位置分布,是球队攻守力量搭配和职责分工的形式。它是战术的一个组成部分。比赛队形运用的目的是使每名场上队员在明确基本位置和主要职责的前提下,充分发挥个人的智慧和全队的攻守特点,以克敌制胜。

队形是阵形在不同比赛场合下更具体、更严谨、更灵活的运用,需要周密组织、随机变化的人员组合。队形是一个队攻守战术效应的重要基础,凡不能保持良好队形的队,攻必乏力,守必漏洞。阵形与队形完美结合的核心要有利于创造和利用时空间或控制和封锁时空间。队形分为整体与局部两大类。优秀队在比赛中整体队形压扁,一般在40米左右,三条线脉络清晰,间距合理;局部地区队形往往是三角形。合理的队形进攻中利于支援,防守中利于保护补位。

4.集体与球星完美结合

比赛的实践证明,只有训练有素的整体和出类拔萃的球星完美地结合,才能夺取更多的胜利。首先,足球比赛是集体运动项目,取胜需要发挥整体力量,即使是球星离开了同伴的支援,单枪匹马难现光彩。但是,我们也要看清,球星的作用是巨大的。球队由若干队员组成,每名队员的竞技水平直接影响整体成绩。球星是球队的核心,拥有特长或者其绝招比同伴高出一筹,在比赛中起到了别人无法替代的积极作用,教练员往往围绕球星制定攻防战术打法。

(二)足球战术的分类

足球比赛是攻守矛盾组成的。攻和守不断地转换组成了比赛的全过程。因此,足球战术可分为进攻和防守两大系统。进攻和防守中又分别包含着个人战术和集体战术两类。比赛实践证明,成功地组织战术和巧妙地运用战术是夺取比赛胜利的重要因素。

足球战术的分类如下。

1.阵形

阵型分为:"四三三"阵形、"四四二"阵形、"三五二"阵形、"四五一"阵形。

2.进攻战术

进攻战术包括:个人进攻战术、局部进攻战术、集体进攻战术。
(1)个人进攻战术:传球、射门、运球、过人、接球、掷球、摆脱、跑位等。
(2)局部进攻战术:传切二过一配合、交叉掩护二过一配合、"三过二"配合等。
(3)集体进攻战术:阵地进攻战术、快攻战术等。

3.防守战术

防守战术分为个人防守战术、局部防守战术、集体防守战术。
(1)个人防守战术:盯人、选位、抢截等。
(2)局部防守战术:保护、补位、临近位置配合等。
(3)集体防守战术:区域盯人、混合盯人等。

4.定位球战术

定位球战术可分为任意球进攻战术、角球攻守战术、界外球攻守战术。

二、足球战术的指导思想与运用原则

(一)足球战术的指导思想

足球比赛的胜负,一般取决于比赛双方的作风、技术、战术和身体素质等方面的因素。一般来说,作风是战术的前提,技术是战术的基础,而身体素质又是战术的保证,这四者之间是相互联系、相辅相成的关系。优秀的追求运动员要具备勇猛顽强、敢打敢拼、一往无前的作风,合理而全面的技术,能攻善守又快又活,应变能力强,并有身体素质作为后盾,才能保证战术的丰富多彩,运用自如和较高的成功率。在一般情况下,比赛双方在作风、技术、素质等方面大体相当时,因此,战术运用是否得当,往往成为决定成败的关键。战术指导思想是指指导自己训练实践的主导思想和应遵循的基本原则。因此,战术指导思想实际上是训练工作中的一个方向性问题。正确的战术指导思想是通过反复地训练实践总结出来的。只有在正确的思想指导下,才会有得当的训练方法和手段,才能使训练工作行之有效,从而取得更好的比赛成绩。

近年来,随着竞技体育的不断发展,足球也取得了飞快地进步,世界各国的职业化联赛已向着产业化的方向发展。要想取得足球比赛的胜利,勇猛顽强,能攻善守,快速准确,机动灵活的战术是必须要具备的。无疑,上述要求作为我们战术训练的指导思想,在比赛时才能很好地发挥战术的作用和不断地提高足球运动技术水平。

1.机动灵活

所谓机动灵活的战术指导思想,是指在任何情况下都要扬长避短,随机应变,取得比赛的胜利。机动灵活的战术原则的执行关键在于以下几点。

（1）知己知彼

所谓"知己知彼"就是经过调查研究，了解自己对手的情况，分析对手的特长和弱点，然后发挥自己的特长及利用对手的弱点。这是足球战术最根本的出发点。如果做到了这一点，即使处于被动的地位，也往往能扭转颓势，以弱胜强。

（2）要重视对核心球员的培养

在训练中要有意识地培养一批核心球员，以在复杂多变的比赛环境中应付战局。足球比赛时间长，人数多，对抗激烈，战况异常复杂，全队要想协调一致地执行预定的战术策略，就要有几名核心队员起到组织和指挥的作用。核心球员所具备的基本条件是：顽强的斗志，高度责任感，成熟丰富的战术素养，出色的攻防技术，运用各种脚法的传球能力，充沛的体力以及队内较高的威望等。

2.快速、准确

足球比赛的目的是射门得分，而要想取得射门得分的机会，就必须要采取快速进攻的策略，因为快在高校足球比赛中具有重要的意义。快包括应变速度、动作速度、跑动速度和配合速度等。在足球比赛中，有时只要比对手快零点几秒，就可掌握比赛的主动权甚至创造射门得分的机会。据相关统计，从后场向前场进攻，如果超过10秒以上的时间还未能到达射门的地点，那么在对方禁区附近的射门就会被严密封堵，因而射门成功率就会大大降低。因此，快速进攻、快速回防、快速反击是足球发展的重要趋势之一。

快速的基础是充沛的体力、闪电般的反应能力、高度的个人突破技巧，准确的传球技术，以及在瞬时投入进攻队员之间的默契配合。因此，一个队要体现出快速的风格，对队员身体素质、技术、战术意识和意志品质都提出了更高的要求。准确的基础是神经的高度灵活性、良好的意识、熟练的技术和训练有素的身体素质。运动员只有通过经常的运动训练才能取得良好的效果。快是一个速度问题，难是一个效果问题，只有快和准二者紧密结合起来，才能达到更好的战术效果。快速与准确是密切联系而不可分的两个方面。只快不准，就不能很好地发挥技术和战术的作用，光准不快，往往会贻误战机，难以取得有效的进攻率。因此既快又准，才是战术指导的基本原则。

3.作风顽强、能攻善守

足球运动是一项对抗性很强，争夺非常激烈的项目。因此，勇猛顽强的战斗作风对技战术的发挥就具有十分重要的意义。在足球战术运用中，技术、意识和身体素质都占有十分重要的地位，然而，顽强的作风却是最为关键的因素。因此，在战术训练中要十分注重对运动员作风的培养。所谓勇猛顽强的战斗作风，即在任何情况下都要做到遇强不惧，遇弱不懈，胜不骄，败不馁，在整场比赛期间都要充满顽强的斗志和作风。这种作风，应该成为每一个足球运动员应有的美德。

足球的快速发展，要求足球运动员要积极进攻，以攻为主，能攻善守，目前，足球战术攻守体制已经融为一体，进攻时，要快速、准确；防守时，要围逼抢截。而在由攻转守时，也要就地反抢，这已成为足球战术发展的规律。若在前场丢球，就近球员必须上去拦阻、抢截。在由守转攻时,处于原来第一线的队员应替代位于第二、三线的队员。因此,足球比赛不仅要求运动员要具备出色的进攻和防守能力,还必须具备攻中有防、防中有攻的战术思想。

(二)足球战术运用的原则

1.进攻战术原则

在足球运动中,球队都须在遵循进攻原则的前提之下,统一认识、统一行动。比赛中,守方队员从对手脚下夺得球或攻方队员将球踢出场外、攻方队员犯规使守方队员获得控球权的瞬间,进攻就开始,也就应该贯彻进攻战术原则。应遵循的进攻战术原则有以下几点。

(1)纵深

在足球比赛中,双方的攻守转换的频率非常快,运动员首先应迅速创造和利用有效的进攻纵深,突破对方防线,向对方球门区快速推进,迅速地攻击对方球门。因此,以最快的推进速度兵临对方球门,形成攻门之势是进攻战术的原则之一。而运动员敢于并善于向防守者身后空当运球突破、传球、切入、插上,是纵深原则在比赛中运用的具体体现。准确、快速、简练的技术动作,良好的向前跑动意识和能力,以及全队默契的局部与整体的进攻配合都是取得进球的关键。

(2)宽度

在足球比赛中,如果不能迅速创造有效的进攻纵深的话,应努力确保本队控球权,充分利用球场宽度,通过有意识地向场地两侧跑动散开或不停地交叉换位将防守者向两边拉开,为实施纵向的渗透突破增大进攻的时间和空间创造条件。拉开的宽度应根据攻防双方队员的活动及位置的情况和场区的不同而异。而在足球比赛中,要想有效地运用宽度进攻原则,运动员必须具备准确的横斜向传球,尤其是中、长距离传球的技术能力和良好的向两边做转移性传球的意识。而接应队员则须具备不失时机地拉开和占据场地两侧空当的跑位意识和跑动能力,为纵深的渗透进攻创造有利条件。

(3)渗透

在纵深实施的基础上,须通过传球、带球等技、战术手段渗透突破对方防线。前锋队员频繁地跑位,带动防守队员移动,一旦出现空当,要迅速地传球切入,加快进攻的速度,使对方措手不及,达到利用进攻空当的战术目的。

(4)应变

应变原则要求进攻队员通过积极主动、快速多变的有球和无球活动,不断变化进攻的节奏、方向、位置、区域、距离和高度等,从而使防守一方顾此失彼、防不胜防。运控球或过人突破过程中的假动作和无球跑动中摆脱对手的能力是实现机动灵活的重要手段。应变原则主要体现在即兴创造射门机会和运用射门技术方面。在对方门前的有效射门范围内,尤其是抬腿射门瞬间,进攻队员所有的技、战术行为都是在进攻时间和空间相当紧迫的强对抗条件下实现的。这要求运动员必须在最短的时间内,在实施攻击的多个可能中随机应变地筛选出射门得分的最佳方式,或为同伴制造杀机,或自己果断轰击对方球门。

2.防守战术原则

足球比赛中,一旦本队失去控球权即意味着防守的开始。在防守时,球员要遵循的防守战术原则有以下几点。

（1）延缓

在足球比赛中,最大限度地延缓对方进攻的推进速度是快速建立有效防守体系的先决条件。由攻转守的瞬间,有球区域的防守队员需就地、就近阻截,尽可能封锁对方向前传球或带球推进的路线,迫使对手横传或回传球,以减缓其进攻的速度,粉碎其快攻的企图,从而赢得其他防守同伴迅速回防到位,形成以多防少有利局面的宝贵时间。

（2）平衡

足球比赛在防守过程中,不仅要延缓,而且其他防守队员应快速回防到位,尽快抢占对手与本方球门之间的防守要害区域及防守位置,力求防守人数与对方进攻人数的对等均衡,甚至超过对方进攻的人数,以保证本队形成安全稳固的有利防守局面。

（3）收缩

防守收缩原则是在回撤布防、形成正面防守的过程中,防守队员在横向与纵向之间合理的相互靠拢和收缩,缩小防区、集中兵力、有效地控制门前要害区域,这也是足球比赛中非常重要的一个原则。其一般原则是整体防线向球场的中轴线和本方门前的方向呈"漏斗型"收缩靠拢;向有球区域一侧收缩靠拢,并形成纵横交错、相互保护和补位的紧密防守队形,压迫所有可能威胁本方球门的空间。

（4）控制

随着对手向本方球门的逐渐接近,必须尽快收缩门前防区,形成人数上的优势和有组织的密集防守。要严密控制进入本方门前30米区域的有球进攻队员和插上的进攻队员,盯紧逼牢,不给对方任何突破和射门的机会,还要注意在防守时要尽量避免不必要的犯规。同时,对进入有效射门距离内的有球进攻队员要实施贴身紧逼防守,最大限度地限制其行动自由,实现对进攻队员、球、空间的有效控制。球员在防守时还要随时注意保护本方球门的安全,对手一旦形成射门,防守队员必须及时、果断地上前封堵其射门路线,并加强对守门员的保护。

3.个人攻防战术运用原则

（1）个人进攻战术运用原则

①本方得球后立即进攻。

②传球后积极跑动。

③主动迎上接球,不要等球。

④合理运用运控球。

⑤在任何时候、任何地点,有同伴比自己位置更好、更能获得向前或射门机会时,要及时、坚决地传球。

⑥在本方罚球区地带尽量避免回传或横传球。

⑦接控球时,应力争在空中或球的第一落点处理或接控好球。

⑧在可运球、可控球、可传球的情况下,应坚决选择传球。

⑨在对方罚球区附近的有效射门区域内,持球队员应首先选择射门,并注意跟进,以便进行补射。

⑩对方罚球区附近的持球队员在无本方同伴接应或接应不力的情况下,应果敢地进行运

球过人突破,或保持球权等待有利进攻时机。

（2）个人防守战术运用原则

①失球后立即防守。

②选择正确的防守位置。

③球近人近,球远人疏,人球兼顾。

④个人防守的一般步骤如下:断抢—盯逼防其转身—面对僵持并伺机抢截—转身追抢或破坏。

⑤防守时,尽量不让球越过自己,避免经常性的转身回追防守。

⑥对控球或即将接控球的进攻队员要紧逼控制,在可能的情况下尽量不让进攻队员接球转身面对自己。

⑦对已经控球转身面对自己的进攻队员,要尽量避免轻易出脚抢断而被其突破,应尽可能将其逼入不利于进攻的局面,伺机抢截或破坏。

⑧经常使自己面向球进行正面防守,以便随时观察到球的活动情况。

⑨防守时不要随便踢球出界而轻易失去控球权。

⑩坚决避免不必要的犯规。

三、足球战术的发展趋势及其训练要求

（一）足球战术的发展趋势

随着足球运动的发展,人们越来越清楚地认识到,成功地组织战术和巧妙地运用战术是夺取比赛胜利的重要因素。特别是职业足球的兴起与发展,使得足球战术发展本质上得到了飞跃,展现了现代足球运动整体的时代脉络和前进的步伐。现代足球全攻全守战术打法在比赛中的运用与发展,使得以前的锋卫职责机械分工逐渐退出了足球竞技的舞台。比赛中队员上下、左右大范围灵活机动的配合,经常会出现前锋退居门前防守,后卫插上助攻直至射门得分的情况。当今世界足球运动进攻发展呈现如下趋势:"全面型"的打法成为整体发展趋势,在此基础上掌握进攻节奏。快攻反击与定位球进攻成为进攻战术的主导。采用"多变型"的战术行动。战术运用趋向于快速、合理、简练、实效。这是一个有机的整体,它们是相辅相成的。"快速"是合理、简练、实效的结果;"合理"是战术运用的出发点,是基础;"简练"是快速的前提和实效的具体表现;"实效"是战术目的最根本的目标。从整体来看,足球战术的发展趋势如下。

1.足球运动战术的机械分工逐渐消失

由于全攻全守战术打法的运用及快速发展,球场上已经不再有位置职责的机械分工,比赛中队员前后、左右大范围机动灵活的穿插跑位十分频繁,后卫参与进攻直至射门得分,前锋积极回防,甚至退守门前解围的现象经常出现。

这里所说的机械分工消失,并不代表可以随意、无要求的安排运动员的位置和分工,而是要求队员在什么样的位置上,就要负责这个位置,这就对运动员技术的全面性提出了更高的要求。实际上全面化的队员需要具备全面的素质,包括技术、战术、身体素质和心理等诸方面,不仅是本位置上的"专家",而且是其他位置上的"好手",并能依据比赛的主客观实际,出色地、创造性地完成任务。

2.足球运动战术逐渐呈现出快速争夺时空权的趋势

夺取胜利是足球比赛的最终目的,而取胜的关键在于双方在时间和空间上夺取主动权,力争夺取对球的支配权。时间是指攻防双方在完成技战术意图过程中在时机、速度、节奏变化方面所具有的时间性特征。空间是指攻守双方在距离、方位、角度方面所具有的空间性特征。由此可知,足球比赛的时间、空间均有其特定的含义,而且在足球比赛中发挥着极为重要的作用,不仅是攻守双方对球控制能力的综合反映,也是现代足球运动发展的重要趋势之一。这主要体现在时间、空间上的限制与反限制、控制与反控制间的矛盾与争夺。

夺取时空主动权的前提在于敏锐观察和准确判断,基础是足球意识和经验,而快速的行动、高超的技术和同伴支援是保证。几乎在足球比赛中的任何地方都充分体现着时空主动权的争夺,其中,最常见的主要有以下几个方面:

(1)运动员快速、激烈对抗中对球速与落点;

(2)对手与同伴的距离;

(3)角度和方位的观察与判断;

(4)完成技术动作中对时间、空间尺度的掌握;

(5)充分利用场地宽度与纵深发挥己队员技战术水平,力争射门得分等方面。

所以,队员视野开阔,对时空判断能力强,就能更早地做出预测与决断,快速主动争夺时空权,从而达到战术目的。

3.足球运动战术的阵型和队形呈现出有机组合的发展趋势

比赛阵型指的是场上队员的位置分布,它也是球队攻守力量搭配和职责分工的形式。比赛阵型要依据本队队员的能力和对手的特点来制订。阵型是战术组成的一个部分,是战术运用的基础和前提,没有好的阵型,在一定程度上也会对战术的运用效果产生影响。阵型的主要目的是在每名队员明确基本位置和主要职责的前提下,高度灵活、机动合理地调配攻守力量,充分发挥个人的智慧和集体的攻守特点,克敌制胜。

阵型在比赛中不同情况下更具体、更严谨、更灵活的运用,主要体现为队形的变化和不同组织需要。队形是一支球队攻防战术效应的重要基础,不仅要对其进行周密的组织,还需要其他人员进行随机应变的配合。一般情况下,队形可分为两大类:整体和局部。在快速的攻防转换中,为了夺取对球的控制权,比赛中整体队形压缩在 40 米左右,前、中、后三条线应保持紧密的衔接,在局部区域队形多为"三角形"。间距合理的队形有利于充分发挥全队与个人的力量和特点,攻利于支援接应,守利于保护补位。由此可知,阵型和队形有机结合的核心在于制造和利用空间或控制和封锁空间。

4.足球运动战术的集体和球星完美结合是重要发展趋势

足球运动是一项由若干成员组成的集体项目,每名队员的竞技能力都会对全队的成绩产生直接影响。球星作为球队的核心,拥有特长或绝招而比同伴胜出一筹,在比赛中往往具有不可替代的作用,而具有这种球星的球队,通常会围绕球星的主要特点和特殊技能来制订一些战术打法。同时也可以看出,尽管球星在球队中起着核心的作用,但他的能力的发挥无法凭借个人来体现,必须要有同伴的支援和掩护才能完成,否则,球星的作用也无法得到发挥。因此,足球比赛最终取胜需要发挥整体力量。实践表明,只有训练有素的球队和出类拔萃的球星完美结合,才能夺取比赛的胜利。

只靠技术、体力在赛场上奔跑的现象已经消失了,现在的趋势是发展成为全攻全守全面化的运动员。当然,替代了队员位置机械分工并不意味着就没有位置职责的安排与分工,是要求队员全能表现,在哪个位置上就能胜任哪个位置的职责。

(二)足球战术训练的要求

针对现代足球战术训练的要求主要有以下四个方面。

1.战术练习方法

练习方法要具有系统性;选择多种方式进行练习,避免练习单一;经常进行来自实际的对抗练习,小组或者局部的对抗训练,小型或者全队比赛的实战训练。

2.身体素质训练

进行科学训练,制订合理的训练计划,对特殊情况(身体不适、有运动损伤史、女运动员经期等)身体素质不达标者,要详细了解情况后制订战术训练计划。

3.精神训练方面

通过训练改善球员的注意力、行为等,在每段练习后要适当放松,达到松紧结合;要发展球员的竞争意识,有竞争对手,有时间限制,联系实践,在比赛中达到自觉地培养竞争意识。

4.战术训练的目的与效果

在战术训练期间增加球员的战术意识;并形成具有球队特点的独特风格;同时增强个人与球队在比赛中的有效性;提升球员的集体责任感。

第二节　足球运动进攻战术训练实践

一、个人进攻战术及其训练

(一)个人进攻战术

个人进攻战术是指在比赛中为了战胜对手而采取的符合整体进攻目的的个人行动。运动员在个人进攻战术包括传球、射门、运球突破和摆脱跑位等。运用个人战术的水平直接影响着局部和整体的进攻战术质量。有时因为一个人的失误,可能会造成整个队进攻战术被对方瓦解,致使比赛失利。因此,个人进攻战术的中心理念就是要保证个人技术水平及各方面的素质和能力都达到一定的水平,才能更好地提升整个团队的战术水平。

1.摆脱与跑位

当队员得球后,要发动一次进攻,同队的队员的任务就是摆脱对手的紧逼,或制造宽度,造成空当,给有球同伴创造多条传球路线,把进攻推向对方球门区,争取射门进球。在对手紧逼的情况下,多数的跑位都要采用摆脱的动作。

(1)摆脱

摆脱对手紧逼的方法可以采用突然起动、冲刺跑、急停、突然变向、变速和假动作。但应明确摆脱的目的是为了拉出空当,制造有利的传球位置。摆脱方法的运用如图 6-1 所示。

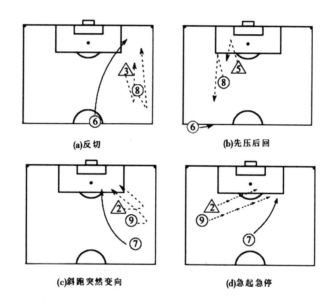

图 6-1　摆脱

图中△表示防守方,○表示进攻方,实线表示传球线路,虚线表示队员无球状态下的跑动线路

(2)跑位

跑位就是有目的地跑向有利位置或空当。一场 90 分钟的比赛,一个队员控制球的时间一般不超过两分钟,大量时间都在不断地跑动,由此可见跑位的重要性。有人说,会踢球的人非常能跑,而且是会跑的人。这句话是有道理的。

2.传球

(1)传球战术运用的要求

传球是组织进攻、变换战术和创造射门机会的有效战术的方式。选择传球目标,准确把握传球时机,控制传球力量、落点与旋转是传球的主要战术内容。传球是比赛中运用最多的技、战术手段。运动员在接球后,多半是传给同伴,而控球权也是通过传接球激烈争夺所获得的,比赛胜负的关键在于球队的传球水平。

传球的目的要明确,运动员要具备快速反应和判断能力。传球的方式主要有两个:一个是传向同伴脚下;另一个是有利于同伴的空当传球。在比赛中,为了灵活应变赛场上的战术变化,通常会结合多种传球方法,如横传、回传等,增加了比赛激烈程度。在比赛时还要掌握好传球的时机,默契的配合、恰当的传球力度和落点是成功传接球的关键。

(2)传球时要注意的问题

①中距离传球可以加快进攻推进速度,失误又相对较少,所以多采用中距离传球。

②要尽量避免让对方抢截球或者断球,要抓到时机,迅速传球。

③在传球时有很多因素需要考虑,如顺风时,少传直接球和长传球,传球的力度也要小一些;逆风时,多采用短传球和低球,适当增加传球力度;下雨地滑时,多传脚下球;场地泥泞时,多传空中球,少传地滚球。

3. 射门

(1)射门战术运用的要求

组织进攻战术的最终目的就是为了射门,是比赛中攻防争夺的焦点。如果想在对方严密防守和紧逼拼抢的情况下保证有效的射门,必须要有强烈的射门欲望,善于抓住瞬间的射门时机,选择合理的射门方式。在射门时要准确、突然、有力;射门前,对守门员的位置和移动情况要仔细观察,并迅速做出判断,选择好射门角度,一旦出现射门机会,就快速地起脚射门,任何犹豫都可能会错失射门良机;要力争抢点直接射门。

①从图 6-2 来看,射守门员的远角,即射向远端球门柱的 A,比射守门员的近角即近端球门柱的 B,会使守门员更难扑救。

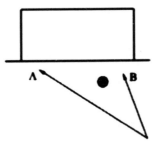

图 6-2　远端射门

②从图 6-3 来看,守门员移动到 B 点比到 A 点快,如加上倒地需要的时间,A 点比 B 点更远。所以,射低球进球机会更多。

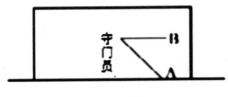

图 6-3　射低球

(2)射门战术时要注意的问题

①射门战术的核心观念是"快""准",所以射门动作要快,射向目标要准。

②在前场罚球区附近的持球队员首先要选择射门。

③在前场的持球者面对只有一位防守者防守时,而且暂时没有本方队员接应时,坚决进行突破射门。

4.运球突破

(1)运球突破战术运用的要求

①随着防守技、战术的提高,运球突破技术运用难度增大,而其战术作用也相应加大。特别在对方罚球区附近,要鼓励队员使用快速而娴熟的运球突破技术,摆脱对手逼抢,创造出有利的空当和射门机会。

②要根据对手的不同特点采用不同的运球突破方法。如对手速度较慢可采取变速突破,对手喜欢封堵路线,可以利用变换运球方向与动作突破等

③与被突破者保持适当的距离。一般以抢球者能触到球,但要稍远于运球者的距离为宜。

(2)运球突破时要注意的问题

①既要鼓励队员在前场敢于逼近对手运球突破,又要使队员掌握几种过硬的运球突破方法和技巧。

②要对对手了如指掌,根据不同特点的选手运用不同的突破方法。

③运球突破时要控制好球,一旦突破,要不失时机地传球、射门。

④对运球突破的时机、距离、方向要掌握好。在对手抢截范围半径外,当对手犹豫不决或身体重心移动时,从其身体重心移动的反方向果断运球突破。

⑤运球突破的队员要切忌在本方后场滥用运球突破。

（二）个人进攻战术训练

个人进攻战术在足球比赛中占有举足轻重的地位,个人进攻战术主要有以下几种训练方法:

(1)在40米×40米方块场内。进行同时多人、多球的传球与接应练习。最重要的是对传球目标选择的训练,要注重培养队员观察、与同伴呼应等技巧。随着练习的熟练,可以增加练习用球的数量和限制触球次数。

(2)移动接球训练。接应队员避开障碍物旗杆,向两边空当接同伴的传球。接球后再回传给同伴,再向另一边移动接球,以此重复练习。可定时交换练习。

(3)一抢二训练。在长25米、宽15米的范围内进行一人抢球,二人传控的练习,控球一方的无球队员要积极选位接应。防守者抢到球即成为控球一方,由失误的队员担任防守者。可计时交换位置重复进行练习。

(4)交叉换位训练。将人员分成两组,在前场进行交叉换位跑动,队员A与队员B交叉换位后接队员C的传球,再进行配合射门。

(5)第二空当跑位训练。接应者队员A快速跑向由同伴队员B拉出的第二空当,接队员C的传球射门。

二、局部进攻战术及其训练

(一)局部进攻战术

足球局部战术训练是提高比赛过程中局部战术的配合的最主要方法,局部配合是集体配合的基础,因此,要想取得最后的比赛胜利,局部进攻战术训练有着很重要的作用。局部配合是局部区域的 2 个或 3 个队员相互配合,无论多复杂的进攻战术或者多少名队员参加进攻配合,都是由 2 或 3 人的配合组成,在比赛中的任何场区与时间,都可以进行二过一或者二过二配合,所以二过一或二过二战术配合质量是由球队的战术水平决定的。在比赛过程中掌握好对抗情况下高质量运动战术的能力,能够非常有效地提高本队的战术水平。

1. 传切二过一配合

在局部进攻中,最常用的就是传切配合,它指控球队员将球传给切入的进攻队员的配合方法。传切配合的形式有局部传切配合和转移长传切入配合。

(1)局部传切配合

按传切的线路可分为:

①直传斜切。(图 6-4)

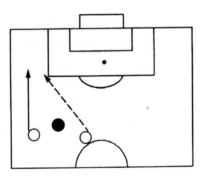

图 6-4　直传斜切

②斜传直切。(图 6-5)

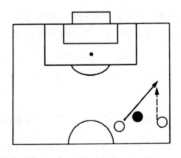

图 6-5　斜传直切

图中所述的两种战术是只通过一次传球和切入就越过一名防守队员。配合十分简捷和实用。在进行配合时,两名进攻队员要保持适当的距离。控球队员可采用运球或其他动作,诱导防守者上前阻截。

（2）长传转移切入配合

这种配合的具体运用是：一侧进攻受阻，长传转移到另一侧，切入队员得球后展开进攻。
（图 6-6）

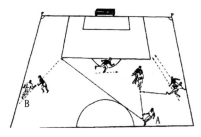

图 6-6　长传转移切入配合

2.交叉掩护二过一配合

交叉掩护配合是指在局部地区 2 名进攻队员在运球交叉换位时，以自己的身体掩护同伴
越过防守队员的配合方法。（图 6-7）

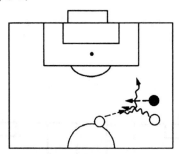

图 6-7　交叉掩护二过一配合

3."三过二"配合

在局部进攻战术中"三过二"是指 3 个进攻队员通过连续配合突破 2 个防守者的防守。

（1）如图 6-8 所示，⑦持球，⑥假接应，⑨斜插把防守支开，⑥插上至⑨制造出的空当接⑦
的传球，突破防守。

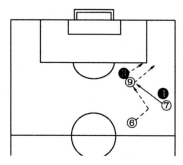

图 6-8　"三过二"配合

（2）如图 6-9 所示，⑨向后跑动接球，再将球传给⑥，⑦假动作并伺机从内线切入接⑥的传球突破防守。

（3）连续二过一。连续二过一至少由两组二过一配合组成。（图 6-10）

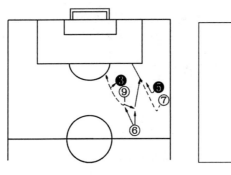

图 6-9　传球，突破防守　　　　图 6-10　连续二过一

4. 其他"二过一"配合

（1）斜传、直插二过一

如图 6-11 所示，⑥运球前进并吸引对手上前逼防，⑥斜线将球传给⑨，⑥直线插入接⑨斜传球。

（2）直传、斜插二过一

如图 6-12 所示，⑤将球斜传给⑦，⑦再直传球给斜线插入的⑤。

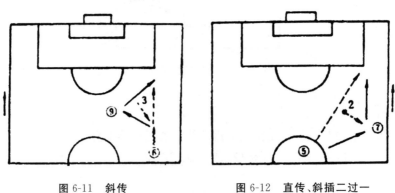

图 6-11　斜传　　　　　图 6-12　直传、斜插二过一

（3）踢墙式二过一

踢墙式二过一是两名进攻队员通过两次传球越过一名防守队员的配合方法。（图 6-13）

踢墙式二过一中对持球队员的要求有：故意带球逼近防守队员，当防守队员的注意力被吸引时，距离 2～3 米处迅速传球；传球方式最好选择地滚球，力量适度，方向准确；传球后立即快速插入，准备接球。

（4）回传反切二过一

回传反切二过一是通过三次传球组成的配合方法。（图 6-14）

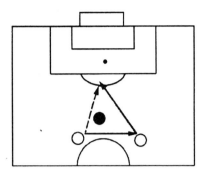
图 6-13　踢墙式二过一

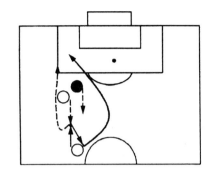
图 6-14　回传反切二过一

（二）局部进攻战术训练

在进行局部的进攻战术训练时,常用的有以下几种方法:

(1)如图 6-15 所示,两人传球,进行踢墙式配合训练。

图 6-15　两人踢墙式配合

(2)如图 6-16 所示,三人一组分两队,相距横向 5～8 米,纵向 15～20 米,进行训练。④号运球与①号做踢墙配合后将球传给②号并跑到③号的后面,①号做完踢墙配合后跑到⑥号的后面。

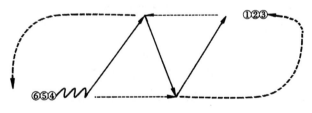
图 6-16　三人两队踢墙训练

(3)各种 2 对 1 射门训练。(图 6-17)

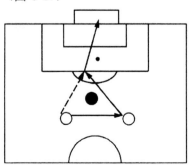
图 6-17　2 对 1 射门训练

（4）在罚球区前 10 米×10 米范围内进行二过一配合射门练习。（图 6-18）

（5）如图 6-19 所示，在 10 米×20 米场地上设两个门球进行 2 对 2 练习。防守方需有一人为守门员，在规定时间里互相开展攻守。

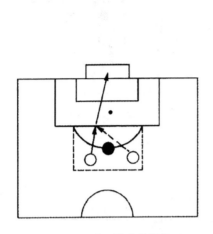 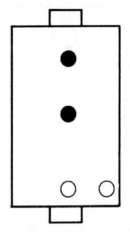

图 6-18　二过一配合射门练习　　　　图 6-19　2 对 2 训练

（6）如图 6-20 所示，连续进行二过一练习。

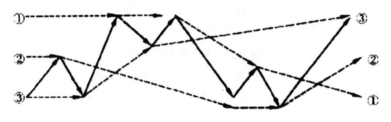

图 6-20　连续二过一练习

（7）进行打第二空当训练。如图 6-21 所示，①号持球与②③号呈三角形，相距 10～15 米。③号向第一空当扯动，①号将球传向③号扯动后留下的空当，②号插入空当接球。这时②号持球①号向原②号位置上扯动，②号将球传到原①号位置上，③号插入空当接球。

（8）如图 6-22 所示，在 20 米×20 米的方块场地进行 2 对 2 加一名中间人练习。中间人协助一方形成 3 对 2。

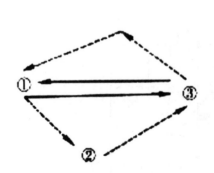 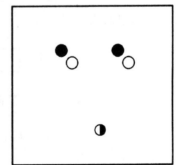

图 6-21　打第二空当训练　　　　图 6-22　2 对 2 加中间人练习

（9）如图 6-23 所示,在 20 米×30 米场内进行 3 对 3 训练,设两个球门。守方一人做守门员形成 3 对 2,连续往返攻守。

（10）如图 6-24 半场中路进行 3 对 2 射门训练。在训练中要设置规则,最多三次传球,必须射门。

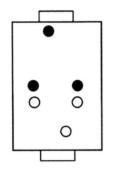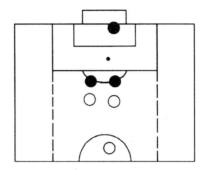

图 6-23　3 对 3 训练　　　　　图 6-24　3 对 2 射门训练

（11）在罚球区前 10 米×10 米范围内进行二过一配合射门训练。

（12）在 10 米×20 米场地上设两个球门进行二对二练习防守,须有一人为守门员,在规定时间里相互展开攻守。

（13）各种无固定配合吸纳率的踢墙式二过一训练。

（14）半场中路进行三对二射门训练,规定最多三次传球之后必须射门。

三、集体进攻战术及其训练

（一）集体进攻战术

常用的进攻方法有很多种,进攻方向不同可以分为边路进攻、中路进攻和中边路转移进攻;按照位置不同可以分为换位进攻和插上进攻;按照速度不同可以分为逐步进攻和快速反攻;按照定理不同可以分为阵地进攻、拉锯进攻等。比赛场上战术的变化万千,但最终都不会离开边路进攻、中路进攻和中边转移进攻。另外,在进攻时,要求简练、实用、快速,要迅速完成进攻,以减少进攻过程中因时间太长而造成不必要的失误。

1.阵地进攻战术

阵地进攻是指守方的队员都退回到自己的半场且占据防守位置时对其的进攻。阵地进攻的主要特点是守方没有大的空当,攻防人数平衡等。阵地进攻的关键是以用空间灵活调动防守者位置,以迫使对方露出空当,本方趁机攻破防守。阵地进攻战术主要包括以下几种进攻战术。

（1）中路渗透

中路渗透一般有三种形式:后场发动进攻、中场发动进攻、前场发动进攻。下面介绍各种中路渗透进攻的整体战术打法。

①前场发动进攻

前场发动时,依据前锋后撤在其身后所留出的空当进行反切插入,最有效的突破对方中路密集防守的方法就是在罚球区附近做踢墙式二过一配合。

②中场发动进攻

中场发动进攻中前卫队员负担着组织进攻和插上进攻的主要角色。常常采用短传配合的方法来进行,并以各种二过一来摆脱对方的防守。具体打法如图 6-25、图 6-26 和图 6-27 所示。

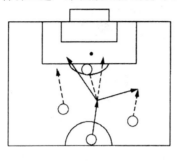 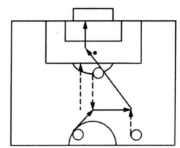

图 6-25　中场发动进攻(一)　　　　图 6-26　中场发动进攻(二)

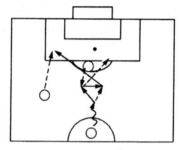

图 6-27　中场发动进攻(三)

③后场发动进攻

后场发动进攻主要是指守门员和后卫发动的进攻。主要方法有两种:

一是,守门员发动进攻。(图 6-28)

二是,后卫发动进攻。(图 6-29)

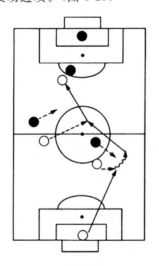 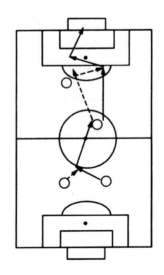

图 6-28　守门员发动进攻　　　　图 6-29　后卫发动进攻

（2）边路传中

边路传中是指在对方半场两侧地区发动的进攻，通过传中创造射门机会。由于两侧地区防守队员相对较少，空隙较大，攻防在这一地区便于突破防线。边路进攻直接得分的可能性小，大多数的攻门由边路突破传中后，中路和异侧同伴包抄完成。主要有以下几种传中的时机：

①对方后卫线与守门员之间有较大空当时，本方队员切入时，进行传中。

②本方队员已经插上或者包抄到位时，进行传中。

③对方守门员贸然出击，没有恰当选位时，进行传中。

④防守方与进攻方同时面向球门奔跑时，进行传中。

⑤突破边后卫的防守，补防的中后卫还没有封堵住传中路线时，进行传中。

（3）中边转移

一般来说，比赛中中路渗透战术要是达不到目的，应及时往边路转移，以分散中路守方的注意力，然后由边路突破再将进攻方向转到中路。总之，这种转移进攻可以打乱对方的防守战线，利用空当，创造破门得分的机会。

2.快攻战术

快攻战术即快速进攻战术，是一种非常有实效的进攻战术。快攻战术是由守转攻时，乘对方来不及调整防守策略，通过简便快速的传递配合创造射门机会的战术。快攻的形式如下。

（1）中路突破

中路突破快攻主要形式有个人突破和配合突破两种。配合突破是通过整体进攻完成的，具体图 6-30 所示。

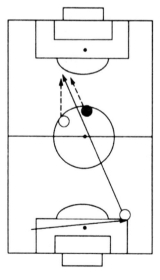

图 6-30　中路突破

（2）边路传中

快攻中通过边路的进攻主要有个人突破及边路队员快速插上到防守者的身后接球突破两种形式。

①图 6-31 所示,为个人突破边路传中。

②图 6-32 所示,为配合突破边路进攻。

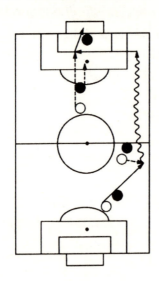

图 6-31　个人突破边路传中　　　　图 6-32　配合突破边路进攻

(3)中边转移

快攻中的中边转移主要形式是中后场得球后一次性直接将球长传至边路,由边路队员突破(图 6-33),或者经过中场的一两次传递后再将球分到边路,由边路队员突破。

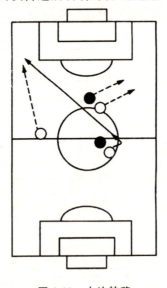

图 6-33　中边转移

(二)集体进攻战术训练

集体进攻战术的训练方法主要有以下几种:

(1)边路进攻训练。选择 70 米×50 米的场地,并在距边线处的场地两侧另加两个 6~7

米宽的小球门,把训练队员均分为两队,每队 5～7 人,进攻队员必须先将球传过两侧的任何一个球门后才能射门。训练的规则是队员必须先通过边路的小球门再射入正式球门,才能得分;进攻时队员要有意识地通过配合或个人突破越过小球门,从边路组织进攻。

(2)边路突破传中训练。如图 6-34 所示,①号队员向前运球至旗杆处做一假动作,然后迅速向前运球,在球门线附近传中,②号队员跟进包抄射门。此练习可在旗杆处设一防守队员进行消极和积极防守。

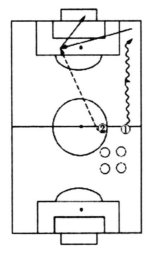

图 6-34　边路突破传中　　　　图 6-35　配合突破传中

(3)配合突破传中训练。如图 6-35 所示,②号直传给①号,①号横带球后反扣给由身后插上的②号,②号下底传中,①号跟进射门。此练习可在①号身后设一防守队员进行消极或积极防守。

(4)快攻长传球接趟射门训练。如图 6-36 所示,守门员①号手抛球给②号,②号接球转身长传给前插的③号,③号接趟射门。②号守门员接球用手抛给④号,④号接球再传给前插的⑤号,⑤号接趟射门。如此反复进行练习。

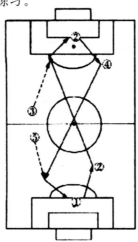

图 6-36　快攻长传球接趟射门训练

（5）中路后排插上训练。如图6-37所示，①号与②号踢墙式二过一再将球传给回撤接应的③号后，先向前方跑动，然后突然插向右前方接③号的传球射门。

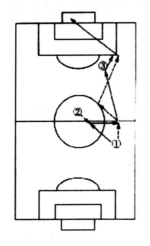 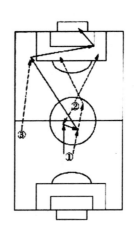

图6-37　中路后排插上训练　　　　图6-38　快攻转边训练

（6）快攻转边训练。如图6-38所示，①号与②号做配合后，直接将球传向由左侧插上的③号，③号传中，①号抢第一点，②号抢第二点射门。

（7）中路二过一分边训练。如图6-39所示，①号与②号做二过一配合后由①号将球斜传至右边路前方，③号迅速插上接趟传中。此时②号抢第一点，①号抢第二点射门。

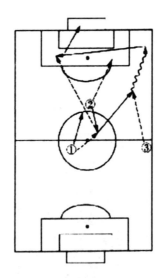

图6-39　中路二过一分边训练

第三节　足球运动防守战术训练实践

防守战术是在比赛中为阻止对方进攻和重新获得球权所采取的个人和集体配合方法。

一、个人防守战术及其训练

（一）个人防守战术

个人防守战术是为控制对手所采用的个人战术行动。个人战术行动可以体现出整个战术的特征。个人战术行动是整体战术的基础，主要包括选位与盯人、断球、抢球等。主要体现在人盯人防守，盯人防守分为全场盯人、半场盯人和 30 米内盯人等。人盯人防守要求队员的身体素质好。在进行分工时，要明确且易实行。一般是在对手与本方队员水平相差不远的时候运用人盯人战术。这种战术有一个弊端是很容易通过踢墙式等 2 过 1 配合突破防守，因此在运用防守战术时，也一定要注意集体战术的合作。

1. 选位与盯人

选位是指防守队员在进行防守选择时占据合理的防守位置。一般应该处于对方与本方球门中心所构成的一条直线上。盯人是在正确选位的基础上，对防守的对手实施监控或严密控制其进攻行动。在选位与盯人时要求如下。

（1）防守队员选位要先于进攻队员，抢占先机。（图 6-40）

图 6-40　防守队员选位先于进攻队员

（2）选位的基本原则要求进攻队员、防守队员和本方球门中点三点成一线，并可以保持适当距离。

（3）选位以盯人为主，同时要兼顾球与空间情况的变化。

（4）以多防少或以少防多时，要根据具体情况和任务目的灵活选位。

（5）当选择正确的位置之后，根据不同的场区和任务，对进攻队员实施紧逼盯人或松动盯人。（图 6-41）

图 6-41　根据场区和任务,选择盯人方式

2.断球

断球是将对方的传球从途中截下来或破坏掉的战术行为。断球的目的是转守为攻最主动和最有效的战术行动,可以在对方来不及反抢的状态下迅速反击。断球主要应注意以下几个要点:

(1)首先要正确判断持球队员与接应队员的意图,预测传球的时间和路线。

(2)其次在正确选位的基础上,偏向有球一侧移动。同时要抓恰当的时机,对方传出球的瞬间,先于接球队员快速插向传球路线,将球截下。

3.抢球

抢求战术是指将对方控制的球抢断下来或者破坏掉。抢球是重要的个人防守技术,也可以通过抢球判断某队员的个人防守能力。运用此战术之前必须保证集体防守的稳固。抢球的要点如下:

(1)抢球首先要选择在持球对手与球门中点之间站位,这是对方运球突破的必由之路,当对方运球向两侧扯动时,即为抢球创造条件。

(2)通过移动与持球对手保持最适宜的距离。

(3)在对手接控球没有稳或者控、运球两个触球动作之间的时机,将球抢下来或者破坏掉。

(二)个人防守战术训练

个人防守战术训练的方法主要有以下几种:

(1)结合位置的诱导性进行有球训练。在半场内全队按照比赛阵形一人多方向控球,其他人分别站好各自的位置,各位置随球方向的变化做选位练习。

(2)诱导性有球训练。进攻队员在离球门 16～20 米距离内做横向运球,防守队员练习选位。

(3)一对一盯人训练。在半场内,两人一组,进攻队员向球门做变向与变速运球,防守队员进行盯人练习。

(4)无球结合球门的训练。两人一组,面对面站立,相距 2 米左右,一攻一守,进攻队员做摆脱跑动,防守队员做选位盯人练习。

二、局部防守战术及其训练

（一）局部防守战术

局部防守战术指两个或两个以上防守队员之间的相互配合方法，是集体防守战术的基础，其基本配合主要的形式有保护、补位与围抢。局部防守的区域要尽量靠近球门，不要留给对方空当；尽量延缓进攻队员的推进速度。当某个局部防守区域出现 2 个进攻队员时，要集中密切配合，避免自己处于被动，而让对方趁机突破防守。防守战术所采取的具体战术主要有以下几个方面。

1. 保护

保护战术是指同伴紧逼对手时，自己选择有利的位置来保护同伴，防止对手趁机突破。给逼抢持球队员的同伴心理和行动上的支持，使其没有后顾之忧，全力以赴紧逼对手。另外也给对手一定的心理压力，让其方阵大乱，趁机瓦解对方进攻。一旦被持球队员突破，保护队员能及时补防，堵住进攻路线或夺回控球权。如果逼抢队员夺得控球权，保护队员可以及时接应发动进攻。保护时，选位要求队员间距离适当地斜线站位，它可以避免出现对方突破一点而使己方防守占线崩溃的局面。（图 6-42）

图 6-42　保护

2. 补位

补位战术是指防守队员之间相互协作的防守配合行动。也是防守队员弥补同伴在防守中出现漏洞时所采取的相互协助的战术配合。在比赛过程中，通过同伴间的相互补位，可以针对对方的进攻行动进行有效的遏制和破坏，变被动为主动。

（1）补位的形式

在足球比赛中，补位的方式主要有以下三种：

①如图 6-43 所示，前卫或者后卫队员因插上而退守不及时，临近的队员应暂时弥补其空位。

②如图 6-44 所示，对手突破同伴后，保护队员要及时补位防守。

 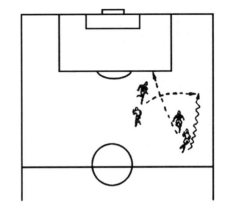

图 6-43 补位方式(一)　　　　　　图 6-44 补位方式(二)

③如图 6-45 所示,守门员出击时,后卫队员要及时回撤到球门线附近,弥补守门员的位置。

图 6-45 补位方式(三)

(2)补位的注意事项

在运用补位战术的时候,一定要注意以下几方面的事项,否则往往就会影响战术运用效果。

第一,防守队员能追上自己的对手时,一般不要交换防守和进行补位。

第二,需要补位时,以邻近位置的两名队员之间进行相互补位,尽量避免牵动更多的防守队员交换位置。

第三,保证罚球区及附近的危险区域不出现空当。

3.围抢

围抢战术是指防守时几名队员同时围堵、抢断某局部地区的对方控球队员的默契战术配合。防守队半场的两个底角和中场的边线附近是围抢有利位置。当对方进攻推进缓慢或者局部配合过多、缺少转移进攻时,则是组织围抢的好时机。围抢的要求如下:

(1)在对方进攻推进缓慢或者局部配合过多、缺少转移进攻的时候,要迅速运用围抢战术。

(2)在围抢的局部地点要求守方人数占有优势,而且距离很近,思想统一,才能运用围抢战术。

（3）一般要在边、角场区,对方身体方向和观察角度较差时或在守方门前接球、运球、射门时,坚决展开围抢封堵。

（4）被围抢的队员尚未控制好球,附近暂时未有接应队员时,要迅速围抢。

（二）局部防守战术训练

局部防守战术训练的方法主要有以下几种。

（1）2 对 3 攻守练习,在 10 米×20 米的场地上进行,当进攻者突破一名防守者时,在临近的两名防守者之间进行补位练习。

（2）在 10 米×30 米的 3 个方格内进行练习（图 6-46）:S 将球传给被黑圈 1 号队员盯防的①号,黑圈 1 号的任务是迫使①号横向活动并阻止其达到对面的端线。黑圈 2 的目的是为了保护黑圈 1。

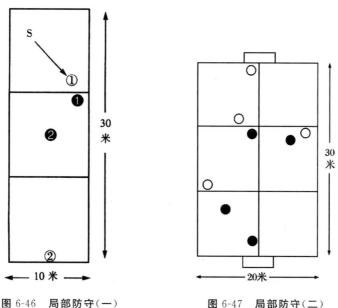

图 6-46　局部防守（一）　　　　图 6-47　局部防守（二）

（3）练习在 30 米×20 米的 6 个方格内进行:每方格内有两名队员,其中包括一名守门员（图 6-47）。两端设球门,在进攻队员距离球门较近,射门无阻拦时,鼓励队员多射门,以增加其信心和勇气。要求防守队员必须严密紧盯对手,阻止其射门。

三、集体防守战术及其训练

（一）集体防守战术

当本队失去控球权时,全队立即转入了防守。从前锋开始,层层设防,人人狙击,迅速退守到本方半场密防中路,保护罚球区,组织对方射门。目前集体的防守战术按照形式可以分为人盯人防守、区域盯人防守和混合盯人防守;按照打法可以分为向前逼压式打法、层次回撤式打法和快速密集式打法。

1.人盯人防守

人盯人防守是指让每个防守队员分别盯住一个对手,封锁对方的进攻路线,控制对手的活动和传、控球的配合方法。这种战术最主要的特点是全场攻守的每一个时间与空间,所有的进攻队员都处于被盯的状态,这会给进攻队员以无形的心理压力。

2.区域盯人防守

区域盯人防守是根据场上队员位置的分布,每个防守队员防守住一个区域,在对方某个队员跑入本区域时,就进行积极防守,限制对方进行进攻活动的配合方法。区域盯人战术明确规定了每个防守者的防守任务,配合同伴间的相互协作,以求集体防守的有效性。区域盯人防守要特别重视各个区域间交界处的防守。因为这些交界处往往由于防守职责不明确而让进攻者有机可乘。

3.混合防守

混合防守战术是指人盯人与区域防守相结合的防守配合方法。它的特点是根据对手的情况,充分灵活地利用盯人防守和区域盯人防守的优点,以提高全队防守的效益。

(二)集体防守战术训练

集体防守战术训练的方法主要有以下几种。

1.无对抗的7人区域防守训练

⊗传给⑩,所有队员按箭头所示向⑩移动,放开⑦,⑩将球回传给⊗,所有队员向⊗移动,⊗传球给⑦,7名防守队员又向⑦移动,放开⑩,如此反复做若干次。(图6-48)

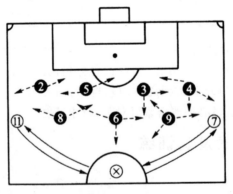

图6-48　无对抗的7人区域防守训练

2.有对抗的区域盯人防守训练

6攻7练习,进攻一方利用套边、中路渗透、灵活跑位配合进攻。防守一方积极抢断。⑨远离黑圈6控球时,黑圈6不盯⑨,而是在原地等待⑨带球前进时再进行堵抢。如果⑨插向黑圈 5 和黑圈 4 之间的空当,黑圈 6 回撤紧盯⑨,或者黑圈 5 移动盯⑨,黑圈 6 回撤至黑圈 5 空出的防守区域保护黑圈 5,使中路防守始终保持一人轮空保护。(图 6-49)

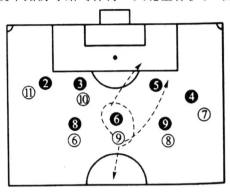

图 6-49　有对抗的区域盯人防守训练

第七章　足球运动科学训练的医疗保健

足球运动不仅可以强身健体,娱乐身心,还可以扬国威、振民气。它已成为人们生活的重要组成部分,但足球运动对人体健康也是一把"双刃剑",只有科学的理论指导并进行适宜的运动锻炼才能达到预期的结果。否则轻则达不到锻炼效果,重则还会出现运动伤病。因此,应当学习和了解足球运动科学训练的医疗保健知识。本章研究的内容包括足球运动科学训练的疲劳与恢复、足球训练常见运动损伤的预防与处理。

第一节　足球运动科学训练的疲劳与恢复

疲劳是人们生活中的一种常见现象。人类研究疲劳的历史已有 100 多年。早在 1915 年,就有人提出疲劳是细胞内化学变化导致的一种中毒现象。按照产生原因的不同,疲劳可以分成不同的种类,如运动疲劳、劳动疲劳和工作疲劳等。

一、运动性疲劳概述

对运动性疲劳的专门性研究则始于 20 世纪的 70—80 年代。运动性疲劳是运动训练和体育锻炼中不可避免的现象,疲劳时,人体的运动能力下降。由于运动性疲劳限制运动员训练的效果、影响运动能力的提高,因此对其的研究一直受到运动医学界的高度重视。

1982 年,在第 5 届国际运动生化会议上给出了运动性疲劳的明确定义:有机体生理过程不能维持其机能在特定水平上和/或不能维持预定的运动强度。这个定义将运动性疲劳解释为是由于运动(训练)引起的机体机能水平下降和/或运动能力降低,从而难以维持一定的运动强度,但经过适当地休息后又可以恢复的现象。

运动性疲劳是运动过程中的正常现象。"没有疲劳就没有训练。"可以说,运动性疲劳是衡量运动负荷是否足以刺激机体产生适应变化,达到新的适应水平的可感知的指标。但如果运动性疲劳不能及时消除,就会影响下一步的运动,并可能进一步导致过度训练。过度训练是由于运动性疲劳的长期积累,导致较难恢复的一种身体机能全面紊乱的运动性疾病。

（一）运动性疲劳的生理本质

运动性疲劳是人体运动过程中发生的正常生理现象,对人的身体并无损害。运动性疲劳本质上是人体运动到一定的时候,运动能力及身体功能能力暂时下降的现象。它是一种警报信号,或者说是一种健康的保险阈。

生理学家通过研究认识到,运动性疲劳是一种综合性的生理过程,它是以中枢神经系统的作用为主导,在中枢神经系统和周围组织相互影响下发生的神经和感觉系统、运动系统、内分泌系统及内脏器官的活动出现的复杂而相互联系的变化。

运动性疲劳分为两个阶段:一是代偿性疲劳阶段。这个阶段的运动能力靠增强中枢神经系统的兴奋性和机体其他系统更加紧张的活动得以维持,这时每一工作单位的能量消耗多,动作的结构也发生变化。例如,在步幅缩小的情况下,通过增加动作速率维持跑速。二是非代偿性疲劳阶段。这个阶段的特点是运动能力下降,尽管运动员越来越用力,但仍无法克服这种状态。

(二)运动性疲劳的产生原因

疲劳是由多方面原因引起的。肌肉运动收缩时产生的某些代谢产物的积聚会引起疲劳;体内能源物质消耗过多会引起疲劳;长时间运动时出汗过多,体内水、盐代谢紊乱及内环境稳定性失调等也会引起疲劳的发生。生理学家通过研究发现,运动疲劳是一个综合性的复杂过程,它与人体多方面的因素及生理变化有关。运动性疲劳产生的直接原因主要有以下几方面。

1.运动能力与身体素质的变化

人体的运动能力和身体素质与身体各器官、系统功能紧密相关。身体素质就是人体各器官、系统的功能在肌肉工作中的综合反映。各器官功能的下降,运动能力与身体素质便会受到影响。如在耐力性运动中,如果心肺功能下降,承受耐力负荷的能力当然会降低,机体就会产生疲劳从而降低工作能力。

2.体内能源贮备的减少和身体各器官功能的降低

通过研究发现,人体从事运动导致疲劳时,体内能源物质往往消耗较多。如快速运动2~3分钟至非常疲劳时,肌肉内的磷酸肌酸可降低至接近最低点;而长时间的持续运动中,由于糖的大量消耗,肌糖原及血糖含量均大幅度下降。能源贮备的消耗与减少,会引起各器官功能的降低。加上肌肉活动时代谢产物的堆积及水、盐代谢变化等影响,机体工作能力就会下降而出现疲劳。

3.精神意志因素

当身体疲劳达到一定程度时,往往主观上会出现疲劳感觉,这种疲劳感也可以说是疲劳的主观信号。而运动中人体各器官、系统的活动都是在神经系统指挥下完成的,神经系统功能的降低,神经细胞抑制过程的加强都会使疲劳加深。此时人的情绪意志状态与人体功能潜力的充分动员关系极大。其实人体在感到疲劳时,机体往往尚有很大功能潜力,能源物质远未耗尽,良好的情绪意志因素可起到动员机体潜力,推迟疲劳发生的作用。

（三）疲劳的分类及其评定

1.疲劳的分类

依据不同的标准,疲劳可有多种分类方法。如身体性和心理性疲劳,隐性和显性疲劳,代偿性和非代偿性疲劳,轻度、中度和非常疲劳等。这里按身体疲劳和精神疲劳加以分类。

（1）身体疲劳

身体疲劳指由身体活动或肌肉活动引起的一种疲劳状态。身体疲劳常因活动种类的不同而产生不同的症状,如局部或全身的疲劳、关节僵硬、肌肉酸痛和手脚肿胀等。

（2）精神疲劳

精神疲劳指由精神活动造成的一种疲劳状态。主要症状有注意力不集中,记忆力障碍,理解、推理困难,脑力活动迟钝、不准确等。

实际上将身体疲劳和精神疲劳截然分开很困难。在运动过程中,过度的身体活动可以产生精神疲劳,而过度的精神紧张也可以导致身体疲劳。如足球比赛中,由于对抗争夺激烈,反应敏捷,精神压力很大。同样,由于舆论的压力,对比赛重要性的思考过度,会导致动作僵硬和变形。所以,在足球比赛中运动员精神和体力的消耗都很大,两方面的疲劳往往同时存在。

2.疲劳评定

运动性疲劳通常可以分为两个阶段,第一阶段为代偿性疲劳（隐性疲劳）。这一阶段运动能力的维持,从生理角度而言是靠提高中枢神经系统的兴奋性和机体其他器官系统更紧张地工作来维持;从心理角度而言是靠顽强的拼搏精神来维持。主要表现为奔跑吃力,协调性下降。随着运动的持续,上述变化会逐步加深,已达到该阶段可接受的最大的量,这时就进入了疲劳的第二阶段,即非代偿性疲劳（显性疲劳）。主要表现是工作能力明显下降,跑动减少,动作变形,失误显著增多。

疲劳是发生在运动员体内的一系列生理生化反应,运动员本身会有一些主观感觉。这些疲劳的生理生化反应有一些可供客观观察的外在表现。表 7-1 列举的是运动员处于不同疲劳程度时的一些表现。

表 7-1 疲劳程度指标

表现	轻度疲劳	中度疲劳	非常疲劳
自我感觉	无任何不适	疲乏,腿软,心悸	除中度疲劳的症状外,还伴有头痛、胸痛、恶心（甚至呕吐）等征象,且持续时间较长
面色	稍红	相当红	非常红或苍白,有时呈紫蓝色
排汗量	不多	甚多,特别是肩带部位	非常多,整个躯干部衣服上可有盐迹
呼吸	中等程度加快	显著加快	显著快而表浅,有时呼吸节律紊乱
动作	步态轻稳	步伐摇摆不稳	出现不协调动作
注意力	比较好,能正确执行口令	执行口令不正确,改变方向时发生错误	执行口令缓慢,只有大声口令才能接受

疲劳程度的评定还可以结合某些代谢参数以及生理指标的测定进行。如测晨脉、血压,进行血尿素、尿样检查等。除此之外,还有以下判断疲劳的方法。

(1)形态变化

①体重。长时间运动时,泌汗量增加,体重下降,降低程度与运动持续时间成正比。

②下肢围。大运动量训练或剧烈比赛后,腿围会有所增加,原因是下肢血液滞留及组织液增加,一般增加 1.5～2.5 厘米。若第二天早晨腿围已恢复正常,可判断为肌肉正常疲劳。

(2)肌肉力量

肌肉力量是判断肌肉疲劳的常用指标。疲劳时肌肉力量会下降,疲劳程度越深肌肉力量下降越明显。背肌力与握力可早晚各测一次,求出其差,如次日晨已恢复,可判断为正常的肌肉疲劳。

(3)生理指标测定

①膝跳反射阈法。运动疲劳时,叩诊锤叩击四头肌腱力量加大才引起反射,即反射阈上升。

②呼吸耐力测定。连续测 5 次肺活量,每次间隔 30 秒。肺活量一次比一次下降,则很有可能是运动疲劳已经产生了。

③闪烁值法。有运动疲劳时,闪烁值下降,从而可以判断。

④其他方法。如皮肤空间阈法、尿蛋白法等方法。

二、疲劳的延缓与消除

(一)运动性疲劳的延缓

在进行足球运动训练时,如果能够延缓运动性疲劳的出现,毫无疑问,能增加训练的效果。延缓运动性疲劳出现的方法有很多。多方面结合会达到很好的效果。延缓运动性疲劳的出现一般从下列几个因素进行考虑。

1.坚持锻炼

平时注意坚持经常的体育锻炼和运动训练,努力提高自己的身体素质。身体素质好了,运动疲劳也会来得迟。

2.合理安排教学训练内容

训练时,应该注意运动内容的合理安排,以避免因局部负担过重产生局部疲劳,而过早导致全身整体工作能力的下降。因此,在平常锻炼时,运动内容要交替选择,以使身体各部位活动负荷合理变换,而有助于推迟疲劳的出现。

3.发展与运动项目相适应的供能能力

不同的运动项目,供能系统各有特点。如短跑主要供能系统是 ATP－CP 系统(磷酸原系统),中跑主要是乳酸能系统,长跑主要是有氧代谢系统等。发展不同的供能系统的练习方法各有特点,在锻炼中如能了解这些特点,着重发展该系统能力,则对从事该运动项目时疲劳的推迟会有帮助。

4.加强心理因素

加强意志品质训练,提高心理素质,有利于疲劳时精神意志因素的改善,从而有助于推迟疲劳的出现。

5.合理饮食

饮食营养的合理安排,对体内能源的充分贮备有积极意义。这也是推迟运动疲劳的一种很有效的方法。

(二)运动性疲劳的消除方法

1.运动法

出现运动疲劳以后,可以立即做一些活动促进疲劳的消失,这里的运动指的是一些小运动量的运动。

(1)整理运动

整理运动是消除疲劳、促进体力恢复的一种良好方法。剧烈运动后进行整理运动,可使心血管系统和呼吸系统仍保持在较高水平,有利于乳酸的排除;同时让肌肉及时得到放松,可避免由于局部循环障碍而影响代谢过程及因此造成的恢复过程延长。一般整理运动应包括慢跑和呼吸体操以及肌肉、韧带拉伸练习。其中静力伸展练习可以缓解运动后延迟性肌肉酸痛和肌肉僵硬,使肌肉放松,并可加强骨骼肌蛋白质的合成过程,促进骨骼肌疲劳的消除,对预防运动损伤发生有良好作用。

(2)放松活动

放松活动不仅可以使心血管系统、呼吸系统、神经系统和内分泌系统等从适应剧烈运动的状态逐渐过渡到安静状态,还可以促进肌肉放松,是消除运动疲劳、促进体力恢复的一种有效的主动恢复手段。

(3)其他适宜运动

变换活动部位和调整运动强度。生理学家很早就发现,当局部肢体疲劳之后,可通过另一部分肢体肌肉的适当活动来加速已疲劳肌肉的体力恢复,称为活动性休息。以后很多生理实验研究进一步证实,当局部疲劳后,可利用未疲劳的另一些肌肉进行一些适当活动,借以促进全身代谢过程,加速疲劳消除。这是因为体内消除疲劳的主要承担者是血液循环,通过血液循环可以补充氧气及其他营养物质并排除废物,而积极性消除疲劳的方法就是积极促进重点转换部位的血液循环。疲劳后的放松活动、按摩、沐浴等都属于积极性消除疲劳的手段,可以达到活动性休息的目的。另外,为积极性休息安排的练习活动,应注意强度要小,时间要短,这样在神经细胞内产生的兴奋才能集中,对疲劳的神经细胞方可起到负诱导作用,使后者抑制加深,促进恢复。由于静止性休息和积极性休息对消除疲劳都有良好的效果,因此应该将两种方法结合起来进行。在保证睡眠的情况下,采用积极性休息效果会更好。

2.物理法

（1）沐浴

沐浴是最简单的消除疲劳的一种方法，可以加速人体新陈代谢，调节机体，使机体兴奋。温度高些的热水浴更能降低血液中的乳酸浓度，但沐浴时间、水温要根据自己的具体情况，进行适当控制。

①温水浴：温水浴可以促进人体血液循环，对副交感神经产生刺激，可以起到镇静作用，能有效消除肌肉酸痛。有利于疲劳肌肉的物质代谢。水温以40℃左右为宜，温度不宜过高，时间为10分钟左右，勿超过20分钟，以免加重疲劳，也可在训练结束半小时后进行冷、热水浴，冷水温度为15℃，热水温度为40℃，冷浴1分钟，热浴2分钟，交替3次。

②桑拿浴：桑拿浴是指利用高温干燥的环境，加速血液循环，使人体大量排汗，从而使体内的代谢产物能及时排出体外的一种沐浴方式。桑拿浴时间不宜过长，每次停留5分钟左右，最好与温水浴交替进行，反复4～5次。桑拿浴一般不要在训练结束后即刻进行，以免造成脱水和加重疲劳。训练后休息一段时间，补充足够的水和营养物质后进行桑拿浴，效果更佳。

③蒸气浴：蒸气浴是将蒸气通入特制小屋或关闭的房间内，造成一个高温、高湿的环境。其作用与桑拿浴类似。

④涡流浴：涡流浴又称为水按摩，如洗衣机一样搅动，强度可以调节，造成明显的水温与水流冲动刺激，进而消除机体的疲劳。

⑤按摩浴：采用脉冲式水力按摩，在特殊澡盆与肢体躯干部位相对应设置多个喷头，水的压力可达3个大气压，可选择强度及按摩部位，对需放松的肌肉自动喷射。

（2）吸氧

实验证明，利用高压氧舱，在2～2.5个标准大气压下，吸入高压氧可以有效消除疲劳，高压氧可使血氧含量增加，血液中的二氧化碳浓度下降，pH上升，提高组织氧的储备量，可有效缓解和治疗训练引起的极度疲劳、肌肉酸痛、僵硬、酸碱平衡失调等症状。

（3）体外反搏

体外反搏是指通过肢体血液回流速度和灌注量，加强肌肉营养，加速代谢产物的清除，是一种无创伤性辅助循环的方法。临床实验证实，体外反搏对消除疲劳，尤其是对肢体肌肉疲劳的消除有良好效果。

（4）空气负离子疗法

空气中负氧离子的含量越高空气越清新，如海滨、瀑布、旷野空气新鲜，令人心旷神怡，这是由于那些地方的空气中负氧离子多。空气离子进入呼吸道后，通过神经反射，可调节大脑皮层功能，振奋精神，改善睡眠，刺激造血机能，使血流加快，进而能有效消除疲劳。

（5）理疗

利用光疗、电疗、磁疗、蜡疗等作用于局部或整体，可促进血液循环，加速疲劳消除和机能恢复，同时具有治疗损伤的作用。

（6）拔罐

利用拔罐疗法可以有效地消除机体局部的严重疲劳及损伤。通过拔罐时局部负压作用，使组织内的淤血散于体表，有助于组织代谢产物的吸收和排泄，使疲劳消除。

（7）针灸

针灸疗法主要是针对疲劳的肌肉上的穴位进行针灸，以消除机体的疲劳。全身疲劳可扎足三里，或用耳穴压丸。

（8）音乐疗法

音乐可以缓解中枢神经系统的疲劳，调节呼吸、循环系统和肌肉的功能，可镇静、镇痛、改善注意力，对消除疲劳有神奇的作用。

3.中医疗法

（1）按摩

按摩是消除运动疲劳的重要手段。按摩可以通过对人体的机械刺激、神经反射，以及神经—体液调节而影响人体各器官、系统的功能，从而达到调节血液循环、增强心血管功能、解除大脑的紧张与疲劳，并可改善由运动疲劳造成的免疫功能下降的状况。按摩有人工按摩、机械按摩、水力按摩和气压按摩四种，其中人工手法按摩是最受运动员喜欢的消除疲劳手段。可根据运动员承受运动负荷的部位，进行局部或全身手法按摩。有条件的运动员也可采用有振动的机械按摩和脉冲水力按摩及气压按摩，如能用水浴按摩则效果更好，水浴按摩是在温水浴时用 0.5 大气压断续水柱冲击，时间约 20 分钟，水浴按摩应休息 15～20 分钟才能离开。

按摩的应用范围很广，在运动前、运动中、运动后均可进行，但以消除运动疲劳为主要目的的按摩均在运动后进行，按摩时间根据疲劳程度而定，一般在 30～60 分钟之间。运动前的按摩可使运动员保持训练和比赛前的良好状态，增强肌肉力量、关节的灵活性和韧带的柔韧性，因此可起到提高运动能力和预防伤病的作用。一般情况下，按摩应和准备活动结合起来，时间为 2～10 分钟，在训练或比赛前 15 分钟左右进行为宜。手法应按运动员的机能状态可灵活选择。运动中的按摩能迅速消除疲劳，恢复一定的体力，提高肌肉的兴奋性。运动中按摩应根据项目的特点和间歇的长短，采用短暂、兴奋的手法，通常是对负荷大的肌群进行按摩。按摩时间不应超过 1 分钟。运动后的按摩也叫恢复按摩，其目的是帮助运动员消除疲劳，恢复体力，一般在课的结束部分或课后进行。也可在洗澡后或晚上睡前进行。当运动员十分疲劳时，需让运动员休息 2～3 小时后再进行按摩。按摩部位应根据运动项目特点和疲劳情况而定，通常是运动负荷量最大的部位，当运动员极度疲乏时，可采用全身按摩。

按摩对神经系统可起兴奋或抑制作用，通过神经反射影响各器官的功能。按摩可以改善皮肤的呼吸，改善皮肤的营养，使皮肤润泽富有弹性。按摩可以使周围血管扩张，降低大循环中的阻力，加速静脉回流，加强局部血供，有助于消除疲劳，提高肌肉的工作能力。按摩还可以调节呼吸和改善消化机能。在按摩时，需要注意以下方面：

①按摩者的手要清洁、温暖，指甲要剪短，手上不能带金属物，以免擦伤被按摩者的皮肤。

②按摩的方向一般是按淋巴流动的方向进行。淋巴结所在的部位不宜按摩。按摩用力应由轻到重，再逐渐减轻结束。速度应由慢到快，再逐渐慢后结束。

③为了便于按摩者操作，按摩者和被按摩者所取的体位和姿势要适宜。被按摩者的肌肉要充分放松。

（2）中医药手段

中医药注重辨证施治，对症下药。对运动疲劳后的恢复，多从健脾益气、补肾壮阳或补益气血方面着手。因运动性质的不同，发生运动疲劳的征候亦不同，故应根据中医对运动疲劳的"三个分型"和常见运动疲劳征候，对症选药和组方，才能达到消除疲劳，加快恢复和提高运动能力的目的。

①天氡氨酸盐：天氡氨酸的钾盐或镁盐能消除疲劳，防止疲劳积累，延缓衰竭出现的时间。它的主要作用是加速 ATP 和 CP、糖原的再合成，节约糖原，天氡氨酸盐还能转变为谷氨酸，这对神经系统有良好的作用，可用于消除疲劳的药物。

②中草药：我国运动医学界通过大量的中药消除运动疲劳的临床实验，证实了中药对消除运动疲劳的特殊效果。由霸王七、绞股蓝、阿胶等多味中药配成的方剂能明显提高机体耐力及对疼痛的抑制力，促进运动疲劳的消除；灵芝、三七、人参、鹿茸、枸杞、五味子、刺五等均有滋补强壮身体，调节阴阳平衡，促进疲劳消除的功效。

4. 营养疗法

能源物质的大量消耗是运动性疲劳产生的原因之一，因而只有适当的补充营养，才有利于机体的恢复。

（1）糖的补充

糖是人体运动的基本能源物质。肌糖原储量多少直接影响运动能力，因此应重视糖的补充。吃果糖对肝糖原的恢复速度大于吃葡萄糖。

（2）蛋白质的补充

蛋白质是一切细胞和组织结构的重要成分，是生命的物质基础，大运动量训练时应注意蛋白质的补充，特别是必须有氨基酸的补充。

（3）维生素的补充

当人体缺乏维生素时，会影响运动者的运动能力，因此应注意维生素的补充，尤其是维生素 B_1、维生素 B_2、维生素 B_6、维生素 C、维生素 E 的补充，但达到每日的推荐量即可，不可过多服用，以免产生毒性作用。

人体内的微量元素含量极少，仅占体重的 $0.05‰\sim0.1‰$，但微量元素是维生素和酶的必需因子，构成某些激素，并参与激素的作用，影响蛋白质和核酸的代谢与合成。运动者常用的微量元素补充剂为施尔康，每日服 $1\sim2$ 粒。

（4）碱性盐类的补充

大强度球类运动中，由于产生乳酸等代谢产物，使肌肉中的 pH 下降，导致肌肉疲劳。因此运动后适当地补充碱性盐类，可以提高运动者耐乳酸的能力，提高负氧债的能力。

碱性盐的使用：碳酸氢钠 $0.2\sim0.3$ 克/千克体重，运动前 $30\sim60$ 分钟加在足够的水或饮料中使用；磷酸盐可以提高运动员的运动能力，促进训练后恢复，可于赛前 $3\sim4$ 时食用磷酸钠，每次 1 克，1 天 4 次，最后一次应在赛前 $2\sim3$ 时服用。

5. 心理疗法

心理学认为，情绪因素可以帮助个体有效抵制和消除疲劳。心理疗法能减轻紧张情绪，放松肌肉，积极向上、乐观愉快的情绪对消除疲劳和延迟疲劳的产生有良好的效果。

心理疗法包括心理调整、自我调整、放松训练和气功等手段。训练后，采用心理调整、自我暗示、放松训练和气功等心理恢复手段，通过诱导性的语言使运动员由意念来调动肢体，通过对高级中枢的暗示使肌肉放松，以及适时地找运动员谈心、开小结会都是行之有效的帮助放松、消除疲劳的办法。

心理疗法还可以作为一种辅助方法，配合其他消除疲劳的方法，来改善呼吸和循环系统，增强机体疲劳消除的效果。

第二节　足球训练常见运动损伤的预防与处理

一、足球运动性损伤概述

足球运动损伤是指运动员在足球运动过程中所发生的对身体的各种伤害。运动损伤不仅给人带来诸多的不便，而且严重时还可使人残废，甚至死亡，妨碍足球运动的正常开展和运动水平的提高。近年来，足球运动损伤有上升的趋势。目前，世界各足球强国都把防治运动损伤作为一个重要的课题进行研究。

（一）足球运动性损伤的分类与特点

1.足球运动性损伤的分类

在足球训练比赛中，受到直接或间接机械外力以及物理等因素的作用所发生的损伤，称为运动性损伤。运动性损伤的主要分类如下。

（1）按受伤后受伤组织是否有伤口和外界相通分：

①开放性损伤：受伤后的皮肤、黏膜遭到破坏，其完整性不复存在，受伤组织有伤口与外界相通，可见有出血、渗液等异常现象。如擦伤、切伤及刺伤等。

②闭合性损伤：受伤后的皮肤黏膜依然保持完整，受伤组织未见有伤口与外界相通。如肌肉韧带拉伤、关节韧带扭伤等。

（2）按受伤组织的种类、结构分：

①皮肤损伤：如擦伤、撕裂伤、切伤及刺伤等。

②肌肉韧带损伤：如挫伤、拉伤、扭伤、断裂等。

③骨关节损伤：如骨折、骨裂、关节脱位、软骨及骨骺损伤等。

④神经损伤：血管损伤，内脏器官损伤等。

（3）按运动创伤的轻重分：

①不损失工作能力的轻伤。

②失掉工作能力 24 小时以上,并需要门诊治疗的中等伤。

③需要长期住院治疗的重伤。

(4)按运动能力丧失的程度分:

①轻度伤:受伤后能按锻炼计划进行练习的损伤。

②中度伤:受伤后不能按锻炼计划进行练习,需停止患部练习或减少患部活动的损伤。

③重度伤:完全不能锻炼的损伤。

(5)按运动性损伤发生的缓急程度分:

①急性损伤:遭受一次直接或间接外力作用而造成的损伤。其起病急,伤后症状迅速出现,病程大多较短。

②慢性损伤:慢性损伤发病缓慢,症状渐起,病程迁延。慢性损伤按照病因又可分为两类:

劳损。指由于某局部运动负荷长期过度,超出了组织所能承受的能力,致使该部位微细损伤逐渐积累而造成的损伤。

陈旧性损伤。指急性损伤后因处理不当而反复发作的损伤。

2.足球运动性损伤的特点

足球运动的损伤与其他运动损伤不同,有其自身的特点和规律,与运动员的生理解剖特点、技术力学特点以及项目本身的特点紧密相关。

(1)足球运动比赛场地大,时间长,争夺激烈,猛烈的身体接触和凶狠冲撞不可避免,因而足球运动员的损伤发生率较高,且受外力作用导致损伤较为常见。

(2)运动员学习和掌握技术动作和战术配合,必须经过长时间、大强度的系统训练,身体负荷较大,容易产生机能性疲劳损伤。

(3)足球运动技术复杂,大多数技术动作主要用脚来完成,本体感受相对较差,不易准确完成技术动作,且经常改变体位,在非正常状态下进行工作,因而足球运动员的下肢最容易受到损伤。

(二)足球运动性损伤发生的部位和种类

根据足球运动员常见损伤统计和研究结果表明,训练、比赛中最常见的是挫伤和擦伤,其次是撕裂伤、关节的扭伤和大小腿肌肉的拉伤,胫、腓骨的碰伤,脚部、头、颈部和肘部以及锁骨的损伤也较为常见。表 7-2 是足球运动运动性损伤的发生的主要部位和损伤种类统计。

表 7-2　足球运动运动性损伤统计

损伤种类 / 受伤部位	挫伤	擦伤	扭伤	拉伤	撕裂伤	关节脱位	骨折	劳损	其他	小计	百分比(%)
头颈部	13	4	3	2	3	—	—	3	—	28	6.1
肩部	9	2	—	—	—	1	1	—	—	13	2.8
肘部	7	16	1	—	—	—	1	—	—	25	5.5
手腕部	5	1	10	—	—	—	—	—	—	16	3.5

损伤种类 受伤部位	挫伤	擦伤	扭伤	拉伤	撕裂伤	关节 脱位	骨折	劳损	其他	小计	百分 比(%)
腰部	3	1	7	—	—	—	—	12	—	23	5.0
髋关节	12	18	2	—	—	—	—	2	—	34	7.4
大腿	29	30	—	—	—	—	1	3	—	63	13.7
膝关节	19	26	10	2	—	—	—	18	3	78	17.0
小腿	22	3	—	18	4	—	7	—	—	54	11.8
踝关节	25	8	39	1	—	—	1	2	2	78	17.0
足部	24	—	7	—	1	—	—	1	1	34	7.4
其他	—	13	—	—	—	—	—	—	—	13	2.8
小计	168	122	79	23	8	1	11	41	6	459	—
百分比(%)	36.6	26.6	17.2	5	1.8	0.2	2.4	8.9	1.3	—	100

(三)足球运动性损伤发生的原因

粗野及犯规的动作是导致运动损伤发生的主要原因。例如猛烈的冲撞,故意踢铲人等,其次是技术动作不正确,应用不合理,准备活动不充分,运动员过度疲劳和慢性损伤,场地、装备不良等,都是引起运动损伤的原因。导致运动损伤的因素可分为外部因素与内部因素两大类。具体如下:

1.外部因素

(1)训练负荷和训练标准

在研究过程中发现,长期坚持系统训练和在训练中采取根据身体伤病状况区别对待、分组训练的球队,在整个赛季中受伤人次较少。训练时,采用与比赛接近的强度训练对减少运动员受伤是有利的。

此外,训练和赛前、赛间的热身不充分也是导致运动损伤的重要因素之一,Arge 和 Baxter 指出,一次不经意的肌肉拉伤显然与没有充分进行热身活动和肢体伸展运动有关。

(2)人为因素

足球运动是同场竞技类的运动项目。由于对抗激烈,双方队员的身体接触频繁,冲撞在所难免,这也造成了损伤的发生。其中,由于对方队员的粗野及犯规动作引起的损伤占很大比例,如运动员在比赛中故意踢人、猛烈地冲撞对方队员、背后铲球、跳起蹬踏及暴力行为等,都极易伤害对方球员。

另外,裁判员的执法能力也直接影响着损伤发生的次数和严重程度。

(3)装备

不用护腿板已经被证明是显著增加腿伤发生率的重要因素,大多数腿伤是由于运动员未用护腿板或使用护腿板不当造成的。

使用护踝带的运动员比未使用者的踝关节受伤率低,使用护踝带对预防踝关节受伤有很大的作用。

国外的研究表明,踝关节有旧伤且没使用半固定矫正装置的运动员的踝关节扭伤率是使用对照组的 5 倍,而且那些踝关节受过不同程度扭伤的运动员应使用合适的矫正装置 6 个月以上来预防旧伤复发。

鞋的质量也是运动员技战术完成质量和是否会导致损伤发生的影响因素之一。部分膝关节扭伤经常是由于鞋钉插进地面的深度不同而导致的。

(4)环境因素

运动环境与运动损伤有较大的联系。足球运动由于场地大,比赛时间长,技战术复杂,从而易受到环境的影响。

在气温高的地方或季节,运动员在长时间、大负荷的运动后,会失去大量的体液和电解质,容易引起脱水、肌肉痉挛、注意力涣散,从而增加受伤次数。严寒的天气、下雨天场地湿滑等都会增加受伤的概率,场地的质量、辅助器材是否安全可靠、灯光条件如何,也与运动损伤有很大的关系。

2. 内部因素

(1)关节的不稳定性

生理机制功能的不稳定容易使运动员的膝关节和踝关节受伤。因为膝关节在屈曲 135°(或 45°)时,灵活性最强。因此,膝关节周围附着的肌肉、韧带稳定性一般的运动员比稳定性强的运动员更容易受伤。

踝关节的稳定性取决于运动员跑跳时,踝关节内、外侧副韧带的平衡力,因为运动员在做跑跳运动时,踝关节处于内旋和内翻位的状态,当运动员有受伤史或伤后未痊愈时,容易发生踝关节扭伤。

(2)肌力不均衡

肌力不均衡是引起足球运动员受伤的一个危险因素。受过伤的运动员的伤侧和健侧力量明显小于没有受过伤的运动员的力量。那些腿部肌力不均衡的运动员在做变向跑、急停、急转以及在双方争抢对脚时容易发生损伤。

(3)技术动作不合理

在训练与比赛中,由于运动员在做技术动作时缺乏合理的注意分配,当对手接近或紧逼时不能将球控制在比较合理的位置,做出一些违反人体解剖原理的动作,极易造成损伤。

(4)陈旧损伤和不完全康复

这两个因素是造成再次损伤的最危险的因素。根据 Nielsen 和 Yde 报道,在被调查的受伤运动员中,有 49% 的运动员从前曾有过相同类型或相同部位的损伤。

(5)心理因素

应激、焦虑等心理因素对损伤的次数和损伤严重程度都有一定的影响。如何识别与运动损伤有关的心理因素,对于教练员来说显得尤为重要。

心理因素主要体现在运动员的个体特性方面,包括敌视的感觉、注意力不集中、胆怯、易激动等,这些因素都可以诱发运动损伤。

另外,被观众嘲笑导致的高度紧张与焦虑,均有较深的损伤程度和较多的损伤次数,情绪的压抑与低落、愤怒与敌意、负心境效应、竞赛焦虑等,都会增加运动损伤次数和加大损伤严重程度。

二、足球运动训练损伤的预防

(一)预防运动损伤的意义

参加体育锻炼的目的是增强体质,增进健康水平,促进德、智、体、美全面发展。如果在体育锻炼中,忽视运动损伤的预防工作,没有积极采取各种有效的预防措施,就可能发生各种伤害事故。因此,积极预防运动损伤对全民健身活动、体育教学和运动训练都有重要意义。

从目前国内外对运动损伤的治疗情况来看,运动员发生运动损伤后,常常缺少非常有效的治疗方法和手段。即使是最先进的科学治疗手段,其治疗效果也不十分明显。因此,从某种意义上说,预防是最好的治疗手段。

(二)运动损伤的预防方法

1.加强思想教育

平时要注意加强防伤观念的教育,在教学、训练和比赛中,认真贯彻"预防为主"的方针。加强对学生、运动员进行组织性、纪律性教育,树立"宁失一球,勿伤一人"的高尚体育道德风尚。

2.合理安排运动负荷

运动负荷安排不足,不能达到促进人体运动能力提高的目的。运动负荷安排过大,超出了人体所能承受的负荷,不仅使运动系统的局部负荷过重,还会导致中枢神经系统疲劳,致使全身机能下降,协调能力降低,注意力、警觉反应都减弱,从而容易发生损伤。运动系统的劳损,大多由于长期局部负荷过大所致。为了减少这些损伤,体育教师、教练员应严格遵守运动训练原则,根据年龄、性别、健康状况、训练水平和各项运动项目的特点,个别对待,循序渐进,合理安排运动负荷。

少年运动员和女运动员的运动负荷更应注意合理安排。少年儿童不宜过早地进行专项训练,不宜参加过多的比赛和过早地追求出成绩。合理地安排运动负荷,预防运动损伤,对提高运动成绩有着重要意义。

3.认真做好准备活动

在教学、训练和比赛前,应充分做好准备活动。准备活动的目的是提高中枢神经系统的兴奋性,特别是克服自主神经的惰性。通过全身各关节、肌肉的活动加速血液循环,使肌肉组织得到充分的血液供应,以利增强肌肉的力量和弹性,并恢复技术动作的条件反射联系,为正式活动做好充分的准备。做好准备活动应注意以下几个方面要求。

（1）准备活动的内容与负荷应依据正式活动的内容、个人身体机能状况、当时的气象3方面因素而定。

（2）一般的准备活动要做得充分，专项准备活动一定要有针对性，与后面的正式活动要有有机的联系。

（3）易伤部位的准备活动要加强，加大活动的比重。

（4）有伤部位的准备活动做时要谨慎，不可操之过急，动作要和缓，幅度、力度和速度要循序渐进。

（5）在专项训练时，应做补充准备活动。

（6）在运动中，间歇时间较长时，也应在运动前再次做好准备活动。

建议准备活动结束与正式活动的间隔时间，以 1～4 分钟为宜。至于准备活动的时间与负荷，一般以身体感到发热，微微出汗为好。在准备活动中进行适当的肌肉力量练习（针对易伤的肌肉），对于提高肌肉温度、改善肌肉功能很有益处。此外，在准备活动中加入一些肌肉伸展性的练习，对预防肌肉拉伤有积极效果。

4.合理安排教学、训练和比赛

教师要认真钻研教材，充分备课，应对教学、训练中的重点、难点，对容易发生损伤的动作做到心中有数，事先要采取相应的预防措施，对学生做好预防损伤的教育。

注意学生全面身体训练，少年儿童的身体结构和机能都尚未定型，通过全面身体训练，可以促进其身体的生长发育，并有利于身体素质得到全面发展。

加强基本技术的教学训练，教师在教学中要对新技术动作进行认真讲解、正确示范，使每个学生对技术动作都有一个完整概念，便于他们学习掌握。

教学、训练中要遵循循序渐进和个别对待的原则。学习技术动作应从易到难，由简单到复杂，自分解动作到整体动作来进行。一次课中，难度高、费力大的动作教学应安排在课的前面或当中进行。在教学训练中，应注意结合学生的年龄、性别、健康状况和训练水平等特点，个别对待。

5.加强易伤部位的练习

加强对易伤部位和相对薄弱部位的练习，提高其机能，是预防运动损伤的积极措施。例如，为了预防膝部损伤，就要注意加强股四头肌力量练习，以稳定膝关节。为了预防腰部损伤，除应加强腰部肌肉的练习外，同时还应加强腹肌的练习，因为腰部肌肉受伤，从某种意义上讲与其拮抗的腹肌有关，腹肌力量不足，易使脊柱过度后伸而致腰部受伤。为预防大腿后侧肌群拉伤，在发展其肌肉力量的同时，还应注意加强股后肌群的伸展性练习。

6.加强医务监督工作

学生或经常参加体育活动的人，均应定期进行体格检查。参加重大比赛的前后，要进行身体补充检查或复查，以观察体育锻炼比赛前后的身体机能变化。对体检不合格者，则不允许参加比赛；伤病初愈的人参加体育或训练时，应取得医生的同意，并做好自我监督。自我监督的主要内容如下。

（1）一般观察：每天记录晨脉、自我感觉。每周测一次体重。若晨脉逐日增加，自我感觉不良,运动成绩下降,机能试验时脉搏恢复时间延长,说明身体机能不良,应及时到医院查明原因。女学生、女运动员要遵守月经期的体育卫生要求,做好监护工作。

(2)特殊观察:根据不同项目特点和运动创伤的发生规律,应注意以下几个问题。

①要特别注意观察运动系统的局部反应,如局部有无肿胀、发热,肌肉有无酸痛,关节有无肿痛等。如有不良反应应及时请医生诊治,此时不宜加大运动负荷,更不宜练习高难度动作。

②要经常认真地对运动场地、器械、设备以及个人运动服装、鞋、袜和防护用具等进行安全检查。

③做好保护与自我保护。尤其是在体操项目中,儿童、少年由于肌肉力量不足,判断与控制身体能力较差,易发生技术动作上的错误而失手跌下。因此,在进行器械练习时都应予以保护,尤其在学习新技术动作时更应注意保护。教师应将正确的保护与自我保护方法传授给学生。例如,摔倒时要立即低头,团身,屈肘,以肩背着地,就势滚翻,不可直臂撑地。又如,从高处跳下时应双膝并拢,以前脚掌着地,以增加人体的缓冲作用。

三、足球运动损伤的处理与恢复

(一)足球常见运动损伤的处理

1.挫伤

挫伤是指肌体某部受钝性外力作用,引起该处及其深部组织的闭合性损伤。球类运动训练中很容易发生挫伤,最常见的部位是大腿的肱四头肌和小腿前部的骨膜和后部的小腿三头肌、腓肠肌,此外,腹部、上肢、头部的挫伤也时有发生。挫伤后,以疼痛、肿胀、皮下出血和功能障碍的症状为主。出现挫伤时,具体处理方法如下:

(1)受伤后应立即进行局部冷敷,外敷新伤药,适当加压包扎,并抬高患肢,以减少出血和肿胀。

(2)严重挫伤并伴有部分肌纤维的损伤或断裂,组织内出血形成血肿的,应将肢体包扎固定后,立即送医院医治。肱四头肌和小腿后群肌肉的严重挫伤多伴有部分肌纤维的损伤或断裂,组织内出血形成血肿,应将肢体包扎固定后,迅速送医院诊治。

(3)严重挫伤并伴有休克症状的,应仔细观察呼吸、脉搏等情况。头部、躯干部的严重挫伤可能会伴有休克症状,休克时先进行抗休克处理,使伤员平卧休息、保温、止痛、止血,疼痛剧烈者,可给肌肉注射杜冷丁,并立即送医院诊治。

2.擦伤

擦伤是指肌体表面与粗糙的物体相互摩擦而引起的皮肤表层的损害。擦伤的主要症状为表皮剥脱,有小出血点和组织液渗出。

不同擦伤的具体处理方法如下:

(1)一般较轻较小的擦伤,可以用生理盐水或其他药水冲洗伤部,涂抹红药水或紫药水,不需包扎,一周左右就可痊愈。

(2)较大面积的擦伤易受污染,需用碘酒或酒精在伤口周围消毒,如果创面中嵌入沙粒、炭渣、碎石等,应用生理盐水棉球轻轻刷洗,消除异物,消毒后撒上云南白药或纯三七粉,盖上凡士林纱布,适当包扎。若不发生感染,两周左右即可痊愈。

(3)面部擦伤宜涂抹0.1%新洁尔溶液。

(4)关节周围的擦伤,在清洗、消毒后,最好用磺胺软膏或青霉素软膏等涂敷,否则会影响活动,并易重复破损。

3.切伤

切伤伤口边缘整齐,出血较多,但周围组织创伤较轻。深的切伤可能切断大血管、神经、肌腱等组织。

切伤的具体处理方法如下:

(1)轻者先用碘酒或酒精消毒。然后在伤口上撒上消炎粉,用消毒纱布覆盖。

(2)较重者,应彻底止血,缝合伤口。伤情和污染较重者应该注射抗菌药,预防感染。

(3)被不洁物切伤的,要注射破伤风抗毒素,预防破伤风。

4.扭伤

扭伤是指关节发生异常扭转,引起关节囊、关节周围韧带和关节附近的其他组织结构损伤。急救处理扭伤时,应仔细检查韧带是否部分撕裂或完全断裂,关节是否失去功能,注意以冷敷、加压包扎或固定关节为主,外敷活血止痛的药物。受伤严重时马上送医院做进一步的诊治。扭伤后要加强休息,使肌肉放松,可在扭伤部位垫个薄点的软枕头,以减轻疼痛。

(1)急性腰扭伤

腰部扭伤后,要停止活动立即休息。如果不休息、不及时治疗,容易反复发作留下病根,造成慢性腰腿疼。扭伤后,用热敷疗法较好。具体方法是把大盐、麸子或沙子炒热,用布包起来,敷在疼痛最厉害的地方,每天2次。另外,针灸、拔火罐、推拿、按摩、理疗也有很好的效果。

(2)踝关节扭伤

踝关节扭伤属于关节韧带损伤,在运动训练中最为常见。造成踝关节扭伤的原因是踝关节过度内翻或外翻而导致的踝关节内、外侧韧带受损。发生扭伤时,伤者伤处疼痛、肿胀,韧带损伤处有明显压痛,皮下有瘀血。出现踝关节扭伤,应暂停运动,冷敷,加压包扎,抬高患肢。24小时后可以进行热敷和按摩。严重的扭伤或怀疑有韧带撕裂时应及时求医。

(3)韧带损伤

可用粘带支持固定,并以弹力绷带包扎。如果怀疑是韧带断裂,最好是用海绵垫或较大的棉花垫作压迫包扎,包扎时,应与受伤时位置相反,如踝内翻损伤者,则在外翻位置包扎固定。

5.拉伤

拉伤是指肌肉受到强烈牵拉所引起的肌肉微细损伤、部分撕裂或完全断裂。球类运动训练中,大腿后群肌肉和小腿后群肌肉的拉伤最为常见。拉伤后局部疼痛、压痛、肿胀、肌肉发硬、痉挛、功能障碍。肌肉拉伤轻者,可仅有少许肌纤维撕裂或肌膜破裂;重者,可造成肌肉大部或完全断裂。如果肌肉断裂,伤员受伤时多有撕裂感,随之失去控制相应关节的能力,并可在断裂处摸到凹陷,在凹陷附近可摸到异常隆起的肌肉断端。

拉伤的具体处理方法如下：

(1)肌纤维轻度拉伤及肌肉痉挛者,用针刺疗法会取得良好的效果。

(2)肌肉、肌腱部分或完全断裂者,应在局部立即采用氯乙烷镇痛喷雾剂等进行局部冷敷,加压包扎,固定患肢后,把患肢放在使受伤肌肉松弛的位置,以减轻疼痛,马上送医院诊治,必要时还要接受手术治疗。

(3)24～48小时后可开始理疗和按摩,按摩时手法宜轻柔,伤部仅能做些轻推按摩,伤部周围可做揉、捏、搓等,同时配合点压穴位(宜取伤周穴位)。

6. 撕裂伤

撕裂伤是指受物体打击而引起的皮肤和皮上组织均出现规则或不规则的裂口。主要症状表现为皮肤有细微的裂口或伴有渗血现象。

撕裂伤具体处理方法如下：

(1)轻者可先用碘酒或酒精消毒,然后用云南白药或其他药物和方法止血,再用消毒纱布覆盖,并适当加压包扎。如不能制止出血,应尽量在靠近伤口处按规定缚以止血带,立即送医院治疗。

(2)伤口较大、较深、污染较严重者,应立即送医院进行清创缝合手术,并口服或注射抗菌素药物预防感染,并按常规注射破伤风抗霉素。

7. 肘关节内外侧软组织损伤

肘关节内外侧软组织损伤多由于伸手肌群突然收缩,使肌肉或关节囊韧带受到剧烈牵拉或因经常做前臂的旋后或伸腕动作,深层组织反复摩擦、挤压造成局部劳损性病变,滑囊的过分刺激而导致的。在球类运动中,肘关节内外侧软组织损伤的发生率大约占总损伤的6%左右,内侧高于外侧。急性损伤者,伤后即觉肘内外侧疼痛,局部肿胀,甚至皮下出现淤血(内侧软组织损伤多见,大多表明有组织撕裂)。肘关节活动受限,常常不能完全伸肘或屈肘。慢性伤者,肿胀往往不明显,但伤者常诉述在完成扣杀或抽球、快打时,动作质量技术不高。损伤部位有明显压痛,做肘关节被动外展外旋或屈肘屈腕、前臂旋前抗阻力收缩活动时(检查内侧伤),或做腕关节背伸前臂旋后抗阻力活动和肘关节稍微弯曲、手半握拳,腕关节尽可能掌屈,然后前臂旋前并逐渐伸直时(检查外侧伤),都会出现疼痛明显加重。如在检查时发现肘关节出现松动,侧扳肘关节间隙加宽或外内翻角度增加,或出现肌肉上端有凹陷或裂隙等现象,则表明肌肉韧带有完全断裂之可能性(内侧伤者常见)。

肘关节内外侧软组织损伤的处理方法如下：

(1)急性损伤期,伤肘要适当休息制动。

(2)损伤即刻与早期可以局部冷敷,加压包扎,外敷新伤药。24～48小时之后,可考虑进行理疗、按摩、外敷中药。

(3)局部封闭注射肾上腺皮质激素类药物,往往可以收到较好的疗效。对慢性伤者,应以理疗、按摩、针灸治疗为主。

(4)对有肌肉韧带断裂或伴有撕脱骨折者,宜进行手术缝合术等。

(5)在伤后练习与康复安排时,急性期要停止进行防止再伤或加重损伤的一些动作的活动。

（6）要等到损伤部位已基本没有疼痛后，才可进行这些动作的练习，通常大约需 2～3 周的时间，而且运动量和强度等都要逐渐增加。

（7）在伤后练习与康复时，要佩戴保护装置，如护肘、弹力绷带等；要加强前臂肌肉群的力量练习和伸展性练习。

（8）对肘内侧软组织损伤者，尤其是肘关节有一定松弛者，进入正式练习的时间更需要长一些，否则非常容易再损伤和造成肘关节的进一步松弛，从而发展成慢性劳损，甚至导致骨关节病。

8. 骨折

骨折是指骨的完整性遭到破坏的损伤。复杂性骨折的骨折断端刺伤了血管、神经等主要的组织与器官，发生严重的并发症，引发危及生命的一些症状。

处理骨折的方法包括以下几种：

（1）骨折固定前最好不要移动伤肢，以免增加伤员的痛苦和伤情，应尽快固定伤肢，限制骨折断端的活动。对大腿、小腿和脊柱骨折应就地固定。

（2）骨折固定后要注意保暖，确保固定牢固。四肢固定时要观察肢端是否麻木、疼痛、发冷、苍白或青紫，如出现这些情况则说明包扎过紧，必须放松一些。

（3）骨折时若伴有休克和大出血等危及生命的并发症时，应立即抢救休克和止血，给予伤员较强的止痛药物，平卧保暖，针刺人中等，这时可以采取简要的止休克措施。

（4）对有伤口或开放性骨折的伤员，首先要止血，止血多采用止血带法和压迫法。然后，用消毒巾或纱布包扎后，及时送医院治疗。同时要注意，对已暴露在伤口外的骨折断端不要放回伤口内，以免引起感染，也不可任意去除。

（5）处理骨折所使用的固定用具，长短宽窄要合适，长度须超过骨折部的上下两个关节，夹板与皮肤之间要有垫衬物固定，先固定骨折部的上面和下面，再固定骨折部位的上下两个关节。

9. 出血

出血按部位不同又可分为外出血和内出血。内出血无明显症状或皮下有淤青，外出血主要为血管内的血外渗或外流。处理出血的方法具体包括以下步骤。

（1）止血

①指压止血

上臂出血。根据损伤部位，选用腋动脉或肱动脉压迫点。腋动脉压迫点为：外展上臂 90°，在腋窝中用拇指将腋动脉压向肱骨。（图 7-1）肱动脉压迫点为：用食、中、无名三指的指腹把肱动脉压向肱骨。出血部位不同，压迫点也不同。例如，掌指出血，分别按压桡动脉及尺动脉。

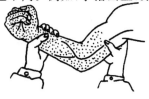

图 7-1　上臂出血

下肢出血。大腿或小腿大出血，用两手拇指重叠起来，在腹股沟中点稍下方，将股动脉用力压在耻骨上支上。（图7-2）

足部出血。在足背及内踝后方压迫胫动脉和胫后动脉。（图7-3）

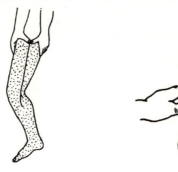

图7-2 下肢出血   图7-3 足部出血

②止血带止血

止血带止血法适用于四肢动静脉出血。常用的止血带有皮管、皮带及气止血带三种。缚上止血带以后，局部会出现疼痛，时间长了还可能使肢体缺血坏死，造成残废，甚至危及生命。所以使用止血带要特别慎重，要严格按照正确的方法进行操作。

缚上的止血带，上肢每半小时、下肢每1小时分别放松一次，以免肢体坏死，使用时应多垫棉花或衣服，否则会引起上肢的麻痹。另外，止血带应缚在出血部的近端，压力不应小于200毫米汞柱动脉压力。

③充填

用消毒纱布充填伤口压迫止血，多用于躯干的大伤口或不能上止血带的部位，训练创伤中很少使用。

（2）包扎

包扎具有压迫止血、保护伤口、支持和固定出血肢体等作用。包扎所使用的工具主要有绷带和三角巾，三角巾的包扎一般用在对伤肢的固定以及悬吊。如上臂的骨折、脱位，手及头部的包扎等。这里重点介绍绷带包扎的方法。

①环形包扎法

将绷带打开，斜置于被包扎部位，一手大拇指压住绷带斜端，另一手绷带绕伤处一周，再将带头斜角折回，然后依次反复进行；结束时将绷带剪成两条将末端进行固定。适用于手腕、小腿下部、额等部位。（图7-4）

图7-4 环形包扎法

②扇形包扎法

有两种缠法，一种是从关节上向关节下缠绕，叫向心性扇形包扎；另一种是从关节向关节的上下缠绕，叫离心性扇形包扎，能有效防止最后一圈滑脱。扇形包扎法多适用于关节部位。（图7-5）

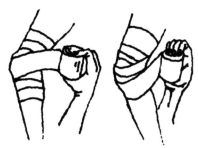

图 7-5　扇形包扎法

③"8"字形包扎法

先从关节下方环形包扎，将绷带斜缠，由下向上，再由上向下绕过关节成"8"字形，反复缠绕；结束应在关节下方，如同环形包扎。适用于肘、膝、腕、踝、肩等部位。

④螺旋形包扎法

先从粗端环形包扎，然后将绷带斜缠，后一圈盖前一圈的 1/2 或 1/3；结束固定同环形包扎。适用于粗细均匀部位，如上臂、大腿下端、手指等。（图7-6）

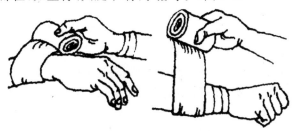

图 7-6　螺旋形包扎法

⑤反折式包扎法

先环形，然后按螺旋形进行，但每一圈需将绷带上缘向下折成人字形，再向后绕绷带并拉紧；每反折一次应压前一圈的 1/2 或 1/3，注意反折线不应在伤口处；结束固定同环形包扎。适用于粗细不均匀的肢体，如前臂、大腿、小腿等。

（3）内出血急救

体腔内出血，如胸腔或肝脏破裂多有严重的休克，临床上常常用查血色素、红细胞及血球容积的方法诊断。一旦发生严重休克，常常需要及时输血或手术治疗。

10.膝关节损伤

（1）膝关节外侧副韧带损伤

单纯外侧副韧带部分损伤可保守治疗。包括支持带、石膏或支具制动3～6周，股四头肌等长收缩，下肢功能康复训练。外侧副韧带完全性损伤及联合损伤均需手术修复。早期全面修复外侧副韧带或联合结构可取得满意的治疗效果,合并腓总神经损伤也需要同时修复。

(2)膝关节胫侧副韧带损伤

损伤早期主要防止损伤加重、固定、止痛。局部立即给予氯乙烷麻醉、降温或冷敷,松软敷料及弹性绷带加压包扎止血固定,抬高患肢,减轻肿胀。3 天后局部热敷或应用中药外敷,并进行股四头肌训练。3 周内局部支持带或支具辅助下扶拐杖行走。6 周后去除支具或拐杖膝关节屈伸活动,渐进性抗阻锻炼。3 个月后恢复日常活动。如患膝疼痛、肿胀明显,外翻应力试验阳性,X 线片有骨折,原则上需手术修复。手术修复断裂的韧带止点或缝合撕裂的内侧副韧带,术后康复训练。合并内侧半月板及前交叉韧带损伤者,也需手术修复。

(3)髌骨劳损

髌骨劳损一般是膝关节长期负担过重或反复损伤积累而成的。髌骨劳损是膝关节酸软疼痛,髌骨压迫痛,单足半蹲的时候有痛感。少数患者因长期膝关节疼痛不敢用力而肌肉萎缩或有少许关节积液。

髌骨劳损采用按摩、中药外敷,针灸等方法;加强膝关节肌群力量练习,比如采用高位静力半蹲,每次保持 3～5 分钟即可,每日进行 1～2 次。

(4)半月板损伤

该损伤的治疗方案取决于损伤是急性还是慢性,是否运动员,需结合病人的意愿做出选择。对于急性半月板损伤的初期患者,慢性半月板损伤症状、体征不肯定者,经关节镜检查适合保守治疗者,应采取非手术治疗,目的是保护撕裂的半月板组织,减轻疼痛与肿胀,恢复肌肉张力和关节活动范围。

受伤当时给予加压包扎与抬高患肢,具有止血与缓解症状作用;冷敷在受伤当时立即进行,具有止血、消肿和组织麻醉作用;关节穿刺抽液适用于关节肿胀严重患者;利用红外线、磁疗仪等理疗方法促进肿胀消退和淤血吸收;石膏或支具固定具有止痛和利于组织撕裂修复作用;抗炎止痛治疗缓解症状,为康复训练创造条件;功能锻炼在疼痛得到控制的情况下进行,早期可进行股四头肌等长训练,主动锻炼在疼痛能忍受时进行。

保守治疗 6 周,如果症状消失,股四头肌能达到正常侧的 80%～90%,可开始正常活动。如仍有明显的半月板损伤症状,应手术治疗。手术治疗半月板损伤的方式有半月板缝合术、半月板切除术、异体半月板移植术。

11. 关节脱位

关节脱位是指关节面失去正常的联系的现象。关节脱位时,通常伴有关节囊撕裂,关节周围的软组织损伤或破裂。关节脱位后,受伤关节疼痛,有压痛和肿胀,关节功能丧失,受伤的关节完全不能活动,出现畸形,关节内发生血肿。

关节脱位具体处理方法如下:

(1)及时复位。如果复位不及时,血肿会机化而发生关节粘连,增加关节复位的困难。

(2)肩关节脱位时,取三角巾两条,分别折成宽带,一条悬挂前臂,另一条绕过伤肢上臂,于肩侧腋下缚结。

(3)肘关节脱位时,用铁丝夹板,弯成合适的角度,置于肘后,用绷带缠稳,再用小悬臂带挂起前臂,也可直接用大悬臂带包扎固定。

（4）如果没有修复技术，关节脱位后不可以做修复回位的手术，以免加重损伤，应立即用夹板和绷带在脱位所形成的姿势下固定伤肢，尽快送往医院治疗。

12.腰肌劳损

腰肌劳损又称腰部肌肉筋膜炎，其病理改变是多种多样的，包括神经、筋膜、肌肉、血管、脂肪及肌腱的附着区等不同组织的变化。通常多系急性扭伤腰部后，治疗不彻底即参加训练，逐渐劳损所致。

腰肌劳损的处理方法如下：

（1）可采用理疗、按摩、针灸、封闭、口服药物、用保护带（围腰）及加强背肌练习等非手术治疗手段。

（2）对顽固病例可手术治疗。治疗上以非手术治疗为主，如各种非手术疗法无效者，可施行手术治疗。

（二）足球运动性损伤的恢复

1.恢复训练的原则

康复训练就是在运动损伤治疗的后期进行有益的合理的训练活动。运动损伤发生后，仅仅被动休息，就会造成机体功能的衰退。一般来说，疗伤同时还需要进行适当的功能恢复训练。

运动损伤的恢复训练既要遵守体育锻炼的全面性原则、循序渐进原则、区别对待原则、持之以恒等一般原则，又要遵守恢复训练的特殊原则。康复训练的特殊原则如下：

（1）根据患处的伤势决定局部活动的负荷大小，逐步加大全面活动。

（2）控制患处功能活动的质和量，以局部活动后患处不出现局部疼痛和练习后 24 小时不出现肿胀为度。

（3）每次恢复训练后，做好放松练习及热敷或轻度按摩。

2.恢复训练的方法

（1）主动活动与被动活动

①主动活动

患者依靠本身的肌肉力量做负重或不负重的功能活动，逐步恢复肌肉的力量，增强关节活动度及提高活动的速率。

②被动活动

依靠外力的帮助做患处的功能活动，通过被动活动使患处的功能范围逐步扩大，促进患处淤血、粘连物进一步吸收。

一般情况下，先做被动活动，再做主动活动。亦可在主动活动后再做被动活动。若后做被动活动，则负荷量要适当加大，最大不可超过正常的活动范围。

（2）静力练习与动力练习

①静力练习

静力练习对关节、韧带部位的损伤，尤为重要。静力练习是利用本身肌肉、关节、韧带的力量,使患处保持一定角度的功能位置,控制一定时间的练习。练习时,逐步提高强度,促进患处的新陈代谢,增强功能;可控制负荷进行,但是最大负荷不要超过本人健康时的强度。

②动力练习

利用本身肌肉力量做肌肉、关节、韧带的负重或不负重的功能练习,如做关节绕环、屈伸、跑步、连续跳跃练习等。

先做静力练习,再做动力练习。也可在动力练习后再做一次静力练习,但时间要比第一次静力练习少1/2。

(3)逆向练习

逆向练习,对运动损伤的治疗有很重要的作用。

腹部损伤的逆向康复练习为做背部的练习,上肢部位的损伤做下肢部位练习;右侧损伤做左侧练习。屈、伸肌群,外展、内收肌群,旋内、旋外肌群等,按同理应用。练习时要注意避免再次损伤。

第八章　足球运动训练理念的新发展

训练理念决定着教练员对训练实践本质规律的认识与判断,决定着教练员的训练行为,决定着教练员对训练内容、方法、手段的选择与运用,决定着训练的效果。本章通过对足球训练理念的界定,分析足球运动员训练规律及理论应用的内容。

第一节　足球运动训练理念概述

一、现代足球训练理念的确立

随着现代足球运动的发展,全攻全守总体型打法得到进一步完善,这种打法改变了过去仅凭借超群的足球运动技术、欧洲人所仰仗出众的体魄即可称霸世界足球的格局,给足球运动在高校的教学和训练带来了新的启示。具体表现如下:

(1)现代足球的教学和训练必须紧密联系足球赛场的实际,必须综合提高足球运动员的技战术及身心方面的能力。

(2)现代足球教学训练的前提必须为提高足球运动员的实战能力服务,使足球教学和训练成为在比赛气氛下解决球队场上各种问题的实战演练。

(3)现代足球教学训练的内容和方式方法必须从足球比赛中得来,必须能回到足球比赛中去检验,并最终能同步提高球员和球队应具备的各方面足球的实战能力。

以上这些关于足球教学与训练的新的认识和做法,是人们在对现代足球运动深刻理解的基础上,通过失败的经验和教训和成功的体验而总结出来的基本的教学训练思路,是足球先进国家对足球教学训练理念指导下的现实实践活动的认识,值得在我国足球教学和训练中借鉴。

因此,在我国足球教学与训练中,确立适合我国现代足球运动发展、符合我国足球运动实战需要的教学训练理念具有十分重要的理论和现实意义。

我国足球教学工作者及足球训练界专家应对这一理念进行充分论证,清醒地认识我国足球教学训练中长期存在的问题,为彻底告别传统的足球教学训练观念做出正确的理论指导,进一步确立和落实现代足球教师训练的理念。同时,要想方设法在足球教学训练实践中贯彻实施,一切为提高足球运动员的实战能力服务。

二、现代足球训练理念的组织保证

（一）地方足协

在我国的足球管理体制中，中国足协与地方足协有隶属关系，地方足协仍是执行足球运动相关工作的主力军，对本地区的各类、各级别的球队负有管理和指导的权力和责任。我国足球队的组织和建设可以结合地方足协传达的教学和训练理念，并根据高校运动员的特点，进行有针对性的足球实践。地方足协在关注地方足球队的教学训练指导上，是责无旁贷的。

（二）教练员培训

我国足协通常会利用每年冬（春）训期间举办的集训，为众多各级青少年足球队提供较为优越的训练和比赛条件。近年来，在足协技术部门的指导基础上，又增添了外国教练员授课及听练结合活动。这些对足球的教学训练的相关知识的普及和更新有很大的帮助，足球队应充分利用这一提高和充实教学训练理念的途径，切实提高足球教学训练的质量。

利用球队的集训进行教练员的培训是改善足球教学训练的好方法，但足球应服从于贯彻落实现代足球教学训练理念的整体工作布局，重点放在检查足球教学理念的落实情况、新知识和技能的学习方面，重在高校运动员综合运动水平的提高上。使足协集训期间的教练员培训成为高校贯彻落实现代足球教学训练理念工作链条上的一个重要组成部分。

（三）业务管理和指导队伍

1.足球协会

中国足球协会应责无旁贷地确立并推行现代足球教学训练理念，在政策及其他方面对足球运动提出有效指导，切实推动足球教学训练工作的进行。

地方足协应在服从中国足协的领导、执行中国足协决定的基础上，切实按照现代足球教学训练理念管理、指导地方各高校的青少年足球队的教学和训练工作，确保该校的教学训练理念的贯彻落实。

2.教练员讲师

在世界足球界，足球强国的教练员讲师是在该国足球协会领导下，由国家优秀教练员牵头形成的、专业的足球工作指导队伍，主要指导足球教学训练理念的贯彻情况等相关问题。

在我国，尤其是高校，确保我国足协确立的教学训练理念指导工作是我国足球目前亟需解决的问题。

三、我国与欧美现代足球教学训练理念的差距

（一）理论指导实践的差距

1. 欧美：理念指导，科学教学训练

欧美足球先进国家的教练员都很重视用专业理论知识武装球员，以科学的理论指导运动实践，使理论与实践相结合，以用先进技战术思想指导训练。

欧洲足球强国，从青少年开始就注重培养运动员的战术意识，注意在训练和比赛中培养运动员解决难题的能力，以不断提高运动员的理论知识。随着运动员年龄的增长，教练员更加注重用理论知识和战术思想武装运动员，指导其训练。

如前中国国家队教练霍顿、前中国中青队的教练员克劳琛，都十分注意用先进的理论知识和专业技能充实运动员。克劳琛曾说，通过讲解使运动员知道在训练和比赛场上应该做什么，怎么去做。使运动员了解各种技战术的特点、各位置的职责，运动员的思想开窍了，就会自觉主动地去训练。克劳琛通过训练前的理论讲授，使中青队运动员们明白了专门为其打造的两套阵形的特点与要求，以根据不同的对手和队员，结合实际情况，随时灵活地运用。

另外，欧美足球强国的足球队大都配有科研教练员和保健大夫，科研教练员主要是收集足球技术资料提供给主教练，还与保健大夫一起运用先进的科学手段对运动员的运动训练的强度、密度、运动量及受伤程度、能否参赛训练和比赛等进行监控、指导，为主教练提供教学训练依据。教练员对运动员的状况做到心中有数，才能有针对性地、合理地安排教学和训练。

随着现代足球运动水平的发展，对运动员技战术、身心素质的要求越来越高，教学训练工作越来越细致，分工越来越明确，训练越来越系统和有针对性。

2. 我国：理论知识水平较差

首先，我国很多高校足球教练员是运动员出身，文化水平、基础知识水平、专业理论知识等较差，在教学训练中主要凭主观经验来安排教学和训练任务，因此，这些教练员对自己的再学习与运动员的理论教育，尤其是先进的教学训练的理论认识较差。

如前国家教练员霍顿执教时，给队员们讲解后卫的平行站位要点后，一些教练员将这种站位的防守法说成新的防守战术。其实平行站位防守方法在20世纪70年代是许多球队经常采用的一种防守方法，后来由于大家用自由中卫防守战术取代了平行站位的防守战术，平行站位用的少了，有些被遗忘了。将平行站位的防守法说成新的防守战术反映了一些教练员的足球理论知识贫乏，这也就使得无法以正确的理论知识指导运动实践。从而导致我国足球运动员的理论和理论联系实践的能力都很差。

一些高校足球队的球员虽然具有一定的技战术基础，但如果让其讲一下具体的某个技战术的要点时，绝大部分运动员都讲不详细，这也是其在实战中，在配合的细节上总出问题的原因所在。由于球员的理论知识缺乏，其不知道错在哪里，所以运动水平很难提高。

因此，只有利用现代理论知识武装足球运动员、指导实践，使运动员知道在训练中注意什么、通过什么方式和方法训练，训练的要点和难点是什么等，才能激发运动员训练和比赛的积

极性，发挥运动员的主观能动性，从而进一步提高其技战术意识与水平。

其次，我国大部分足球队，尤其是学校足球队，大都没有配备专业的科研教练员和医务监督大夫，也没有可供使用的科学仪器对运动员的身体素质、运动量、运动强度、机能适应情况和伤病情况进行监测。教练员基本上还处于凭经验进行教学训练的传统教学训练阶段，往往存在着还是轻伤不下"火线"的教学观念，结果往往导致运动员的伤病加重，严重的甚至因此而结束运动寿命，给运动员的身心造成了极大的影响。

再次，有的教练员在教学和训练上存在错误的认识，认为运动量越大越好，而不是进行超量的恢复训练，常导致运动员过度疲劳，严重地影响了运动员的身心健康与运动技能水平的提高。

最后，我们高校足球队中通常只有一个或两个教练员组织和管理足球队的一切工作，工作量严重超标，很难做到教学训练的细化，这在一定程度上影响了高校足球队训练质量与运动水平的提高。

（二）技战术风格的差距

1. 欧美：有统一的技战术风格

欧美足球强国，无论是青少年足球队还是成年足球队、无论是业余足球队还是专业足球队，都有各自统一的技战术风格与打法。

巴西、阿根廷与英国、德国的足球队，他们之间的技战术风格存在很大的差异，虽然各个足球队之间也互相影响，但各自足球队的特点不会改变。例如前世界冠军法国足协为改变处于中游的法国足球的落后地位，详细研究世界足球的发展趋势和本国足球的实际情况，将南美的足球技战术风格与欧洲运动员的身体训练特点结合起来，确定为法国足球运动的发展方向。经过不懈努力，法国终于夺得了世界杯冠军，跻身世界足球强国。再如英国足球队与德国足球队，在继承发展本国技战术和运动员身体素质特长的基础上，努力学习巴西、阿根廷等优秀足球队的技战术特点，采用大刀阔斧的改革，形成简练、快速、实用的技战术风格，这一技战术风格既发挥其自身的对抗能力，又充分发挥欧洲运动员的身体优势，还提高技战术水平，所以始终走在世界足球运动的前列。

总之，欧美的足球队，从儿童、青少年、俱乐部到国家队，都是按照统一的技战术风格和运动员的身体素质的发展来进行训练的。

2. 我国：缺乏统一的技战术风格

我国各级足球队，从儿童、青少年到成年，至今都没有专门的进行技战术风格的研究，在长期的发展过程中缺乏针对性，在广泛学习各国足球队技战术的过程中，形成了"有病乱投医"的尴尬局面。为了根据我国运动员的特点，制定符合自身的技战术发展方向，各足球队一会儿派教练和队员去巴西学习；一会儿又派教练员和队员去欧洲的德国、英国、荷兰交流，国内教练员的教学思想非常混乱。青少年足球队的技战术风格不明确、不统一。多种技战术风格的借鉴和学习使得运动员必须不断地学习和适应新的技战术风格，因此对其很难适应和掌握。

技战术发展方向的不明确、不统一，必然会导致同一个足球队的技战术打法变来变去，既浪费了教学和训练时间,也不利于足球队中运动员运动技能的阶梯状的持续发展。

因此,我国高校足球队的技战术风格的确定必须根据我国高校足球运动员的特点,结合学习足球强国的技战术的特长,来发展符合自身的技战术风格与打法,以尽快赶上亚洲及世界足球的发展水平。

(三)训练大纲的差距

1.欧美:全国执行统一的训练大纲

关于各年龄段青少年的足球教学与训练,欧美足球强国的国家足协都制订了科学、详细、统一的教学训练大纲。明确了各年龄段的青少年足球的技战术、身体素质及心理素质的教学和训练任务,且教学训练的重点突出,要求严格,效果显著,检查清楚。

全国执行统一的训练大纲,使得青少年足球运动员能全面、系统、扎实地掌握各项运动技能和战术,有利于足球运动员集体战术的提高,有利于足球运动员身心素质和运动技能的持续发展。

因此,欧美足球强国的青少年运动员的技战术基础扎实,水平高,运动员能够灵活自如、高水平地完成各种足球运动技术动作,能够较快地适应高速度、强对抗的足球赛事。所以能够培养出马拉多纳、贝克汉姆、罗纳尔多、齐达内、亨利、鲁尼等世界级的球星和世界级的冠军队。

2.我国:尚未形成统一的训练大纲

目前,我国高校足球队的教学训练还没有一个统一的训练大纲。受传统的"唯成绩论"的影响,许多地方以大打小、以强打弱、弄虚作假的问题非常严重。所以,我国各高校的足球队的教学训练很不规范,缺乏系统的技战术的教学训练,运动员的运动基础不扎实,对抗能力差。

在亚洲以及世界级的足球比赛中,经常看到我国的足球队员因传接球失误、传球不到位等严重地影响整个球队的技战术水平的提高与发展。例如2005年U17世青赛中,中青队以1比5的比分败给土耳其队,充分暴露了我国青少年足球技战术的差距。再如2005年的亚冠赛中,山东鲁能挑战沙特的伊蒂哈德队,以2比7输掉了比赛;客场挑战上届亚冠联赛的冠军阿尔·艾因队的深圳队以0比6的败北。以上这些例子,充分反映了我国足球队与欧美强队的技战术差距,而这些差距同样存在于我国高校足球队的教学与训练中,甚至更为落后。

前亚足联秘书长维拉潘曾说:日本足球发展快,是因为有着雄厚的青少年足球基础。中国足球在这方面还需要进一步努力。因此,探讨和摸索我国高校足球队的教学训练,为我国输送优秀的足球运动员应重视统一的训练大纲的执行与贯彻落实。

(四)训练方法的差距

1.欧美:以对抗、实战训练为主

为了实现赛练一致,欧美足球先进的国家对足球运动员的训练多以对抗训练为主,经过一段时间的训练后,运动员不怕紧逼,能适应激烈的比赛对抗。优秀的足球队在教学训练中则更加突出对抗的特点。

以对抗、实战训练为主的训练不仅是一种攻守对垒的外部形式,更在于运动员能深刻地体验实战对抗的强度和真实性,犹如参加真正的比赛。在对抗训练中,运动员凶狠的拼抢,使伤害事故时有发生。因此,欧美足球队员在比赛中的心理素质非常稳定,即使是在激烈的对抗比赛中,运动员的技术动作也不会受到干扰,能正常甚至超常发挥。

我国在英超曼城队踢球的孙继海曾说,不得不承认,竞争对手米尔斯在比赛中的投入和在平时的训练中很玩命,对教练的要求总是超额完成。中国球员普遍存在一种习惯上的问题……就像两个剑客,欧美球员一出手就不留余地,而中国球员骨子里会有所保留。现阶段的中国球员并不适合高对抗程度的比赛。

2.我国:训练中怕紧逼、怕对抗

我国高校足球的教学训练理念落后,训练计划不详细,目的、任务不清楚,所以高校足球队的整体训练水平还比较落后。

目前,我国大部分高校足球队的训练都是以非对抗为主,即使高水平运动员的训练中,高速度、强对抗的足球训练也不多见,训练长期脱离实战,运动员在训练和比赛中的对抗经验与心理素质欠缺,运动员在比赛中怕紧逼、怕对抗,动作技术容易变形,技能水平难以正常发挥。

第二节　足球运动员训练规律及理论应用

一、足球运动的训练及训练规律

(一)足球训练的基本特征与依据

1.足球训练的基本特征

(1)足球训练的适应性特征

足球运动员训练水平的提高,是通过训练内容给运动员机体施加一定的运动负荷,使机体产生某种功能性的适应性变化和改造,最终产生相应的训练效应。单纯的增加负荷,并不一定就能产生良好的训练效应,要根据运动员自身的特点并结合人体训练的适应规律,在训练中给予适当的负荷,才能取得良好的训练效果,这就是运动训练的适宜负荷原理。

在足球训练中,适宜的负荷是至关重要的。如果训练负荷较小,就不能引起运动员机体必要的应激反应,其竞技能力也不会有大的发展和提高;如果训练负荷过大,则会导致运动员的疲劳反应,甚至出现运动损伤,不利于训练水平的发挥。因此,在训练时一定要把握好运动负荷,在训练中使运动员产生适度的疲劳,有助于运动员在比赛中充分发挥自己的竞技能力。

(2)足球训练的实战性特征

竞技性是足球运动一个非常鲜明的特点,足球运动训练的目标是提高运动员的技战术水平和竞技能力,以取得优异的比赛成绩。因此,根据运动员竞技能力和比赛成绩的需要,从实战出发,科学合理地安排训练的内容、方法、手段和负荷等,使运动专项特点同比赛需要很好地结合起来,提高运动员的技战术水平后,争取获得满意的竞技比赛成绩。

确定运动训练水平的前提是首先要对足球运动的专项特异性进行全面而深入的分析:对足球运动员的竞技能力结构做出正确的分析;要对运动员的现实状态做出科学的诊断;对运动员的训练条件做出全面的分析;对运动员的训练潜力做出客观的评价等,只有这样才能促进运动员训练水平的提高。

（3）足球训练的整体性特征

足球训练要有目标,训练的目标状态是整个训练过程的终点,是训练阶段划分、内容确定、方法和手段选择、恢复措施选用及检查评定设计等重要内容的基本依据,足球训练中的全部活动都是为这一终极目标服务的,每次训练活动都要围绕这一目标展开。

足球运动员的竞技能力是一个多层次、多环节的系统结构,在训练中必须对运动员竞技能力有一个整体上的把握,除了重视体能、技能、战术能力的训练外,还必须将心理能力和运动智能的训练纳入训练的范畴,进行全面而综合的训练。

（4）足球训练的连续性和阶段性特征

①连续性特征

足球运动训练是通过对运动员身体施加适量的运动负荷,使运动员通过有机体自身的各个系统、各个器官、各部肌肉乃至每个细胞的变化一步一步实现。足球运动员的竞技能力收到生理、心理以及先天、后天等因素的影响,是多种能力的综合表现。足球运动员要想使自己的竞技能力得到提高,就必须通过长时间、连续而系统的训练,而训练过程中的每一次课、每一个阶段,都是整个训练过程的一个部分,要为整个训练过程服务,整个训练过程表现出明显的连续性特征。

②阶段性特征

足球运动员的训练过程,是由每一个不同的训练阶段组成的,各个训练阶段都是独立存在的,有各自的训练目的和训练任务,只有完成了各个阶段的训练任务,才能完成球队的整个训练任务,实现最终的训练目标。因此,足球运动训练过程表现出明显的阶段性特点。

2. 足球训练的基本依据

足球运动训练的基本依据主要是:足球运动员竞技能力发展的敏感期以及足球运动员多年训练过程的阶段划分。

（1）竞技能力发展的敏感期

足球运动员竞技能力的获得主要有两个途径:一是先天遗传;二是后天的训练。先天遗传的竞技能力是随着运动员发育阶段的不同而表现出不同的水平,后天获得性竞技能力也随着训练过程的延伸而变化。在这两个因素共同作用下,足球运动员在某个时期的生长发育最快,这就是运动员竞技能力发展的敏感期,包括体能、技能和战术意识发展的敏感期。

①体能发展的敏感期

在足球运动员体能的各项素质中最先发展的是柔韧、速度、灵敏和协调素质;其次是爆发力和有氧耐力;最后是力量和无氧耐力素质。

②技能发展的敏感期

运动员随着年龄的增长和身体发育的不断完善,其运动技能的发展也呈现出阶段性的特征。首先要进行基本技术学习,其次是结合战术方法的技术运用阶段,最后是技术运用对抗能力和灵活运用阶段。

③战术意识发展的敏感期

足球运动员的战术意识是其战术能力的核心内容,而战术意识的各个组成要素具有阶段性特征。足球运动员战术行为决策过程的内在步骤主要包括四步:第一,对场上环境的知觉过程;第二,对完成目标所需要的信息做出判断;第三,从记忆库中提取已有的经验图式与比赛场景进行比对采取决策的过程;第四,通过决策采取行动。

(2)足球训练的阶段划分

足球运动员要想取得成功就必须经历长期、艰苦的训练,其训练阶段主要包括:基础训练阶段、专项提高阶段、最佳竞技阶段以及竞技保持阶段四个阶段。

这四个阶段都有着不同的训练任务和训练内容,并对运动训练的负荷安排提出不同的要求。基础阶段和专项提高阶段的训练安排要服从于最佳竞技阶段训练任务的完成。最佳竞技阶段是足球运动员全程性多年训练过程的核心阶段,运动员进入最佳竞技阶段的训练并表现出最佳竞技成绩,是运动训练过程的最终目标。在足球运动多年训练过程中,要根据训练阶段的不同来安排训练任务、训练内容和训练负荷。同时,在不同的训练阶段,要根据不同的训练任务对运动员竞技能力发展水平提出不同的要求。

(二)足球训练的基本原则

1.合理安排运动负荷原则

在足球训练过程中,要选择适宜的运动负荷。适宜的运动负荷是通过训练时间、动作次数、运动密度、强度和完成动作的质量好坏等因素来控制的。在训练过程中控制好适宜的负荷是至关重要的。在贯彻运动负荷原则时要注意以下几点。

(1)正确认识运动负荷的大小

要认识到运动负荷的大小主要是由对象的训练水平状况而定的,运动员所能承受的运动负荷是随着训练过程的发展而不断变化的。教师要根据不同训练阶段以及学生不同的身体特征来合理地确定运动负荷。

(2)处理好负荷量与负荷强度之间的关系

负荷强度必须要在负荷量积累的基础上加大,并且强度加大后,量就不应再保持很高的水平。如果量和强度一直同时增加,非但整个运动负荷加不上去,而且会容易产生疲劳甚至运动损伤。

(3)运动负荷的提高要循序渐进

运动负荷的增加,要按照由小到大,循序渐进的原则逐步进行,形成一个加大、适应,再加大、再适应的过程。在具体安排上,则要注意大、中、小相结合,并有适当的休息,做到有节奏地交替进行。一般说,在进行一次大运动、小负荷或休息。

2.训练内容富于趣味性原则

足球运动训练的过程,也是体验足球、感受足球的过程。兴趣既是学生学习足球的诱因,也是坚持训练的动力。在训练过程中,教师要指导学生勤于思考、好动脑筋,要具备较好的理解能力和理性思维。

坚持趣味性原则,教师在教学过程中,要注意营造生动活泼的氛围,创造沟通互动的环境,练习形式多变,多安排一些富于趣味性的游戏、竞争性练习、小型比赛等练习,激发学生学习足球的兴趣,增强自信心,提高能力,端正态度,使他们在健康快乐的足球环境中,熏陶足球文化,体验足球乐趣,从而有效地提高运动训练的效果。

3.训练过程的系统性原则

系统训练,是指从最初的训练阶段开始,一直到出现优秀成绩以及保持并不断提高技术水平的整个训练过程,前后连贯紧密相关而不中断。贯彻系统性原则应注意以下两方面的问题。

(1)合理地安排好训练和休息

科学、合理地安排好训练和休息,控制好疲劳和恢复的相互交替,是足球运动训练水平的根本保证。如果不顾实际情况,一味增大运动的负荷,只能导致过度疲劳和伤病的出现,从而不利于进行系统的训练。

(2)各训练阶段要紧密结合

各训练阶段与阶段过程之间,在训练内容、重点、方法和运动负荷的安排上要有机结合起来,使上次训练成为下一次训练的准备,使下一次训练成为上一次训练的继续和提高。总之,应使每一次训练能获得良好的训练效果,只有这样才能保证运动训练水平的逐步提高。

4.一般训练与专项相结合原则

要坚持一般训练与专项相结合的原则,将足球的一般训练与专项训练结合起来,促进足球运动训练水平的提升。一般训练的目的是增进健康,促进身体形态和身体素质的全面发展。而专项训练则是提高足球运动的专项素质、技战术技能和培养战术意识。在足球运动训练过程中,要将两者紧密结合起来。贯彻一般训练与专项训练相结合的原则,主要应注意以下几点:

第一,根据足球运动训练的特点,合理安排一般训练与专项训练的比重。

第二,在训练内容和手段的选择上,既要考虑促进学生身体形态、机能素质等的全面发展,又要有利于专项技术技能的提高。

第三,训练方法要有多样性、灵活性和实效性,体现出以练为主、以赛促练的指导训练思想。

5.训练的简化性原则

进行简化足球练习是为了便于教、便于学,要遵循循序渐进的原则,训练要符合运动员的身体发育和认知水平,便于训练的组织、操作和控制。

教师可根据学生的实际需要,设计简化足球练习。如在进攻或防守中,选择任一面作为训练的主题,使训练目标简化。简化练习的形式简单,但内涵丰富。通过简化练习,可使学生在足球启蒙阶段,就能在认知的轨迹上,感受比赛气氛,接受比赛熏陶,认知比赛规律,培养球场知觉,养成比赛意识,强化比赛技能,提升交流能力,从而能够由浅入深,由点到面,从而促进其在训练中的全面提高和发展。

(三)足球运动训练的负荷安排

1.运动训练负荷大小的决定性因素

在运动训练过程中,影响运动员训练负荷大小的因素有很多,既有外在的客观因素,也有内在的主观因素,具体来说,起决定性作用的因素主要包括以下三个方面。

(1)运动员的承受能力

通常情况下,运动训练过程中训练负荷量的确定都是以不超过运动员机体整体或局部所能承受的最大负荷限度为准,如果超过这一标准,往往就会导致较为严重的运动损伤,甚至运动性疾病,不利于运动训练的顺利进行。因此,运动员的承受能力是决定训练负荷的重要因素。另外,年龄、性别、健康状况、训练水平,前次负荷后的恢复情况,心理状态等因素都对运动员的承受能力有着不同程度的影响,因此,要根据每个运动员的实际情况来确定其训练负荷。

(2)专项竞技的需要

由于每个经济项目的特点不同,对运动训练的负荷要求也有所差别,具体来说,主要体现在两个方面:一个是负荷侧重点方面;另一个则是负荷大小方面。在足球运动训练过程中,要想使训练效果最大化,就必须以足球的专项特点和比赛中的实际需要为主要依据来制订合理的训练负荷量。由此可以看出,专项特点与比赛的时机需要在很大程度上决定着训练负荷量的大小。

(3)训练的周期节律

运动训练过程中,周期性特点存在于各个构成因素之中,主要包括人体的生物节律、运动员机体能力的提高、竞技状态的发展变化、运动员训练比赛的客观环境等。除此之外,各种体能、技能和心理能力本身的结构也充分体现出了周期性的特点。由于各个阶段的训练目标不同,对负荷量的要求也有一定的差别,比如,准备期训练负荷的量较大,但是训练强度却是逐步提高的;比赛期训练负荷量较小,但是训练强度却有较为明显提高;休整期训练负荷量和强度都应适当进行减小。由此可以得出,训练活动的周期性特点,对训练负荷量的大小有非常重要的影响。

2.判断训练负荷适宜程度的方法

在足球运动训练过程中,对训练负荷的适宜程度进行判断具有非常重要的意义,主要表现为,有利于有效地控制负荷量的大小。通常来说,对训练负荷的适宜程度进行判断的方法主要包括以下三个方面。

(1)从生物学的角度来进行判断

在运动训练过程中,从许多生理、生化指标中就能够充分反映出不同量对运动员机体所产生不同程度的影响。在运动训练的实践中,对判断方法的要求提出了较高的要求,即迅速、简便、准确,因此,心率就成了许多教练员判断训练负荷适宜程度的建议指标,这种方法的应用比较广泛。另外,血液和尿液的检测结果也可以用来判断训练负荷的适宜程度,不过这两种方法较为复杂,运用得广泛程度较低。

（2）从心理学的角度来进行判断

在运动训练过程中,对运动员心理反应产生影响的因素主要包括所承受的训练负荷、动机、情绪、能力、意志和兴趣等其中训练负荷是最重要的影响因素。实践证明,任何心理反应都能够从人的生理变化、主观感觉、心理操作和实际活动中被充分地表现出来。比如,参加大型比赛之前,往往会因为压力大或者太过激动、紧张而造成失眠。由此可以看出,可以通过心理反应的情况来判断训练负荷的适宜程度。

（3）从教育学的角度来进行判断

在足球运动训练过程中,通过对运动员训练的欲望强弱、训练中的表现（正常与疲劳）、训练客观指标的完成情况（上升或下降）这几个方面进行观察和了解,来判断训练负荷的适宜程度,是教练员比较常用的方法。

除了让教练员进行判断负荷的适宜程度外,运动员平时也可以通过一些简单的指标来进行自我判断,具体包括:食欲、睡眠、自我感觉等。通过对这些指标的观察,将得出来的结果及时地反馈给教练员,以便于教练员准确把握训练负荷的适宜程度,并及时进行调整。

3.对训练负荷进行调控的主要形式

在足球运动训练过程中,由于受到人体适应和恢复机制的影响和制约,训练负荷不可能一直保持直线升高的状态。因此,通过遵循负荷—恢复—超量恢复的生理规律,以运动训练的实际情况为主要依据,可以对训练负荷进行适当的调控,具体的形式主要有以下几种:

（1）恒量式

进行足球运动训练时,在一定的训练阶段中,运动量保持在一个相对稳定的水平上,没有明显变化的形式,就是恒量式。这种调控形式在成个训练过程中都可以运用。

（2）渐进式

运动量按一定的规律斜线上升的方式,就是所谓的渐进式。这一调控形式的应用范围主要是较短的训练阶段中。

（3）阶梯式

按上升—保持—上升的形式提高运动量的调控形式,就是所谓的阶梯式。这种调控形式在比赛期前期的负荷安排方面较为适用。

（4）波浪式

按上升—保持—下降—再上升的形式加大运动量的调控形式,即为波浪式。这种调控形式在训练的各个时期都可采用。

（5）跳跃式

通过负荷的大起大落打破原有的动态平衡,并产生明显的超量恢复来加大运动量的调控形式,即为跳跃式。由于这种调控形式的难度较大,因此,一般适用于高水平运动员。

4.合理安排训练负荷的措施

在训练过程中,通过对运动员的承受能力、专项竞技的需要和训练的周期节律这几个决定性因素的分析,可以充分了解它们对训练负荷的影响,因此,可以以此为依据,采取相应的措施来对训练负荷进行合理安排。具体的措施主要有以下三种。

(1)根据实际情况和具体需要对运动量进行合理安排

在足球运动训练过程中,由于各个训练阶段的任务、目标、内容都不相同,因此,对运动量的要求也有一定的差异性;每个运动员自身的素质以及运动水平也都不尽相同,因此,安排运动量时,一定要以任务和对象的水平为主要依据。

由于机体对负荷的适应过程是逐步产生的,要想更好地运用适应原理,就必须使训练负荷逐渐加大,具体应遵循的增加训练负荷的原则是:加大—适应—再加大—再适应。另外,负荷—恢复—超量恢复的生理规律也在安排训练负荷时起到积极的指导作用,能够达到合理搭配运动量与休息的目的,从而取得最佳的训练效果。

(2)有针对性地对训练计划进行适当调整

教练员为即将开展的训练过程预先提出的设计方案,就是所谓的训练计划。由于训练过程中往往会受到许多因素的影响,而发生一定的改变,从而导致既定的训练计划与现实情况有一些不符。因此,这时候就需要通过对现实情况的充分了解后,对既定的训练计划进行适当的调整,以其取得最佳的训练效果。

(3)根据负荷与恢复的关系合理安排时间

没有负荷就没有恢复,也就不可能出现超量负荷,更不可能提高运动员的身体素质和运动能力了。需要注意的是,负荷积累一定要控制在运动员所能承受的范围内,避免出现过度疲劳。超量恢复的实现,除了要有适量的训练负荷外,还要有充分的间歇时间。课与课之间都要有间歇,间歇时间的长短、运动员接受负荷的能力以及恢复的机能水平,都与负荷的大小成正相关的关系。除此之外,负荷的性质也在很大程度上决定着恢复时间的长短。

(四)足球训练的基本规律

1.运动员身心发展的基本规律

在运动员的发育成长期中,人体各系统功能逐步成熟,各种运动素质不断得到发展和提高,但不同时期的生长发育特征存在着差异,有时生长快,有时生长慢;有的系统发育早,有的系统发育晚。因此,生长发育是有其自身发展规律的。此外,运动员还存在性别差异和个体差异,有的人发育早,有的人发育晚;同龄女性较男性发育要早。因此,训练要根据其特征及特有的规律,选择因材施教,进行有针对性的足球训练。

2.运动竞技能力的规律

足球竞技能力是指运动员参加足球比赛的能力。运动员所具备的竞技能力在比赛中的发挥称为竞技水平。足球比赛中运动成绩的好坏,不仅取决于球队本身,也要受制于对手竞技水平的发挥。足球运动员竞技能力的构成要素主要包括技术、战术、身体素质和心理素质四个方面。

在竞技能力的构成要素中,技术和身体素质是战术的物质基础,而战术是以身体素质与技术为基础发展的,同时,战术又对技术和身体素质具有强大的反作用;心理素质为技术、战术和身体素质提供保证,它影响着训练和比赛中竞技水平的发挥,因此,这四者之间的相互作用是辩证的,彼此之间是相互影响,相互融合的关系。

3.足球训练的实战性规律

进行足球训练的目的无非就是在实战比赛中创造性地运用所掌握的技战术,取得理想的比赛成绩。在足球训练中,要遵循和贯穿以下几方面的规律。

（1）技战术能力的培养要全面而系统

在足球比赛中,运动员会面临各种各样的状况,在赛前,要仔细分析对手的技战术特点、同伴以及球的运动变化等各种因素,从而选择出合理的技战术行动。足球运动员只有全面掌握了足球技战术,才能选择最佳的技战术来完成比赛要求。另外,在全面的技战术训练中,运动员可以从中获得宝贵的技战术经验,这是运动员形成合理判断和对策的基础。因此,要全面而系统地培养运动员技战术的能力,使他们的技战术水平得到更好的发挥。

（2）技战术发展要适合实战性

在技战术学习的起始阶段,大多数教师都采用分解和完整练习法,使学生形成正确的技术概念和技术动作。但是,其技战术水平的发挥如何是通过实践来检验的,这包括运用足球技术的规范性、时机和效果。

在运动员身体发育过程中,身高、力量等会发生很大的变化,要不断重新建立动作定型。青少年运动员的技术运用能力在原有基础上不断发展提高,因此在训练中要不断地修正技术动作,使学生运用技术的能力得到不间断地持续发展。

战术训练要遵循战术发展的一般规律,从局部战术逐步过渡到整体战术。各个不同时期的训练要结合实际情况,恰当选择训练方法和负荷强度,循序渐进地在训练中引入比赛因素。超越年龄阶段引入比赛因素对青少年成长不利,可能会使他们身体承受负荷过大,不利于身体素质的发展和提高。

（3）职业素质与技战术发展相统一

同技战术一样,职业素质也要有一个发展和完善的过程。运动员参加足球运动的职业素质反映在训练比赛中的纪律性,以及与同伴的交流、合作等方面,但他们的沟通与交流都相对简单。而当运动员进入社会,选择从事足球运动后,就要面对社会上名和利的考验,需要不断地提高职业素质以应对逐渐复杂的社会环境。

因此,对职业素质的培养,应该作为一项重要内容贯穿于运动员足球训练当中。职业素质的培养,应注意以下几方面:

第一,对足球的热爱。热爱足球能使自己全身心的投入训练,享受足球带来的乐趣。这样就能承受长期高负荷的训练和比赛,并且在训练和比赛中积极发挥其聪明才智,直到掌握足球高水平技能。

第二,责任感与交流能力。在比赛中要敢于承担责任,在队友困难时能够提供有力支持,在比赛中相互沟通。只有这样,才能建立起具有集体主义精神的团队。

第三,自律。在足球运动训练中,运动员要听取教师的指导意见,严格要求自己,不能在取得暂时的成功后而降低对自己要求。只有这样,才能使得自己的足球训练水平不断得到提升。

二、足球运动训练理论的应用

(一)运动训练理论的建立与发展对足球训练的影响

1.能够对足球训练过程的特征有一个更加全面的认识

从运动训练学理论的观点来看,一个完整的运动训练过程的构成通常都包括六个基本环节,这六个基本环节具体来说是:对运动员的起始状态进行诊断—确立训练目标—制订训练计划—实施训练活动—对训练过程进行检查和评定—实现训练目标。

由此可以看出,足球训练过程是相对比较完整和系统的。使运动员的足球技战术运用能力得到更好的发展,并且在比赛中充分地发挥出来,就是足球训练的主要目标。因此,为了实现这一目标,要以运动员的实际情况为主要依据,使训练目标尽快得到明确,并且以此为主要依据来制订出训练的阶段性计划,然后科学、合理地实施各阶段的训练计划,并对实施的结果进行相应的评定,从而较为全面、客观地将训练的结果反馈给教练员或者教师,通过各个阶段的连续达成目标而最终向总目标迈进。

为了能够对运动训练过程有一个更加全面、系统、完整的了解,还要对足球训练过程的重要特征有一定的理解和认识。具体来说,运动训练过程的基本特征主要表现为以下几个方面。

(1)具有连续性和阶段性的基本特征

在这个长期、连续的足球训练过程中,运动员技战术运用能力的提高都是通过一次次的课和一个个阶段的训练积累而成的,而训练目标的实现则是通过各个阶段的小目标的实现而完成的,只有一个个的阶段目标得到了实现,才能促使总目标得到最终的实现。因此,可以说足球运动训练过程具有连续性和阶段性的重要特征。

(2)具有适应性的基本特征

有与足球比赛具有时间长、强度大的特点,这就对运动员的体能和对技战术运用能力提出了更高的要求。这一高要求的达成的重要途径就是足球运动训练。众所周知,技战术运用能力的获得是要通过不断地逐渐增强训练强度、适当增加负荷量而获得的,因此,适应性变化贯穿于整个足球运动训练过程。

(3)具有群体性的基本特征

足球运动是一项重视机体力量的运动项目,比赛中优异成绩的取得要靠整个球队的整体配合,而不是只靠某个人就能够实现的。球队中每个队员的身体素质、运动能力等都有一定的差异,擅长的部分和欠缺的部分也有一定的不同,因此,使队员树立起群体精神,通过队员之间的相互协作,互相补充,才能达到较为完善的组合,从而为优异的比赛成绩的取得奠定坚实的基础。

(4)具有可控性的基本特征

在足球运动训练过程中,对训练效果起影响作用的因素有很多,既包括外在的客观因素,也包括内在的主观因素。受这些因素的影响,往往会给人造成一种难以控制足球训练过程的错觉,其实,对足球运动训练过程的控制途径、方法和手段越来越多,效果也越来越好,因此,这就为训练目标的实现起到了积极的促进作用。

2.能够提供一些对足球训练过程进行分析的理论依据

实践证明,一个优秀足球人才的培养过程是十分漫长的,通常需要 10～14 年的时间。从运动训练学理论的观点来看,通常情况下,多年运动训练过程主要包括这样几个阶段:基础训练阶段、专项提高阶段、最佳竞技阶段以及竞技保持阶段。每个阶段的训练任务、训练内容以及对运动负荷的要求都有一定的差别。这三个阶段是逐渐增进的,前一个阶段的训练是为后一个阶段服务的,因此,一定要打好基础。

(1)基础训练阶段

这一训练阶段所针对的人群是 9～13 岁的少年运动员,这一阶段的具体任务包括:培养兴趣,对运动训练的基本规律有一定的认识,具备基本的足球比赛能力。这一阶段的训练内容主要包括:各方面的身体素质、足球基本技战术的运用能力,以及对足球比赛规则的初步认识等。通过对运动员足球基本能力的训练,为成为较为优秀的足球运动员奠定坚实的基础。

(2)专项提高阶段

这一训练阶段所针对的人群是 14～19 岁的青少年运动员,这一阶段的具体任务包括:提高各方面身体素质、对足球技战术有一个更加全面的了解、进一步提高比赛中的竞技能力。这一阶段的训练内容主要包括:对抗性和实战性练习加强,并且将所学的技战术与比赛有机地结合起来,促进比赛竞技能力的提高。通过对运动员专项能力的训练,全面提高他们的身体素质和心理素质,为比赛中取得优异成绩奠定基础。

(3)获得和保持竞技能力训练阶段

这一训练阶段所针对的人群是 19 岁以上的运动员,其主要的训练任务包括:不断发展高质量的身体素质,并能够较好地保持住,通过参加比赛不断增长比赛经验,创造性地发挥技战术的综合运动能力。这一阶段的训练内容主要包括:对实战比赛的模拟训练,比赛经验,运动员竞技能力。

3.能够进一步促进足球训练过程的结构的优化

从运动训练学理论的观点来看,足球运动中的竞技能力主要是有五个方面的能力构成的。第一,是通过速度、力量、耐力等基本素质表现出来的体能;第二,是通过技术动作的合理运用及动作运用的稳定性而体现出来的运动员的技术能力;第三,是通过充分发挥自身具备的各项能力,对对方能力的发挥进行遏制,以及运动员各种战术方法的运用水平而表现出来的战术能力;对战术能力的发展和提高起着非常重要的影响的运动员的智力水平和知识水平;通过意志品质和心理调节能力表现出来的运动员的心理能力。由此可以看出,运动员足球竞技能力结构的构建过程中的整个训练过程。

(1)具有不平衡性和多样性的特征

在足球竞技能力结构中,这几方面的因素都具有其不可替代的重要作用,但是,由于每个运动员的实际情况不一样,受到影响因素的影响也有一定的差异,这就导致了运动员竞技能力发展的不平衡性。另外,运动员实际情况的差异性,再加上技战术的灵活变换,能够组合出满足不同比赛需要的比赛阵容,这就在很大程度上增进了比赛的观赏性和形式的多样性。因此,在足球运动训练过程中,要以运动员的实际情况为主要依据,有针对性地进行训练,从而使运动员的整体运动能力得到较好的提高。

（2）具有互补性的特征

互补性特征存在于足球运动员竞技能力结构中的各个方面。足球运动中各个位置对运动员提出了不一样的要求，他们的职责也具有一定的差异性，这就需要在充分认识运动员发展特点的前提下，通过合理的配合、协作，提高组队的整体竞技水平。

根据以上分析可以得出，足球运动训练过程的结构是有很多方面的因素构成的，并且会受到这些因素的影响。因此，只有对这些因素进行客观、全面的认识，才能够将它们科学、合理地进行分配和协作，才能够更好地发挥出球队的整体水平，从而取得优异的比赛成绩。

4.能够对足球训练过程科学化的进程起到积极的促进作用

尽管我国的足球运动有了一定程度的发展和进步，但是，由于足球运动训练的科学化进程较慢，改革进程也较为迟缓，这在很大程度上加大了中国足球运动与世界足球运动水平的差距。实践证明，将运动训练学理论的研究成果应用于足球运动训练过程，对于我国足球运动训练水平的提高具有非常积极的促进作用，具体表现为以下三个方面。

（1）对于我国足球训练方法和手段的科学性的提高有积极的促进作用。对足球运动训练过程的效果起决定性作用的因素有很多，主要包括两个方面：一个是训练方法、手段的科学性；另一个是对训练要求、标准的准确把握。通过对这些因素的正确认识和理解，能够大大提高运动训练理论的应用范围和应用形式，大大提高训练的效果。

（2）能够在很大程度上促进我国足球工作者对足球运动训练过程的科学认识水平的进一步提高。足球比赛过程具有一定的规律性，通过对竞赛规律的认识和把握，能够为足球训练过程的进行打下坚实的基础。具体表现为，通过对运动训练过程的规律进行深入、细致的研究，不仅可以得出科学的训练指导思想，而且还能够总结出训练过程的科学性标准。

（3）有利于我国足球训练过程科学化监控水平有进一步的提高。在运动训练过程中，效果评价，训练标准以及要求的确定，都需要通过根据相应的指标来进行科学的验证。科学监控在足球训练过程中具有非常重要的地位和作用。通过在足球运动训练过程中广泛运用科学的监控手段，不仅能够使训练的科学性得到有效提高，而起还能够借助于教练员、运动员的个体经验与监控手段的紧密结合，使每一次课、每一个训练阶段的训练效果得到有力的保证，最终有效提高足球训练质量和效果。

（二）运动训练理论在足球训练过程中的应用要点

运动训练学理论在足球训练过程起到的积极的指导作用，以及对足球训练产生的影响，都在很大程度上反映了运动训练学理论的重要意义。下面，就以运动训练过程的一般规律和特征为主要依据，来阐述一下运动训练学理论在足球运动训练过程中应用的几个要点。

1.通过系统的思想来对足球训练过程的体系有一个深入的了解和认识

运动训练过程是一个完整的体系，而足球训练过程这一运动训练体系则是特殊、独立的。要对这个比较特殊的训练体系进行分析，系统的思想是非常重要的手段。通过对训练体系的各个因素进行对全面的分析和把握，对各个因素的作用进行较为准确的理解，使各因素间的相互作用能够得到有步骤、有计划、有针对性地调节,达到有目标、有方向的训练过程,从而最终系统、完整地掌握运动训练的全过程。

2.通过科学的理论来对足球训练过程的结构进行深入、细致的分析

通过大量对运动训练的研究可以得知,科学的理论不仅已经研究了运动训练过程的基本结构,而且还使其得到了充分的论述;不仅对各结构间的相互关系和发展的一般规律有了一定的认识,而且还较为准确地将其运用到了实践中。对足球运动训练过程进行科学、合理的分析的主要内容包括以下几个方面:首先,在足球运动训练过程中,如何通过这一基本规律的运用,来对足球训练结构的各个因素在比赛中的作用进行较为准确的把握,并且以足球竞赛的基本规律为主要依据来对运动训练进行科学、合理的安排。由此可以得知,要想取得较为理想的训练效果,必须充分利用足球训练过程结构诸因素的相互作用。

3.通过长期的目标来使足球训练过程的计划得到进一步明确

运动训练较强的计划性特点主要取决于运动训练的长期性和阶段性。在制定训练计划时,运动训练的阶段目标和最终目标起到了积极的作用,具体表现在为训练计划的制定奠定了必要的前提。由于足球运动的训练过程是长期的,因此,训练计划就显得尤为重要,通过各个阶段小的训练目标的实现,来进一步实现运动训练总的训练目标。因此,在训练过程中,要想取得较为理想的训练效果,就必须坚持围绕目标,有计划、长期、稳定地进行运动训练。

4.通过制胜的规律使足球训练过程的要求能够被更好地提出

实践证明,对训练过程的具体要求越是严格,训练的质量就越是高。通过对足球运动的制胜规律进行分析和研究,我们知道,要想取得比赛的生理,在比赛过程中必须快速、对抗、多变、灵活的运用技战术。在足球训练过程中,为了达到在比赛中充分发挥出训练水平的目的,不仅要注重快速、对抗、多变、灵活的技战术运用形式,还要根据实际需要选择和设计适宜的练习方法,并且根据预期的训练效果提出较为明确的练习要求,加强管理、严格控制,必要时可以借助于与实战相近的模仿比赛或者真正的比赛,来提高比赛的经验水平。

5.通过发展的阶段来对足球训练过程的内容进行有针对性的选择

足球运动训练过程的一般规律主要表现为:由于训练的目标和任务有一定的差异性,这就要求足球训练过程要以此为依据,有目的性地化分成各个训练阶段;由于各个阶段的具体要求不同,也就决定了各阶段的训练内容也有一定的区别。首先,在基础训练阶段,以发展足球运动的基本能力,掌握足球运动的基础知识和竞赛技能为主要训练目标,以足球运动的基础技能为主要训练内容;其次,在专项提高和竞技保持阶段,应以运动训练的目标为主要依据,来确定训练内容,具体体现在:以实战为基础,有针对性地选择一些能够有效提高比赛中技战术应用能力、能够尽快使运动员适应比赛环境,并且能够较好地保持良好竞赛状态的有效内容。

6.通过有效的手段使足球训练过程的方法得到更好地掌握

在足球运动训练过程中,有效的训练方法和手段在很大程度上决定了训练任务的完成情况。如何了解和认识训练方法和手段的有效性,方法有二:第一,应该以训练的任务为主要依据来提出相应的一些训练要求。这主要是由于训练效果的取得,在很大程度上取决于训练要求的具体情况,取得什么样的训练效果,应该有针对性地合理运用训练的要求。第二,训练的内容要与练习方式统一起来,做到协调一致。训练内容和训练形式是不相互影响的,要想有理想的训练效果,就必须合理搭配训练内容和训练方式。

7.通过适宜的标准使足球训练过程的评价体系的建立更加科学

在足球训练结束后,对于训练效果如何、有没有达到既定的目标,以及运动员在比赛中是否发挥出了通过训练所得到的技战术运用能力等问题,要有一个客观、科学、系统、全面的评价,这是对训练过程有效控制的必要步骤。首先,在制订评价指标时,要求不仅要与训练任务的要求相符,而且还要对训练任务完成的情况有一个充分的反映,同时还要能够综合地进行整体评价。由于各个训练阶段的训练任务、训练目标和训练内容都不相同,因此,评价指标也要有一定的差异性,应该根据各个阶段的特点有针对性地进行制订,这样才能够起到积极的监督和指导作用。

第九章　足球运动的竞赛管理

比赛可以培养足球运动员有效运用技战术的能力及其自我创新能力,通过比赛可以发现队员存在的问题和不足,同时丰富队员的临场比赛经验,逐步提高队员在激烈比赛中有效处理球和合理利用足球竞赛规则的能力。本章重点从足球运动竞赛的种类与意义、足球运动竞赛的组织筹备以及足球运动的竞赛制度与编排等方面研究了足球运动的竞赛管理。

第一节　足球运动竞赛的种类与意义

一、足球运动赛事的种类

(一)世界杯男子足球赛

1928 年国际足联在荷兰首都阿姆斯特丹举行会议,决定每 4 年举行一届世界足球锦标赛,后改称为世界杯足球赛。国际足联组织规模最大、水平最高的足球比赛是世界杯足球赛。世界杯足球赛是目前世界上最重要的单项体育赛事,其规模和影响力仅次于奥运会。

世界杯男子足球赛比赛分为预选赛和决赛两个阶段。参赛选手不受职业或非职业身份的限制。参加决赛阶段比赛的球队从 1982 年的 16 支增加到 24 支,1998 年又增加到 32 支。

世界杯比赛设流动奖杯"里梅杯",也称"金女神杯"。巴西队在 1970 年第 9 届世界杯赛上第 3 次夺得冠军,永久性地拥有了该座奖杯。1974 年第 10 届世界杯比赛,国际足联启用"国际足联世界杯",也称"大力神杯"作为永久性流动奖杯。

世界杯男子足球赛在 1942 年和 1946 年因第二次世界大战中断两届。

(二)世界杯女子足球赛

20 世纪 80 年代以后,世界女子足球运动蓬勃兴起。1988 年,中国广东成功举办了有 12 个国家参加的国际女子足球邀请赛,为正式举办世界杯女子足球赛奠定了基础。1991 年,首届世界女子足球锦标赛在中国广东举行。

世界杯女子足球赛每 4 年举办一届。从 1999 年起,参加决赛阶段比赛的球队由 12 支增加到 16 支,16 支球队由各大洲预选赛产生。决赛阶段比赛各地区名额分配为欧洲 5 支,南美洲 1 支,亚洲 3 支,大洋洲 1 支,非洲 2 支,中北美和加勒比海地区 2 支,东道国和上届冠军各 1 支。

（三）奥运会足球赛

1912 年第五届奥运会上，足球被列为正式比赛项目。由于奥运会足球赛参赛国家不断增多，从 1956 年第 16 届奥运会开始，足球比赛被分为预选赛和决赛两个阶段。目前，参加决赛阶段的球队为 16 支，各地区名额分配为欧洲（包括以色列）5.5 支，南美洲 2 支，亚洲 3 支，大洋洲 0.5 支，非洲 3 支，中北美及加勒比海地区 2 支。

奥运会足球比赛最早规定，参加奥运会的运动员必须是业余选手。1960 年，国际奥委会在第 17 届奥运会中规定，凡参加过世界杯比赛的运动员不得参加奥运会足球比赛。

1972 年，国际奥委会决定停止执行关于参加过世界杯比赛的运动员不得参加奥运会足球比赛的规定。

1978 年，国际足联代表大会决定，欧洲、南美洲参加过世界杯足球比赛（预选赛和决赛）的运动员不得参加奥运会足球比赛。

1983 年，国际奥委会和国际足联再次重申，禁止所有职业运动员及参加世界杯足球赛的非职业运动员参加 1984 年第 23 届奥运会足球比赛。

1984 年 4 月，国际足联宣布，除欧洲和南美洲参加过世界杯足球比赛的运动员不准参加奥运会的限制外，今后不再区分职业和业余运动员，但对参赛运动员年龄加以限制。

1993 年，国际足联决定允许参加奥运会足球决赛的每支球队有 3 名 23 岁以上的运动员。这标志着奥运会足球比赛将成为年轻职业选手的竞技舞台。

（四）19 岁以下世界青年比赛

1975 年，国际足联决定每 2 年举办一届世界青年足球锦标赛。比赛得到可口可乐公司赞助，又称为国际足联——可口可乐世界青年锦标赛，奖杯为"国际足联——可口可乐杯"。

1977 年和 1979 年试办两届后，于 1981 年正式确认为国际足联世界青年足球锦标赛——可口可乐杯。

世界青年足球锦标赛分预选赛和决赛两个阶段，决赛阶段参赛队为 16 支。参赛运动员年龄必须未满 20 周岁。

（五）17 岁以下世界少年比赛

20 世纪 70 年代中期，国际足联主席阿维兰热先生提出举办世界性青少年足球比赛的设想。1983 年阿维兰热先生正式提出，请中国承办首届世界少年足球锦标赛。

1985 年，16 岁以下柯达杯世界少年足球锦标赛开始举办。1991 年该比赛更名为国际足联 17 岁以下"柯达杯"世界足球锦标赛。

比赛每 2 年举办一届，分预赛和决赛两个阶段，决赛阶段参赛队为 16 支。

（六）五人制足球赛

北欧斯堪的纳维亚半岛冬季寒冷，每到冬天运动员只能在体育馆内进行练习。室内五人制足球比赛就是由室内小场地分队比赛逐渐演变而来的。

1975 年，北美职业足球联盟首次组织了室内足球联赛。1978 年美国室内足球协会成立。

1981 年"室内足球国际联合会"宣布成立,总部设在澳大利亚。1988 年该组织正式加入国际足联五人制足球委员会。

1989 年国际足联在荷兰举办了首届世界杯室内五人制足球赛,并规定今后每 4 年举办一届。

(七)世界俱乐部足球锦标赛

1998 年 6 月,现任国际足联主席布拉特上任后提议,后经国际足联决定,每 2 年举办一次由各大洲俱乐部联赛冠军、丰田杯和解放者杯冠军参加的世界俱乐部足球锦标赛,以增进各国俱乐部之间的交流,促进足球运动水平的提高。首届比赛于 2000 年 1 月在巴西举办。

(八)联赛简介

1.英格兰足球超级联赛

2004 年,巴克莱银行成为英超的赞助商,冠名为巴克莱超级足球联赛,通常简称英超,是英格兰足总属下的职业足球联赛。由超级联盟负责具体运作。

英格兰超级联赛成立于 1992 年 2 月 20 日,其前身是英格兰甲级联赛,是英格兰联赛系统的最高等级联赛。现在英超联赛已经成为世界上最受欢迎的体育赛事之一。

第一场英超比赛于 1992 年 8 月 15 日举行。英格兰超级联赛现有 20 支球队。

2.意大利足球甲级联赛

意大利足球甲级联赛始于 1898 年,是意大利最高等级的职业足球联赛,由意大利足球协会所管理。

1898 年,分为各个地区联赛,各个地区冠军以淘汰制附加赛形式决定总冠军。1915—1916 赛季组织了全国性的杯赛。1929—1930 赛季,意大利组织了首届全国性的职业联赛,即现今的意大利足球甲级联赛,共有 18 支队伍参加赛事。

1944 年出现了特殊的北方联赛。1945—1946 赛季甲级联赛与乙级联赛合并,并分割为北区和南区,两大区组织了单独的决赛。

意甲参赛球队于 2004—2005 球季开始由 18 队增加至 20 队,以双循环方式比赛,联赛榜最后 3 名将会降级到乙级联赛。其位置由乙组头两名取代,余下的席位则由乙组第 3 名至第 6 名进行附加赛争夺。

3.西班牙足球甲级联赛

西班牙足球甲级联赛简称"西甲",是西班牙最高等级的职业足球联赛,也是欧洲及世界最高水平的职业足球联赛之一。

西班牙的足球运动是从英国引进的。20 世纪末,英国人将足球引进巴斯克地区。在西班牙各地陆续的成立了多家俱乐部。1893 年西班牙举行了首次正式的足球比赛。1902 年,该比赛正式取名为西班牙锦标赛。

1900 年前后,大部分的足球俱乐部成立自己的小协会,即现今西班牙足协的各地区协会。

从 1902 年起,各地区协会开始酝酿成立西班牙足球协会。1909 年 10 月 4 日,在马德里俱乐部的倡议下,多家俱乐部的代表在西班牙首都成立了西班牙皇家足球协会,并于 1913 年加入国际足联。

目前,西甲有 20 支球队,联赛成绩最差的三队将会降级到乙级联赛,乙级联赛的前三名则晋升到甲级联赛。西甲联赛的积分规则是:双方积分相同时,首先按相互间胜负关系决定排名,胜负关系相同再看净胜球。皇家马德里和巴塞罗那均属世界上最著名的球队之一。

4.德国足球甲级联赛

德国足球甲级联赛简称德甲,成立于 1963 年,目前有 18 队球队参与角逐。联赛采取主客双循环赛制比赛。完成所有赛事后总积分最高的队伍可以夺得联赛冠军,而总积分最低的 3 支球队会降级至乙级联赛。同时,乙级联赛前 3 名会获得下一赛季的升级名额。德甲球风强悍,注重整体配合。

5.法国足球甲级联赛

法国足球甲级联赛成立于 1930 年,近几年来由于以里昂为代表的一些球会开始崛起,法甲竞争力明显提升,已经吸引了大批优秀球员。法甲也是以非洲为代表的第三世界球员进入顶级联赛的跳板。目前的法甲联赛中,里昂实力出众。

6.中国足球超级联赛

中国足球超级联赛脱胎自 1994 年开始的中国足球甲级 A 组联赛,始于 2004 年,是中国职业足球运动的顶级赛事。

第一届计划有 12 支球队参加,前两届暂停降级制度,于 2006 年球恢复升降级制度。2006 年 4 月,为进一步完善中国足球产业的市场化进程,中国足球协会与所有中超联赛参赛俱乐部共同出资成立了中超联赛有限责任公司。

中超联赛以主客场双循环的方式进行,全赛季 30 轮比赛,240 场激烈对决。

二、足球运动竞赛的意义

足球运动竞赛可宣传我国体育运动的方针、任务,激励广大群众锻炼身体的热情,有利于推动体育运动的广泛开展,对增强人民体质、丰富文化生活、振奋民族精神具有重要意义。

足球运动是我国广大人民群众和青少年所喜爱的运动项目之一。我国每年都有成千上万的运动员参加各级足球比赛,比赛可以检查训练的成果,互相观摩学习、交流经验、取长补短,共同提高足球技术水平。

学校足球运动的开展,可以很好地丰富队员的课余文化生活,并且结合当前体育发展的趋势,体教结合,开创了足球运动的新局面。

国际足球比赛的交往可加深同世界各国人民之间的了解,增进友谊,促进我国足球运动技术水平的提高。

第二节　足球运动竞赛的组织筹备

一、赛前的筹备

足球比赛主办单位应根据竞赛的性质、规模的大小,召集各有关单位成立组委会(或筹备委员会),对比赛的组织方案、竞赛章程、工作计划、组织机构等问题进行审议。

(一)讨论和确定组织方案

根据竞赛工作计划和竞赛的性质来讨论和确定组织方案。讨论和确定的内容一般包括以下几方面。

(1)竞赛的名称、目的和任务。

(2)竞赛的规模:主要内容应包括主办单位、承办单位,参加单位和运动员人数、竞赛地址和日期等。

(3)竞赛的组织机构:包括竞赛的组织形式、工作人员的名额、组织委员会下设的主要工作部门及负责人名单等。

(4)竞赛的经费预算:包括器材设备、奖品、食宿、医药、奖金、工作人员补贴金等项目的经费预算。

(二)成立组织机构

组织机构的形式与规模应与竞赛规模相适应,根据工作需要来组建。小规模竞赛的组织形式如图9-1所示。

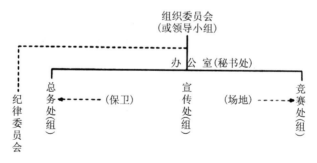

图 9-1

1.组织委员会(领导小组)

领导大会的筹备、进行和总结工作。主要包括以下工作:

(1)掌握竞赛的方针。

(2)研究和批准竞赛规程。

(3)研究和批准竞赛的工作计划。

(4)赛前听取筹备工作汇报,研究解决有关问题。

(5)赛后批准大会总结或处理有关的问题。

2.办公室(或秘书处)

(1)根据组委会的决议,组织配备各部门的工作人员。

(2)拟定工作日程计划。主要内容有:①组织委员会会议。②裁判员报到日期。③场地器材的准备。④动员工作。⑤开幕式和闭幕式。⑥各代表队领队会议。⑦组织学习报告或经验交流。⑧大会总结等项工作。

(3)制定各种规章制度与须知(如作息时间、会议制度和大会须知等)。

(4)负责对外联系。

(5)召开有关会议,统一解决各(处)组之间的问题。

(6)编造预算等事宜。

3.宣传处(组)

(1)组织好大会的宣传报道工作。

(2)组织通讯报道与编辑会刊。

(3)组织大会党团活动。

(4)研究制定先进队和先进个人的评选条件和细则。

(5)准备学习材料,组织学习和讨论。

4.竞赛处(组)

(1)筹备裁判工作。制订裁判员计划,包括人数、来源等。当裁判组到位后,在裁判长领导下开展裁判工作。

(2)组织报名,编印秩序册。

(3)准备场地和各种器材(包括场地设备、器材和裁判用具等)。

(4)召开有关会议,解决有关比赛的各种问题。赛前要召开裁判长、教练员联席会议。比赛期间必要时召开有关会议,解决比赛中出现的问题。

(5)安排各队练习,组织经验交流、座谈等。

(6)排列出各队名次。

5.总务处(组)

(1)编造大会期间的经费预算。

(2)做好大会的物质准备。

(3)大会的生活管理工作。及时召开各单位管理人员的会议,解决大会中有关生活方面的问题。

(三)制定竞赛规程

竞赛规程是竞赛组织者和参加者的基本文件,也是竞赛工作的依据,竞赛规程是在竞赛前

由主办单位制定,并提前发给有关单位以便做好准备工作,竞赛规程一般包括以下内容:

(1)竞赛的名称。

(2)竞赛的目的和任务。

(3)主办单位。

(4)比赛日期和地点。

(5)参加单位和各单位人数及资格等。

(6)报名和报到日期。

(7)竞赛办法。

(8)裁判员。

(9)采用的规则和用球。

(10)录取名次和奖励办法以及其他事宜。

(四)制定工作计划

(1)依据竞赛方案,竞赛规程规定的竞赛日期,各部门根据自己的职责范围拟订出具体工作日期计划。

(2)依计划做好赛前各项准备工作。

(3)办公室(或秘书处)应定期检查准备工作的落实情况。

(五)纪律委员会的工作

研究和处理整个竞赛过程中所发生的违犯竞赛规程和竞赛规则的代表队及个别运动员、裁判员、领队、教练员和随队其他工作人员,对其采取警告、暂停或取消比赛资格或工作资格等纪律措施。

二、赛中及赛后工作

(一)赛中工作

(1)竞赛期间要不断地进行思想教育,端正比赛态度,正确对待胜负,正确对待裁判员,正确对待观众,表扬先进队和运动员。

(2)大会有关成员应经常深入到球队中去,征求意见及时改进工作。竞赛组每天及时公布成绩。

(3)场地组应经常对比赛场地、器材和设备进行检查和管理,保证竞赛顺利进行。

(4)遇有特殊情况需要更改比赛日期、时间和场地时,竞赛组应及时通知有关部门和比赛各队。

(5)治安保卫组注意住宿和比赛场地安全和秩序。

(6)大会各部门应经常与各队取得联系,听取意见改进工作。必要时召开领队、教练员、裁判长联席会议,及时处理和解决比赛中所发生的问题。

(二)赛后工作

(1)各部门总结大会期间的工作。

（2）组织和举行闭幕式，做大会总结报告和颁发奖品。

（3）安排和办理各队离会的有关事宜。

（4）组织委员会向上级汇报工作情况。

第三节　足球运动的竞赛制度与编排

一、足球竞赛制度

竞赛制度是在竞赛活动中确定参赛队名次的方法、体系的总称。足球比赛中常用的竞赛制度有循环制、淘汰制、混合制三种。三种竞赛制度各有各的特点与优势。因此，在选择竞赛制度时要根据实际情况来选择。

循环制的特点在于参赛队可以较多地参与比赛，在实践中检验各队的技战术水平，有效地反映出球队的优势与不足，有利于球队改进技战术水平。通过较多的比赛可以增加球员对比赛阵型和球队战术思想的理解，提高球队的整体实力，还可以增加学习机会，取长补短。循环制的不足在于所用的时间长，对场地、人力、物力的要求较高。

淘汰制是指逐步淘汰失败者，使胜者按预定比赛表进入下一轮比赛，最后决出有限名次的一种比赛。淘汰制有单淘汰、双淘汰和主客场制淘汰三种方法。

淘汰制的特点在于集中体现了足球竞赛竞争性的特点，淘汰赛能够最大限度地激励球队的竞争意识，挖掘球员的最大潜力。淘汰赛的残酷性很强，所以球员必须把全部精力投入到比赛中，争取比赛的胜利。此外，随着赛事的进行，技战术水平高的球队脱颖而出，比赛越来越激烈，观赏性也越来越强。这种方法可以在参赛队多、场地、人力、物力相对不足以及赛事时间短的情况下采用。其不足之处在于比赛的偶然性极大，有时不能真实地反映各队的真正实力。因此，如今的许多赛事采用主客场淘汰赛制。此外，淘汰赛比赛场数少，不利于球队技战术水平的提高。

混合制的特点是它可以综合利用循环制和淘汰制，根据比赛的目的、任务、要求和参赛队的数量来确定比赛的规格。混合制综合了循环制和淘汰制的优点，使赛事观赏性高，而不至于时间冗长，在一定时间内集中了精彩激烈的比赛。它还弥补循环制和淘汰制的不足，使比赛结果更加真实地反映各球队的实力，减小比赛的偶然性。

混合制是同时使用两种以上赛制的竞赛编排制度，在一次比赛中分成两个阶段，前一阶段采用循环制，后一阶段采用淘汰制。或先采用淘汰，后采用循环制。较为常见的是前一种形式。混合制在进行淘汰赛时一般是交叉淘汰或同名次比赛两种形式。

二、足球竞赛制度的编排

（一）循环制

循环制可分为单循环、双循环和分组循环三种。

循环制的特点是参加竞赛的各队相遇的机会多,有利于互相学习,共同提高技术水平。由于各队比赛总场数相对较多,因此名次的排定较客观,能反映各队真实的技战术水平。当参赛的队数较多而又受时间限制时,采用分组循环的方式进行比赛;当参赛队数不多而时间又允许时,则可采用双循环或单循环的方式进行比赛。

1.循环制的编排方法

(1)单循环

比赛总场数:参加比赛队数×(参加比赛队数－1)/2。

比赛轮数:参赛队的队数是单数,则比赛轮数等于参赛队数。若参赛队数是双数,则比赛轮数等于参赛队数－1。

排列比赛轮次表可采用轮转法。参赛队不论是单或双数,按双数编排。参赛队为单数时用一个"0"号代表一个队,使之成为双数,各队碰到"0"号队即为轮空。

编排时先以号数代表队数,将其平均分为两半,前一半号数由1号起自上而下写在左边,后一半号数自下而上写在右边,然后再把相对的号数用横线连接起来,这就是第一轮的比赛。

轮次排出之后,还应明确各参赛队的代表号码数,将各队队名按其代表号码数填到轮次表中,然后编写比赛日程表。决定参赛代表号码数的方法有抽签法和直排法两种。

(2)双循环

双循环增加了各参赛队之间的比赛机会,使比赛胜负的偶然性大大减少,比赛名次的排定更合理、客观。双循环可分为集中赛会制和主客场制两种形式。

集中赛会制双循环是指各参赛队集中到某一赛区,在一定时间内进行双循环比赛,它适合于参赛队数较少且时间和经费又允许的情况下使用。

主客场制双循环是指各参赛队在进行双循环比赛时,需分别与所有对手在本队所选场地(主场)和对手所选场地(客场)各赛一场,最后以各队全部比赛成绩排定名次。主客场制赛中间歇时间及整个赛期持续时间长,便于练、赛结合,提高水平。适合于职业化或半职业化球队间的竞赛。

集中赛会制和主客场制这两种双循环在编排上没有区别,均以单循环方法为基础。两次循环的赛序可以相同也可以根据需要而改变第二循环的赛序。实践中,以两次循环的赛序相同最为常见。

(3)分组循环

分组循环保留了循环制中各队相遇机会较多的优点,而且可缩短比赛时间。一般在非单一循环复合赛及混合制复合赛中采用。

分组循环比赛时,为了使分组比较合理反映出比赛的实际水平,一般采用蛇行排列或种子队分组办法。如有同一地区或同一单位两队以上参加,应分别排进各组。

2.循环制竞赛的计分方法

循环制竞赛的计分方法必须在竞赛规程中明确规定。

国际足联要求所属会员国在其本国的正式足球比赛中均采用3分制。目前我国联赛的计分方法如下。

（1）每队胜一场得 3 分,平一场得 1 分,负一场得 0 分。以全部比赛积分的多少决定名次,积分多者列前。

（2）若全部比赛结束时两队或两队以上积分相等,依下列顺序名次列前:

①积分相等队之间相互比赛的积分多者;

②积分相等队之间相互比赛净胜球多者;

③积分相等队之间相互比赛进球数总和多者;

④整个联赛中净胜球多者;

⑤整个联赛进球数总和多者;

⑥抽签优胜者。

循环制竞赛计算成绩时,可制出单循环比赛成绩登记表(表 9-1)。

表 9-1　单循环比赛成绩登记表

	一队	二队	三队	四队	五队	积分	净胜球	进球数	名次
一队									
二队									
三队									
四队									
五队									

（二）淘汰制

1. 单淘汰

比赛总场数:参赛队－1。

比赛轮数:若参加比赛队数等于 2 的乘方数,则比赛轮数等于 2 的指数;若参加比赛队数不是 2 的乘方数,则比赛轮数为略大于参赛队数的 2 的指数。

轮空队数:略大于参赛队数的 2 的乘方数－参赛队数。

如果参加比赛的队是 2 的乘方数,则没有轮空;如果参加比赛的队数不是 2 的乘方数时,则必须在第一轮的比赛中有一部分队轮空,使第二轮的比赛队数成为 2 的乘方数。为了能较准确地反映出比赛的实际水平,实力较强的队较晚或最后相遇,要把轮空位置安排在种子队的旁边。

避免实力较强的队过早相遇被淘汰,可采用设置种子队的方法编排比赛秩序。种子队确定,主要依据其技术水平或最近参加的主要比赛所取得的成绩。种子队数目应根据参赛队数的多少来确定。单淘汰一般以 5～8 个队设立 1 名种子队为宜;16 个队或少于 16 个队则可设 2 名种子队;17～32 个队参赛时可设 4 名种子队。

2. 双淘汰

双淘汰的编排方法基本和单淘汰相同,只是进入第二轮后,要把失败队编排起来再进行比赛,胜者继续参赛,败者则被淘汰。若最后决赛的两个队都是各败一场,需再比赛一场决定冠军。

3.主客场制淘汰赛

除竞赛规程另有规定外,总场数计算方法和双淘汰赛相同。比赛编排原则上按照上一年度各队名次蛇形排列分为上下两个半区,进行主客场淘汰赛。

(三)混合制

1.同名次赛

第一阶段可分成 A、B 两组进行单循环赛,排出各组名次;第二阶段淘汰赛时,两组的第一名比赛决出第一、二名,两组的第二名比赛决出第三、四名,依次类推。

如果第一阶段是分成 4 个组循环赛时,先由 4 个组的第一名进行半决赛,然后胜队与胜队进行决赛,负队与负队进行附加赛,决出第一至第四名。1982 年第 12 届世界杯足球赛就是利用这种方法决出第一至第四名的。(图 9-2)

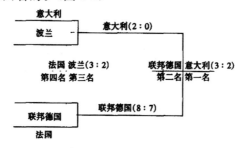

图 9-2　第 12 届世界杯前四名竞赛表

2.交叉赛

第一阶段分 A、B 两组进行单循环赛,决出各组的名次;第二阶段淘汰赛时,可将两组的第一、二名进行交叉赛,即 A 组第一名对 B 组第二名,A 组第二名对 B 组第一名进行比赛;然后两组的胜者进行决赛,胜者为冠军,负者为亚军。若要排出第三、四名时,两组的负者进行附加赛,胜者为第三名,负者为第四名。各组的第三、四名同样采用此方法决出第五至第八名,依此类推。(图 9-3)

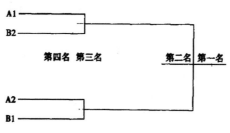

图 9-3　交叉、淘汰、附加赛表

若有 4 个或者更多组的第一名或第二名参加第二阶段的淘汰赛,可与相邻组进行交叉赛,即 A、B 两组的第一、二名,C、D 两组的第一、二名进行交叉赛;也可隔组交叉,即 A、C 两组的第一、二名,B、D 两组的第一、二名进行交叉赛。

参考文献

[1]郜义峰,刘丹.足球运动员的体能研究范式与体能训练研究[J].体育科学,2012,32(8):55-65.

[2]常丽平.论足球运动员心理素质特征及训练[J].赤子(下旬),2016(5):88-89.

[3]车彦呈,张继亮.浅谈如何在足球运动中进行体能训练[J].田径,2018(1):40-41.

[4]陈俊,周伟,杨林平.引入电子裁判对足球比赛越位判罚的探讨[J].湖北体育科技,2014(6):499-501.

[5]陈洛新.浅谈足球体能训练与技战术的关系[J].科教导刊:电子版,2013(3):66.

[6]陈明.足球运动员的体能训练与疲劳消除[J].北京体育大学学报,2006,29(2):206-208.

[7]陈伟.浅谈"鹰眼"技术对足球比赛的应用[J].当代体育科技,2014,4(4):191-192.

[8]党西平.足球[M].北京:化学工业出版社,2012.

[9]蒂姆·迈耶,奥利弗·福德,凯伦·威斯特法伦,等.足球运动损伤与防护指南[M].北京:人民邮电出版社,2016.

[10]杜邦胜,汪颖.足球裁判员心理压力分析与对策研究[J].体育时空,2014(1):123-124.

[11]付明忠.关于足球比赛多元进攻组合技术的思考[J].成都体育学院学报,2013,39(8):75-78.

[12]龚波,董众鸣.西方文明视域下现代足球的内涵及对后发国家的启示[J].上海体育学院学报,2012(1):86-90.

[13]古彬.高校足球训练中心理素质的培养方法研究[J].体育时空,2017(17):51.

[14]谷明昌.足球理念[M].北京:人民体育出版社,2005.

[15]郭晓伟.现代足球训练理念与实践[M].北京:中国书籍出版社,2014.

[16]韩建鹏.浅析足球科学化训练计划的思路[J].当代体育科技,2017,7(23):35-36.

[17]何志林.足球训练教学工作指南[M].北京:人民体育出版社,2010.

[18]洪晓彬,黄玲.足球比赛中的越位判罚研究[J].武汉体育学院学报,2013,47(9):67-73.

[19]侯会生,米玛顿珠,侯彪,等.足球比赛核心制胜因素和制胜公式的探讨[J].北京体育大学学报,2017,40(11):110-115.

[20]侯会生,张磊,夏辉,等.足球比赛核心制胜技战术指标的探讨分析[J].北京体育大学学报,2013(5):139-144.

[21]黄竹杭.足球训练设计[M].北京:高等教育出版社,2010.

[22]景志辉,孙超,孙国欣.实用足球技战术学练新视角[M].北京:中国时代经济出版社,2013.

[23]康金明,肖玉华,李自来,等.现代竞技足球比赛中点球判罚的影响因素分析[J].安徽体育科技,2013,34(2):18-21.

[24]李宝坤.足球比赛球迷暴力的成因及其对策的研究[D].首都体育学院,2013.

[25]李宏斌.室内五人制足球比赛阵型与进球得分手段分析[J].辽宁体育科技,2015(1):79-82.

[26]李志伟.浅谈足球技术训练[J].科技经济导刊,2016(27):131.

[27]李治.足球运动员心理素质的影响因素及训练方法探析[J].武魂,2013(7):171.

[28]练华伟.论足球比赛中科学化训练方法的运用[J].当代体育科技,2013,3(28):39-40.

[29]林惠玲.漫谈足球体能训练与战术训练[J].中文信息,2017(8):174.

[30]林竞.数据挖掘技术视角下的足球技战术分析[J].中国科技纵横,2013(16):65.

[31]林燕荣.大学生足球竞赛运动损伤的研究[J].海南师范大学学报(自然科学版),2017(2):230-236.

[32]刘超.浅谈耐力素质在足球比赛中的作用[J].当代体育科技,2013,3(29):24+26.

[33]刘丹,赵刚.青少年足球训练纲要与教法指导[M].北京:人民体育出版社,2011.

[34]刘丹.足球体能训练[M].北京:北京体育大学出版社,2006.

[35]刘胜,张先松,贾鹏.健身原理与方法[M].武汉:中国地质大学出版社,2010.

[36]刘思洋.足球比赛中攻守节奏的运用研究[J].都市家教月刊,2015(8):212.

[37]刘锡满.对足球体能训练的新认识[J].华章,2013(5):206.

[38]刘壮,孙立罡.论足球技战术应用与体能的关系[J].华章,2013(31):232.

[39]刘子钊.浅析现代足球技战术发展趋势[J].新教育时代电子杂志:教师版,2014(24):67.

[40]吕东波,夏晶.对抗在足球技战术训练中的作用研究[J].教育,2017(1):292.

[41]茅鹏.努力落实中国足球改革发展总体方案[J].体育与科学,2015(3):7-10.

[42]莫日根.足球训练中训练方法科学化的应用研究[J].体育时空,2016(5):147.

[43]聂淼森.对足球运动员疲劳与恢复的研究[J].当代体育科技,2016,6(15):17-18.

[44]宁尚斌.现代足球比赛边后卫攻防技战术的研究[J].商,2014(34):278.

[45]庞杜海,亓海伟.现代足球体能训练探讨[J].科技信息,2013(18):320-321.

[46]平野淳.少年足球技术与训练完全图解[M].北京:人民邮电出版社,2016.

[47]曲汪鑫.论足球比赛中科学训练方法的使用[J].读书文摘,2016(4):52.

[48]任慧杰.运动训练中足球技战术意识的培养[J].科教导刊:电子版,2017(1):133.

[49]任通.对足球比赛中越位规则判罚的分析[J].体育时空,2015(24):148.

[50]石飞.对足球比赛中反抢行为的分析研究[D].成都体育学院,2014.

[51]史贵名.创新教育在体育院校足球教学中的应用研究[D].东北师范大学,2009.

[52]史强.足球比赛中科学化训练方法的运用研究[J].体育时空,2016(21):139.

[53]孙乳波,梁迎.足球体能训练的构成因素及其训练方法[J].现代教育科学:中学教师,2012(2):149.

[54]万虹,吴昆盛,王超.运用足球发展力量素质的方法[J].中国学校体育,2017(10):83.

[55]王超.足球比赛中足球运动员进攻性跑位意识的培养[J].体育时空,2015(3):114-115.

[56]王冀中.浅析足球运动员心理训练的探析[J].中华少年,2017(24):198-199.

[57]王晶,姚晓丹,赵永军.足球运动员的赛后疲劳恢复[J].当代体育科技,2016,6(35):9-10.

[58]王岚.足球运动员损伤现状及对策研究综述[J].安徽体育科技,2017,38(1):73-75.

[59]王荣凯,王婴宁.浅析足球运动员运动性疲劳产生与消除[J].当代体育科技,2016,6(3):151+153.

[60]魏家鹏.足球运动员的体能训练与疲劳消除方法探究[J].当代体育科技,2017,7(5):43+45.

[61]吴燕华.论客观因素对足球技战术水平发挥的影响[J].大观,2014(10):214+215.

[62]武伟.浅谈现代足球比赛战术打法特征[J].科技信息,2013(20):307.

[63]肖宇翔.足球竞赛规则中越位的判罚对比赛的影响[J].文体用品与科技,2013(2):136.

[64]徐江敏.足球竞赛规则与裁判教学解析:评《足球竞赛与裁判教学》[J].中国教育学刊,2017(11):112.

[65]徐金成,高璨,高顾等.中国足球运动损伤研究现状及其国际比较[J].中国运动医学杂志,2017,36(1):84-90.

[66]徐鹏成.浅谈足球比赛中进攻假动作技术的应用[J].未来英才,2015(6):100-102.

[67]杨林.浅析现代足球体能训练[J].时代教育,2008(4):43.

[68]杨涛.浅析我国职业足球体能训练现状[J].当代体育科技,2013(34):20-21.

[69]杨泽龙.足球运动员体能特征研究[J].体育研究与教育,2010(S2):110-111.

[70]杨中军.球类运动员下肢最大力量与灵敏素质的相关性分析[J].运动,2017(7):35-37.

[71]易国平,龙启文.足球比赛管理系统设计[J].数字技术与应用,2015(7):157.

[72]尹周,陈景泉.浅谈足球体能训练中常见的下肢伤病预防[J].读写算(教师版),2016(3):91.

[73]于洪民.足球体能训练中的有效抗阻训练计划的设计[J].经营管理者,2016(30):426.

[74]鱼海波.足球运动心理素质训练的再认识[J].鸭绿江(下半月版),2015(9):88-90.

[75]张大为.足球比赛阵型的核心价值研究[J].南京体育学院学报(自然科学版),2014,13(5):65-68.

[76]张红军,陆海林.竞技足球比赛技术制胜因素研究[J].黑河教育,2017(2):72-73.

[77]张鲲,胡旭鸽,李亚爽.足球比赛中"快传球"和"传快球"技术的应用分析[J].四川体育科学,2014(5):68-70.

[78]张鲲,翟占魁,王春燕.足球比赛中"快传球"技术的选择与应用[J].辽宁体育科技,2013,35(4):53-55+57.

[79]张庆春,龚喜军,刘文娟,等.中国青少年足球操作性训练理念的实践特征[J].北京体育大学学报,2006(4):126-130.

[80]张庆春,郭玉安,刘文娟.中国青少年足球战略性训练理念的实践特征[J].天津体育学院学报,2007(3):61-64.

[81]张伟鹏.浅谈足球比赛中的防守技战术应用[J].科教导刊:电子版,2015(6):128.

[82]张新峰.足球裁判员心理压力的成因分析[J].赤峰学院学报(自然科学版),2015,31(24):152-153.

[83]赵刚,陈超.足球比赛表现研究方法和评价指标体系研究[J].体育科学,2015(4):72-81.

[84]赵刚,张英成.足球比赛负荷评定范式与量度研究[J].天津体育学院学报,2017,32(2):66-74.

[85]赵润新.足球技术教学科学化训练模式探究[J].文体用品与科技,2015(10):128.

[86]钟复春.浅谈足球运动员心理素质的培养[J].求知导刊,2016(20):112.

[87]钟萍.足球技战术的发展与演变规律[J].速读旬刊,2016(2):312.

[88]钟育华.足球运动员运动性疲劳产生原因与恢复的研究[J].科学与财富,2016(8):726.

[89]周欢.足球运动科学化训练监控体系构建与实证研究评述[J].求知导刊,2017(7):86.

[90]周嘉睦.浅析国际级足球比赛中技战术发展趋势[J].体育时空,2015(3):135.